KB097799

어쩌면 당신이 원했던
세계사를 흔든 사랑

어쩌면 당신이 원했던
세계사를 흔든 사랑

수다몽 지음

사랑의 역사는
여전히 진행 중이다

'사람들은 사랑을 하고 그 사랑은 역사가 된다.'

나는 어렸을 때부터 '사람'과 '사람이 만들어 내는 이야기'에 관심이 많았다. 책이나 드라마, 영화에 등장하는 캐릭터에 쉽게 몰입했고, 그들이 풀어내는 이야기에 집중했다. 내가 역사에 관심을 가지고 깊이 파고들게 된 이유 또한 역사를 만들어 가는 것이 '사람'이기 때문이다. 그래서 내가 역사를 이해하는 방식은 사건 중심이 아니라 사람 중심이다.

예를 들면 '프랑스와 영국의 백년전쟁이 일어나는 동안 전쟁의 소용돌이에 있었던 두 나라의 왕과 왕비는 누구였으며 그들의 전쟁에 임하는 태도는 어땠는가, 또 왕과 왕비라 하더라도 개인적인 삶이 이어졌을 터인데 전쟁이 그들의 삶에 어떤 영향을 미쳤으며, 또 그들의 삶은 역사에 어떤 영향을 미쳤나?'에 관심을 가지고 그들에게 파고들어 머릿속으로 호흡이 긴 영화나 드라마처럼 펼쳐 보며, 역시 역사를 움직이는 것은 '사람'이라는 생각을 하는 것이다.

그리고 나는 어렸을 때부터 책, 영화, 드라마를 읽거나 보고 나면 이 재미있는 이야기를 혼자만 아는 것이 아닌 친구들과 이야기하며 들려주길 즐겼다. 그래서였을까? 오랜 시간 교육 콘텐츠를 만드는 일을 하던 나는 우연히 유튜브 '수다몽'을 시작했고 사람 중심의 역사 이야기를 할 수 있어서 즐겁게 채널을 운영하고 있다. 그렇게 이야기가 쌓이고 내 이야기를 들어주는 사람들이 늘면서 나는 역사 유튜버로 자리잡게 되었다. 4년이 넘게 '수다몽' 채널을 운영하다 보니 그간 만든 영상의 수도 상당히 많아졌고, 차곡차곡 이야기를 쌓아가다 보니 활자로 사람들과 만날 수 있는 기회도 가지게 되었다.

'수다몽'은 한국사, 세계사를 아우르며 흥미로운 이야기를 들려줄 인물들을 찾아 다양한 주제로 이야기하고 있는데, 그중에서도 많은 이들이 찾아서 듣는 카테고리는 '역사 속 스캔들, 사랑

이야기'이다. 역사 속에는 충격적이고 자극적인 소재의 막장 이야기보다 더 놀랍도록 충격적인 일이 많은데, 특히 지극히 개인적이고 내밀한 삶의 흔적인 '사랑'은 어떤 시대든 어떤 나라든 지속적으로 있어 왔다.

사랑의 색깔이 하나가 아니듯이 역사 속 그들은 우리에게 자극적인 소재를 제공하겠다는 의무를 가진 양 다양한 방식으로 지독한 사랑을 했다. 그들은 그 사랑 때문에 미치기도 하고, 종교를 바꾸기도 하며, 전쟁을 치르거나 왕좌에서 내려오기도 한다. 또 정략결혼을 한 배우자가 아닌 다른 이를 사랑해 엄청난 스캔들을 만들고 그 주인공이 되기도 한다.

그리고 그들의 사랑은 역사의 방향을 바꾸며 역사의 한 축이 되었다. 내가 흥미를 가지는 지점이 바로 그것이다. 지극히 개인적인 감정이자 개인의 삶일 뿐이라고 생각하지만, 결국 그로 인해 상황이 바뀌고 그것이 쌓여 역사를 바꾼다는 것은 무척 흥미롭다.

《어쩌면 당신이 원했던 세계사를 흔든 사랑》은 앞서 소개한 그들의 사랑 이야기를 담고 있다. 남편을 지독히 사랑하다 정신을 놓아버린 스페인의 후아나 여왕, 자신보다 스무 살이나 많은 아버지의 정부를 사랑한 프랑스의 국왕 앙리 2세, 무용수를 사랑해 국고를 탕진하고 강제 퇴위당할 뻔한 바이에른의 국왕 루트비히 1세, 다른 남자들과 끊임없이 바람을 피우며 자신을 괴롭힌 아내에게 수천 통의 편지를 보내며 애정을 갈구한 나폴레옹 1세 등 세계사를 흔든 사랑 이야기가 '어쩌면 당신이 원했던' 바로 그 이야기이길 바란다.

그리고 그들의 사랑이 역사의 페이지에 어떤 영향을 끼쳤는지 통찰해 보고 역사에 더 관심을 가지길 바란다.

여러 가지 일을 하고 있다는 핑계로 원고 마감일을 한참 넘겼음에도 끈기를 가지고 기다려준 관계자분들과 나의 이야기에 귀 기울여준 '수다몽' 채널 구독자님들, 부족한 내 이야기를 풍성하게 보이도록 편집의 기술을 발휘해 주는 정PD에게 감사의 인사를 전한다.

옆에서 항상 힘이 되어 주는 'J'에게 사랑과 감사를 보낸다.

수다몽 운영자
퀴담

chapter 01

이웃 나라의 아내를 탐한 군주,
초문왕

복숭아꽃을 닮은 아름다운 그녀
식나라로 시집가다

한 나라의 군주가 오직 한 여인만을 바라본 역사는 찾아보기 어렵다. 한 나라의 최고 권력자에게 원하는 여인을 취하는 일은 그리 어려운 일이 아니지만 넘보아서는 안 되는 여인도 있다. 이미 다른 사람과 혼인을 올린 여인이 그러하다. 지아비가 있는 여인을 취한다는 것은 배덕한 행위이므로 넘보지 않는 것이 암묵적인 법칙이다. 그럼에도 불구하고 힘이 지배하는 시대일수록 법칙 정도는 가볍게 무시하는 군주들이 있었으며 결국 그로 인해 많은 비극이 일어났다. 지금으로부터 약 2,700년 전 중국으로 달려가 보자.

때는 춘추 전국 시대. 춘추 시대와 전국 시대 사이에는 수년 동안의 간극이 있고, 성격과 방식마저 다르기에 본 이야기의 배경은 춘추 시대라고 부르는 것이 맞다. 춘추 시대와 전국 시대 모두 강자가 힘을 자랑하는 전쟁이 허다했지만 춘추 시대는 적어도 외교적인 예의를 갖추려고 노력이라도 하던 시대였다. 제후들은 전쟁을 하더라도 다른 나라의 기를 꺾고, 동맹을 맺는 방식으로 힘을 과시하였다. 그러나 이런 관례를 깨뜨린 제후가 있었으니 바로 초나라의 초문왕이다.

초문왕은 자신의 마음을 빼앗은 여인을 차지하기 위해 한 제후국을 짓밟는 야만적인 행동을 했고 다른 제후국의 비난을 받게 된다. 그의 마음을 빼앗은 여인은 누구일까? 두 나라를 망하게 한 절세미인의 그녀, 식부인의 사연을 들어 보자.

식부인은 진나라 제후의 둘째 딸로서 원래 이름은 '규'였으나 식나라 제후인 식후와 혼례를 올린 후 '식부인'으로 불리게 되었다. 식부인은 그 용모가 천하일색으로 꼽을 만큼 아름다워서 그녀를 보는 사람들은 복숭아꽃桃花에 빗대 '도화부인桃花夫人'이라고도 불렀다. 날씬하고 수려한 자태는 이 세상 사람이 아닌 듯했고, 눈은 가을 새벽의 투명한 이슬 같이 맑았으며 붉은 입술 속에 하얀 치아는 마치 석류 알처럼 반짝이고, 뽀얀 피부의 뺨은 눈이 부실 만큼 은은한 도홧빛을 발하는 천하절색이었다고 한다.

그녀의 미모는 진나라에 파다하게 소문이 났기 때문에 그녀를 보기 위해 진나라의 남자들은 집 앞에서 진을 쳤고, 그녀를 본 후에는 상사병에 걸린 이가 한둘이 아니었다고 한다. 그리고 그녀가 식나라로 시집을 갈 때는 수많은 남자들이 그녀의 집 앞에서 대성통곡을 했다고 한다.

그녀가 시집을 가는 식나라는 다른 제후국들에 비해 작고 힘이 없었고, 그녀의 남편이 될 식후는 언제 다른 나라의 침략을 받을지 모른다는 불안에 떨며 하루하루 술만 마시는 심약한 제후였다. 그런 와중 식부인을 아내로 맞게 되었는데 그녀의 미모에 대한 소문은 익히 들어왔지만, 실제로 만나본 그녀는 선녀가 하강한 듯 아름다웠다. 식후는 아내를 보자마자 그녀에게 빠져들었고 미인 아내를 얻은 후 자신감까지 가지게 된다.

'세상의 미인을 다 합쳐도 내 아내의 미모를 따라가지 못해. 난 지상 최고로 아름다운 아내를 둔 사내라고.'

식후는 자신감이 충만한 상태로 정사를 돌보기 시작했고 식부인도 이런 남편을 잘 내조했다. 식후는 백성들의 생활을 개선해야 잘사는 나라가 된다는 생각으로 농사를 잘 지을 수 있도록 돕고, 경제를 성장시키기 위한 노력을 하였으며 군대도 개편하여 국방력 강화에도 힘을 썼다. 이렇게 제후가 나서서 나라를 돌보자 식나라는 차츰 안정되어 갔다. 식후는 외모만 아름다운 것이 아니라 현숙하고 지혜로운 식부인을 더욱 사랑하게 되었고, 식나라 백성들은 식부인을 복을 가져다주는 여인으로 여기게 되었다.

식부인을 희롱한
채애후

그러던 어느 날 식부인이 친정인 진나라에 가기 전에 채나라에 들르게 된다. 채나라의 제후는 채애후였고 그의 부인은 식부인의 언니였다. 그래서 친정으로 향하기 전에 언니를 만나러 채나라에 들른 것이다.

"그 아름답다는 처제가 온다고? 부인의 동생이니 내 잘 대접해

야지."

채애후는 식부인을 궁으로 초대해 연회를 베풀었는데, 식부인을 보는 순간 깜짝 놀라고 만다. 식부인의 언니인 채부인 역시 미인이었지만 소문으로만 듣던 식부인은 채부인과는 비교할 수 없을 만큼 아름다웠기 때문이다.

채애후는 연회 내내 식부인의 모습을 흘깃흘깃 훔쳐보았고 그 아름다움에 연신 감탄을 하였다.

'최근에 식나라가 꽤 안정이 되었다더니 식후가 식부인을 맞이해서 그런 것이었군. 식후는 무슨 복이 있어 저렇게 아름다운 여인을 부인으로 맞았단 말인가.'

채애후는 식후에게 강한 질투심을 느꼈고 식부인을 먼저 만나지 못한 것에 안타까워했다. 그렇게 연회가 무르익을 무렵 술이 거나하게 취한 채애후는 식부인 쪽으로 몸을 기울였다. 그리고 몰래 속삭이면서 은근슬쩍 식부인을 더듬고 희롱까지 하는 것이다.

"식부인, 그대는 어찌 이리 아름다운가? 이 작은 얼굴에 예쁜 이목구비, 날씬한 몸매까지. 과인이 도통 그대에게 눈을 뗄 수가 없다네."

형부가 이렇게 치근덕거리니 식부인은 너무 분하고 화가 난 나머지 그대로 궁을 떠나 식나라로 돌아가 버린다. 언니에게 작별도 고하지 않았다. 설령 언니를 만났다고 해도 떠나는 이유를 말하지 못했을 것이다.

식나라로 돌아온 식부인의 낯빛이 좋지 않은 걸 본 식후는 걱정스레 물어보았다.

"부인, 왜 그러시오? 친정에서 안 좋은 일이라도 있었던 것이오?"

남편의 물음에 서러움이 터진 식부인은 눈물을 흘리며 채애후가 자신을 희롱한 것을 털어놓았다. 이 말을 들은 식후는 머리끝까지 화가 나 온몸을 부르르 떨었다.

'채애후, 감히 내 아내를 희롱해? 절대로 가만두지 않을 것이다.'

식후는 복수를 다짐했지만 사실 약소국인 식나라가 직접 보복할 방도는 없었다. 분을 삭이지 못하던 식후가 마침내 무릎을 탁치게 되는데, 때마침 강성해진 초楚나라와의 친분을 이용하여 채나라에 복수할 수 있는 계략이 떠오른 것이다.

식부인의 복수를 위해
채나라를 무너뜨린 식후

식후는 즉시 초나라에 사신을 보내 조공을 바치고 밀서를 전달했다. 밀서에는 채나라에 대한 내용이 담겨 있었다.

> 채나라의 제후가 제나라를 믿고 초나라에는 조공을 바치
> 지 않으니 어찌 가만히 있을 수 있겠습니까? 채나라에 본

때를 보여 주심이 마땅합니다. 만일 초나라가 우리를 공격하는 척하면 즉시 채나라에 원군을 요청하겠습니다. 채애후는 생각이 깊지 않아서 반드시 원군을 보낼 것이오니 그때 초나라 군대와 우리 군대가 함께 공격하여 채애후를 사로잡는 것이 어떻겠습니까?

초나라 초문왕은 당연히 이를 수락했다. 마침 제나라를 믿고 조공을 바치지 않는 채나라가 눈엣가시였는데, 채나라를 칠 수 있는 좋은 기회가 생겼으니 거부할 이유가 없었다. 곧바로 초문왕은 식나라에 군대를 보냈다. 식후가 채애후에게 원군을 요청하자 채애후는 식나라를 도와주기 위하여 군대를 이끌고 달려왔다.

이때 잠복하고 있던 초나라의 군대가 채나라 군사들을 기습적으로 공격했고 채애후는 급히 식나라의 궁궐로 도망쳤지만 식나라는 성문을 열어주지 않았다. 채애후는 바로 퇴각을 명령했고 정신없이 달아났지만 결국 초나라 군대에게 붙잡히고 만다. 그제야 채애후는 모든 것이 식후의 계략이었다는 것을 깨닫고 이를 갈았다.

'괘씸한 놈, 내가 동서 간이라 도와주러 왔건만 이렇게 뒤통수를 쳐?'

이윽고 초문왕은 채애후를 두고 호통을 치며 군사들에게 가마솥을 준비하게 했다.

"네놈은 예의도 없고 남의 부인을 탐하며 희롱했으니 그 죄가 매우 크다. 네놈을 삶아 죽여야겠다."

이때 초나라 대부 육권이 앞으로 나서 초문왕을 말렸다.

"대왕, 잠시 고정하옵소서. 이렇게 채애후를 죽인다면 다른 제후국이 두려움에 떨 것입니다. 그러나 채애후를 살려 보내신다면 다른 제후들이 대왕의 덕을 칭송할 것입니다."

하지만 초문왕은 이 말을 들은 체도 하지 않고 채애후를 가마솥에 넣으라고 재촉했다. 그러자 육권이 갑자기 몸을 날려 초문왕의 소매를 잡더니 오른손으로 허리에 차고 있던 칼을 뽑아 들었다. 초문왕이 육권의 갑작스런 행동에 깜짝 놀라 몸을 움츠리며 소리쳤다.

"이게 무슨 짓이냐!"

그러자 육권이 눈물을 뚝뚝 흘리며 말했다.

"대왕, 신은 차라리 이 자리에서 대왕과 함께 죽겠나이다. 대왕께서 여러 제후를 잃는 것을 차마 볼 수가 없사옵니다."

육권이 예상치 못하게 강수를 두자 초문왕도 흔들리게 된다.

"과인을 이렇게까지 생각하고 충언을 하다니 그저 놀라울 따름이오. 그대의 말을 따르겠소."

육권은 고개를 조아리며 말했다.

"대왕께서 채애후를 죽이지 않고 용서하셨으니 초나라에 복이 올 것이옵니다. 허나 대왕께 무례를 범한 소인의 죄는 죽어 마땅하니 죽여주시옵소서."

"아니오, 내 그대의 충심은 잘 알았으니 염려치 마시오."

"대왕께서 소인에게 자비를 베푸실지라도 소인은 용서받을 수가 없사옵니다. 소인과 같은 자가 용서받는다면 그것이 전례가 되어 이후에는 작은 빌미만으로도 대왕을 위협하는 자들이 넘쳐나게 될 것이옵니다."

육권은 말을 마치고 스스로 발목을 잘라 버렸다. 초문왕은 육권의 행동에 더욱 감복하여 이후 그를 '태백'이라 칭하며 존칭을 사용했고 모든 성문을 관할하도록 했다.

초문왕은 채애후를 풀어 주고 화해의 의미로 연회를 베풀었다. 한창 연회가 무르익자 술이 얼큰하게 취한 채애후는 자신을 함정에 빠뜨린 식후에게 복수하기 위해 슬쩍 운을 뗐다.

"대왕, 저는 말로만 듣던 천하절색을 본 적이 있습니다."

"그게 정말이오? 그 천하절색이 누구란 말이오?"

"천하에 식후의 부인처럼 아름다운 절세미인은 없을 겁니다. 선녀와 같이 아름다운 모습을 보면 대왕도 한 번에 빠지실 것입니다."

채애후는 초문왕의 눈치를 보며 식부인의 아름다움에 대해 침이 마르도록 칭찬을 했다. 이쯤 되니 초문왕도 식부인의 미모가 궁금했다.

"그런 절세미인이라니 나도 한 번 보고 싶소."

"대왕의 위엄이시면 어려울 게 뭐가 있겠습니까? 식나라는 초나라의 속국인데, 속국의 여인이 곧 대왕의 여인 아닙니까?"

채애후가 뱀처럼 속삭이자 초문왕은 솔깃해졌다.

'그 아름답다는 식부인을 꼭 한 번 봐야겠구나. 정말 아름답다면 내 것으로 만들 수도 있지 않겠는가.'

그리하여 초문왕은 순방을 가장하여 정예군을 이끌고 식나라로 향하게 된다.

초문왕
식부인을 탐하다

아무것도 모르는 식후는 초문왕의 갑작스런 방문에도 초문왕을 반갑게 맞았고 연회를 베풀었다. 그런데 잠시 후 초문왕이 서운해 하는 기색을 보이며 말했다.

"과인이 채나라를 친 건 군후의 권유 때문인데 보답으로 군후의 부인이 술을 한 잔 따라야 하는 게 도리 아닌가."

당황한 식후는 식부인을 연회장으로 불렀는데 식부인의 모습을 본 초문왕은 넋을 잃게 된다.

'오, 정말 아름다운 여인이도다! 저런 천상의 여인처럼 아름다운 이가 있다니.'

사뿐사뿐 걸어 들어온 식부인은 초문왕에게 술을 따르는데 초문왕의 뜨거운 눈길을 알아차리고서 몸을 떨었다.

연회를 마치고 돌아간 초문왕은 머릿속에서 식부인을 지울 수가 없었다. 그래서 자신이 그녀를 갖기로 결심했다. 다음 날 초문왕은 답례를 한다며 식후를 자신의 군영으로 초대해 연회를 열었다. 한참 술잔이 오간 후에 초문왕이 말했다.

"과인이 식나라를 위해 이렇게까지 했는데 보답이 없으니 조금 섭섭하구려."

"식나라가 너무 작고 가난하여 답례가 부족합니다. 부디 용서하십시오."

식후가 송구하여 몸을 숙이는데 초문왕이 손짓을 하자 갑자기 군사들이 몰려와 식후를 결박했다. 곧이어 초문왕은 식부인을 데려오라고 명령을 내렸다. 영문도 모른 채 결박당한 식후는 그제야 무슨 일이 일어나는지 깨달았다. 식나라의 운명은 참으로 어이없게 초나라의 손아귀에 들어간 꼴이 되었고, 식부인도 이 소식을 듣게 되었다.

'아, 나 때문에 이런 사단이 일어났구나. 이대로 있다간 초문왕에게 잡혀가겠구나.'

식부인은 모든 것을 포기하고 우물에 몸을 던지려 했지만 초나라 장군이 다급히 치맛자락을 붙들어 그녀를 살려 냈고 초문왕 앞으로 끌고 갔다.

"그대가 나를 선택하면 식후를 살려 주겠다."

초문왕은 식부인을 협박했고 식부인은 남편을 살리기 위해 눈물을 머금고 초문왕을 따라 초나라로 가게 되었다. 초문왕은 약속대로 식후를 살려 주고 작은 집에서 머물게 했는데, 식후는 나라와 부인을 잃은 원통함에 결국 화병으로 죽고 말았다.

식부인은 초문왕의 왕비가 되어 두 명의 아들을 낳았다. 그런데도 식부인은 좀체 웃는 일이 없었고 3년간 말도 하지 않았다. 초문왕은 식부인을 아끼고 사랑했지만 아무 말도 하지 않는 그녀가 몹시 답답했다. 자신의 왕비가 된 식부인과 마주보며 웃고 담소도 나누면서 그녀의 아름다운 미소도 보고 싶은데, 모든 것을 거부하는 식부인을 두고 초문왕은 초조해 하며 왜 말을 하지 않는지 물었다.

"저는 두 지아비를 섬겼습니다. 죽은 지아비를 따라 죽지 못할 망정 어찌 말을 할 수 있겠습니까?"

식부인의 말에 초문왕은 그녀의 몸은 여기 있어도 마음은 식후에게 있음을 한탄하게 된다. 이후 초문왕은 황나라를 치러 갔다가 뺨에 화살을 맞았는데 치료가 제때 되지 않아 괴로워하다 사망했다. 그는 죽기 전에 식후가 나타나 자신을 저주하는 악몽을 계속 꾸었다 하니 마음속 깊은 곳에 죄책감이 있었던 듯하다.

식부인의 아름다움에
반한 자원

초문왕이 죽은 뒤 초문왕과 식부인 사이에서 태어난 큰아들 도오가 왕위에 올랐다. 그러나 도오는 군주감이 아니었다. 기록에 따르면 도오는 놀기를 좋아하고 사냥을 즐겼으며 정사에 관심이 없었다고 한다. 사실 나이를 계산해 보면 너무 어려 철이 없었던 게 아닌가 싶은데 군주의 자리에 올랐으니 분명 흠이 되었을 것이다.

　도오는 왕위에 오른 지 3년 만에 살해당했고 임금의 예로 장사를 지내지 않아 시호도 받지 못했다. 동생 웅군이 형을 죽였다는 기록이 있는데 납득하기가 조금 어려운 부분이 있다. 둘 다 나이가 어렸고 열 살도 안 된 웅군이 왕위를 탐내어 형을 죽였다는 것은 말이 되지 않는 듯싶다. 다만 그를 옹호하는 세력이 움직였을 수는 있겠다.

　웅군은 초나라 20대 군주 초성왕이 되는데, 즉위 초에는 나이가 어려 초문왕의 동생 초자원이 초나라 최고 직위인 영윤의 자리에 있으면서 초성왕을 도왔다. 왕은 어리고 자원의 힘은 막강해 초성왕이 자원의 눈치를 많이 봐야 했다. 그런데 이것이 식부인에게 또 다른 불행으로 다가왔다. 초자원이 아름다운 형수인 식부인에게 마음을 빼앗겼던 것이다.

　식부인은 초나라의 왕비로 지낸 시간 동안 많은 것을 경험하면서 정치 감각을 익혔고, 어린 아들 초성왕을 대신해 그동안의 정치 감각을 발휘해 정무를 보고 결정을 해야 했다. 그러다 보니 영윤인 자원을 만나 논의하는 일이 많았다.

　자원은 식부인을 자주 만나면서 그녀의 아름다움과 기민함, 총명함에 감탄하게 되었다. 그렇게 식부인에게 더더욱 빠지게 된 자원은 매일 정무를 논의한다는 핑계로 식부인을 만나러 왔는데, 하루라도 그녀를 보지 않으면 살 수가 없는 지경에 이르렀던 것이다.

그리고 숨겨 왔던 마음이 차츰 겉으로 드러나기 시작해 궁 안에 있는 사람들이 다 눈치챌 정도가 되었다. 궁녀들도 그의 마음을 눈치채고 '그가 눈을 빛내는 것이 도적 같았다'고 할 정도였다. 식부인 입장에서는 자원이 죽은 남편의 동생이고 영윤이었기에 그를 박대할 수 없어 예의를 다했을 뿐인데, 자원은 그 예의를 착각하여 식부인도 자신에게 마음이 있다는 것으로 받아들였다.

식부인은 자원 때문에 불편하고 난감했다. 자원이 불편해진 식부인은 그를 피하는 것이 상책이라 생각해 그를 만나지 않는 것으로 이 문제를 해결하고자 했다. 자원은 그녀의 얼굴 보는 낙으로 살아가는데 식부인이 만나는 것을 피하자 애가 달았다.

"그녀를 꼭 갖고 말겠다."

자원은 정복욕에 가득 찬 결심을 하고 식부인의 후궁 옆에 국빈관을 짓기 시작했다. 강대국이었던 초나라에 사신들이 자주 드나드니 사신을 대접하기 위한 멋진 건물을 지어 초나라의 위상을 다른 나라에 드높이겠다는 핑계를 대긴 했지만, 하필이면 식부인의 후궁 옆에 국빈관을 짓는 것은 어떤 속셈이 있었기 때문일 것이다.

건물이 완공되고 성대한 낙성식 축하 행사를 마련했는데 진秦, 제齊, 진晉 등의 악사를 초청하여 반주하게 하였고, 대규모의 춤인 만무萬舞를 선보이게 되었다. 만무는 두 종류가 있는데 여기서의 만무는 상서롭고 고귀한 상상의 새인 봉황의 춤으로, 수컷 봉이 암컷 황에게 구애할 때 추는 춤이었다.

누가 봐도 이 만무는 식부인을 위해 준비하였고, 자원은 '봉'이며 식부인은 '황'이라는 사실 또한 알 수 있었다. 자원은 식부인에게 만무를 보여줄 생각에 설렜지만, 이것을 알고 있었던 식부인은 낙성식에 가지 않음으로써 자신의 뜻을 전할 뿐이었다.

"초문왕은 다른 제후국을 정벌해 조공이 끊이지 않았는데, 더 이상 국토를 넓히지 않고 춤이나 추고 노래나 부르면서 과부인 나의 곁에 있으려고 하니 너무 이상하지 않은가."

그런데 자원은 식부인의 완곡한 거절의 말을 다르게 해석한다.

'아, 내가 다른 제후국을 정벌하는 영웅의 모습을 보여 주면 식부인이 내게 반하겠구나.'

하면서 말이다. 자원은 곧바로 병차 600승을 거느리고 정나라를 정벌하러 떠나게 된다. 그러나 정나라는 제나라와 연합하여 초나라의 군대에 맞섰고, 겁이 많았던 자원은 결국 아무런 공도 세우지 못하고 퇴각하고 말았다.

밤을 이용해 군대를 철수시킨 자원은 정나라의 국경을 완전히 벗어나서야 북과 종을 울리며 도성인 영성으로 돌아갔다. 그리고 식부인에게 사람을 보내 승전을 한 것처럼 꾸며 보고하지만,

"영윤이 전쟁에서 이겼으면 백성들에게 알리고 태묘에 고하여 선왕의 영혼을 위로하면 되거늘 과부인 나에게 알릴 이유가 무언가?"

하며 식부인은 차갑게 말할 뿐이었다.

집착으로
무너지는 자원

　자원은 생각도 못한 식부인의 차가운 반응에 초조해졌고 스스로를 자제하지 못하게 되었다. 어느 날 자원은 식부인이 감기에 들어 몸이 좋지 않다는 소식을 듣고 무조건 후궁으로 쳐들어갔다. 그리고는 아무도 방해하지 못하도록 수백의 사병들로 후궁을 둘러싸고 사흘 동안이나 나오지 않았다.

　역사가들은 '자원이 식부인의 침상 옆에서 수염을 가다듬는 것을 보았다'고만 기록하고 있는데, 이 사흘 동안 무슨 일이 있었는지는 알 수 없다. 자원은 사랑에 집착하여 병을 얻고 이성의 끈을 놓아버린 사내일 뿐이었다. 또한 사병을 이끌고 궁 안에 들어온 건 반란과 같은 행위인데, 자원은 식부인을 차지하기 위해 스스로 반란자가 되고 만 것이다.

　이 소식을 들은 대부 투렴이 후궁으로 가서 자원에게 외쳤다.

　"신하된 자로서 어찌 이곳에서 수염을 다듬고 있는 것이오? 속히 궁 밖으로 나가시오."

　"이곳은 내 집이나 마찬가지이니 그대는 아무 상관 말라."

　자원은 움직이지 않았고 일이 이 지경이 되자 더 이상 두고 볼 수 없었던 초성왕은 초문왕 때 영윤을 지냈던 투백비의 아들 투누오오도를 불러 제정신을 잃은 자원을 처리하라는 명을 내렸다.

　명을 받은 투누오오도는 병사들을 이끌고 후궁으로 달려갔고,

그 위세에 눌린 자원의 사병들은 우왕좌왕 헤매다 뿔뿔이 흩어졌다. 그리고 자원은 투누오도의 부하 투반과 결투를 벌이다 결국 머리가 땅에 떨어져 죽음을 맞게 되었다.

자원이 죽음을 맞을 당시 식부인은 몇 살이었을까? 열다섯 살쯤 식후와 결혼한 것으로 추측했을 때 식후와 3년쯤 부부로 지냈고, 초문왕이 식나라를 친 것이 초문왕 6년 때 일이며 초문왕은 15년 재위했으니 초문왕이 사망했을 때 식부인은 스물일곱 살쯤 되었을 것이다. 그리고 자원의 목이 잘린 것이 초성왕 6년에 일어난 일이므로 그녀 나이 삼십 대 중반이 아니었을까 싶다. 당시의 삼십 대 중반은 지금과는 달리 적지 않은 나이임에도 불구하고 자원이 목을 맨 것을 보면 식부인의 미모는 여전했던 것으로 짐작된다.

하지만 그녀는 아름다움으로 인해 남편을 잃었으니 아름다움과 행복은 꼭 비례하는 것은 아닌 것 같다. 또 미인 아내를 얻었다 하더라도 식나라의 식후처럼 그 행운이 불행으로 바뀔 수도 있는 것이다.

이후 식부인은 인간사에 환멸을 느껴 궁궐 깊은 곳으로 숨어 죽을 때까지 그곳을 나오지 않았다고 한다.

식부인의 사연은 이백, 두보 등 당대 최고 시인들에게 영감을 주어 주옥같은 시를 남기게 했다. 당나라 시인 왕유도 〈식부인〉을 제목으로 한시를 지었다.

오늘날 총애를 받는다 하여

지난날의 그 은덕을 잊을 수 있으리

꽃을 보고도 두 눈 가득 눈물 흘리며

초왕과는 말 한 마디 아니하였네

식부인은 그 용모가 천하일색으로 꼽을 만큼 아름다워
서 그녀를 보는 사람들은 복숭아꽃에 빗대 '도화부인'이
라고도 불렀다. 날씬하고 수려한 자태는 이 세상 사람이
아닌 듯했고, 눈은 가을 새벽의 투명한 이슬 같이 맑았
으며 붉은 입술 속에 하얀 치아는 마치 석류 알처럼 반
짝이고, 뽀얀 피부의 뺨은 눈이 부실 만큼 은은한 도홧
빛을 발하는 천하절색이었다고 한다.

chapter 02

헨리 8세의
변덕스러운 사랑

헨리 왕자
형수와 결혼하다

우리나라 역사 속에서 두고두고 회자되는 여인을 떠올려 보면 숙종의 후궁이었다가 국모의 자리까지 올랐지만 결국 사약을 받고 비참하게 죽음을 맞은 여인, 장희빈이 떠오른다. 영국 역사 속에도 장희빈의 생애와 꼭 닮은 여인이 있다. 바로 헨리 8세의 마음을 사로잡아 왕비의 시녀에서 왕비로 신분 상승을 했던 앤 불린이다. 헨리 8세와 앤 불린. 그들의 사랑 이야기가 큰 스캔들이 되었던 16세기 영국으로 떠나 보자.

1509년 열여덟 살의 나이로 영국 튜더 왕조의 두 번째 국왕이 된 헨리 8세. 그는 호방하고 활달한 성품으로 국민들의 마음을 사로잡았고, 국민들은 그가 영국을 잘 이끌어 나갈 것이라는 기대감을 가졌다. 그리고 카스티야와 아라곤의 공동 군주인 페르난도 2세와 이사벨 1세의 막내딸 캐서린이 헨리 8세의 왕비가 되어 그의 옆에 서게 되었다. 캐서린은 헨리 8세와 결혼하기까지 많은 우여곡절을 겪었다.

영국은 '장미전쟁'이라는 귀족들의 내전을 겪은 후 헨리 7세의 튜더 왕조가 출범하게 되었고, 헨리 7세는 아서와 헨리 두 아들을 낳았다. 헨리 7세는 '영국의 국왕 자리를 물려받게 될 아들 아서의 든든한 동맹이 되어줄 혼처를 찾겠다'는 생각으로 열심히 며느릿감을 물색했고 그때 선택한 며느리가 바로 '아라곤의 캐서린'이었다.

당시 이베리아 반도에 통일 왕국을 수립하고 강대국으로 급부상하던 아라곤 왕국과 국교를 맺어 강한 연대를 할 필요가 있다는 판단을 한 헨리 7세, 1489년 3월 27일 메디나 델 캄포 협약을 맺어 아라곤의 캐서린과 튜더 왕조의 아서는 정략결혼을 하게 되었다.

1501년 10월 아라곤의 캐서린이 플리머스 항에 도착하고 11월 14일 세인트폴 대성당에서 화려한 결혼식을 올렸는데, 당시 아서는 열네 살, 캐서린은 열다섯 살이었다. 결혼식을 올린 후 어린 부부는 웨일즈 지방의 루드로 성에서 신혼 생활을 시작했는데 이듬해 3월 아서가 갑자기 쓰러진다. 원래도 병약했던 아서는 바뀐 환경을 이겨내지 못하고 한 달 동안 앓다가 그만 죽음을 맞이하게 되었다. 캐서린은 결혼한 지 반 년 만에 남편을 잃고 과부가 되었다.

장남 아서가 사망하긴 했지만 헨리 7세 입장에서는 강력한 유대관계를 맺기 위해 데려온 이 아라곤의 공주를 다시 돌려보낼 수 없었다. 그래서 캐서린은 양국 아버지들의 뜻에 따라 아서와의 혼인을 무효화하고 1503년 6월 25일 다시 헨리 7세의 둘째 아들 헨리와 약혼을 하게 된다. 남편 아서가 사망한 지 3개월 만에 시동생과 약혼을 하게 된 것이다.

캐서린이 시동생 헨리와 약혼할 수 있었던 이유는 '저는 아서와 결혼식을 올리긴 했지만 그와 동침을 하지 않았어요'라는 그녀의 주장 때문이었다. 결혼 기간도 불과 몇 개월인데다가 아서가 병약한 체질이라 동침을 하지 않았다며 혼인 무효를 주장한 것이다. 교황청이 혼인 무효를 결정하긴 했지만 사실 두 사람의 동침 여부는 정확히 알 수 없다.

다만 캐서린은 양국의 부모들이 원하는 것이 무엇인지 알았고, 설령 남편과 동침을 했다 하더라도 진실을 말할 수 없었을 것이다. 이렇게 헨리는 여섯 살 연상의 형수였던 캐서린과 약혼을 하게 되는데, 이때는 아름답고 우아한 캐서린이 자신의 짝으로 손색이 없다는 생각에 헨리 8세도 캐서린에게 호감이 있던 것 같다. 우여곡절 끝에 영국의 왕비가 된 캐서린을 두고 헨리는 자신이 그녀를 구해준 것이라는 자부심마저 느꼈다.

우리가 초상화에서 접하는 헨리 8세는 배가 많이 나온 중년의 모습이다. 그런데 의외로 젊은 날의 헨리 8세는 날씬한 몸매, 큰 키, 잘생긴 얼굴, 뛰어난 매력을 가진 패셔니스타였다고 한다. 게다가 승마, 무용, 무술 등 못하는 것이 없을 만큼 다재다능하고 매력적이었다.

어쨌든 영국의 왕과 왕비가 된 헨리 8세와 캐서린은 결혼을 하고 다양한 연회를 함께 즐겼던 것으로 봐서 부부 사이가 좋은 편이었던 것 같다. 두 사람 사이에 아들만 태어난다면 이 다정한 부부의 사이는 더욱 돈독해질 것으로 보였다.

그러나 1511년 캐서린이 낳은 첫 아들이 몇 주 만에 사망하게 된다. 자신의 왕국을 물려줄 아들을 원했던 헨리는 큰 실망감을 겪었는데, 실망감 때문인지 아니면 허니문이 끝났기 때문인지 헨리 8세는 캐서린에게서 마음이 멀어지고, 캐서린이 두 번째 임신을 했을 때부터는 바람을 피우기 시작했다. 캐서린이 서운한 뜻을 내비치자 헨리 8세는 오히려 버럭 화를 냈다고 한다.

두 번째 아이를 유산하고 캐서린이 세 번째 임신을 했을 때 헨리 8세는 기쁜 마음으로 기대를 했지만, 불행히도 캐서린은 또 아이를 사산하게 되었다. 이후 캐서린은 다시 임신을 해 왕자를 낳았지만 몇 시간 만에 아기가 또 사망을 한다. 그리고 다섯 번째 임신으로 딸 메리를 낳았다. 메리만은 건강하게 자랐고 훗날 '피의 메리'로 불리는 메리 여왕이 된다. 캐서린은 다음해 또 딸을 낳지만 태어난 지 얼마 지나지 않아 사망을 하면서 헨리 8세는 캐서린이 왕자를 낳을 것이라는 희망을 버리게 된다.

헨리 8세가 대놓고 정부들과 밀회를 즐기며 캐서린의 마음을 아프게 했지만, 아들을 낳지 못한 캐서린은 항의조차 제대로 할 수 없었다. 이때 헨리 8세가 푹 빠져 있던 여인이 있었으니 바로 캐서린 왕비의 시녀였던 앤 불린이다.

종교를 바꿔서라도
앤 불린과 결혼하겠다

앤의 아버지는 상인 집안 출신의 토마스 불린이고 어머니는 명문가 하워드 가문의 엘리자베스로, 앤이 태어난 날짜는 정확하지 않지만 역사학자들은 그녀가 1501년과 1507년 사이에 태어났다고 추정한다. 토마스 불린은 악착같이 부를 쌓아 명망 있는 집안과 결혼을 해 신분상승을 했는데 딸을 이용해 더 높은 곳에 오르려는 욕망을 가진 사람이었다.

앤은 아버지의 욕망에 의해 네덜란드를 다스리고 있던 오스트리아의 여대공이자 막시밀리안 1세와 마리 드 부르고뉴의 딸인 마르가리타의 시녀가 된다. 마르가리타는 어린 앤을 무척 귀여워했다고 한다.

재기발랄하고 영리한 앤은 언니인 메리 불린과 함께 프랑스로 넘어가 헨리 8세의 누이이며 프랑스 국왕 루이 12세의 왕비 메리 튜더의 시녀가 된다. 루이 12세가 사망하면서 메리 튜더는 영국으로 돌아가게 되었지만 앤 불린은 프랑스에 남았다. 앤 불린은 다시 프랑수아 1세의 정비 클로드 왕비의 시녀를 하면서 프랑스 궁정에서 예법을 배우고 라틴어와 프랑스어에 능숙한 여인으로 성장하게 된다.

앤 불린은 짙은 색의 긴 머리와 까만 눈동자를 가진 여인이었는데, 당시 기준으로 금발머리에 흰 피부를 지닌 클래식한 미인은 아니었다. 손에는 커다란 혹이 있어서 손가락이 여섯 개인 것처럼 보이곤 했지만 날씬한 몸매에 지적이며 재치 있고 자신감이 넘쳤다고 한다. 그런 그녀의 모습에 매력을 느끼는 남자들이 많았지만 앤 불린은 신중한 태도를 유지했다. 언니인 메리 불린은 연애에 일찍 눈을 떠 로맨스를 즐기는 여인이었지만, 앤 불린은 가벼운 연애에는 관심을 두지 않았다.

야망 가득한 앤 불린은 자신의 야망을 실현해 줄 남자를 기다리고 있었다.

'나를 높은 곳으로 올려줄 그런 남자를 만날 거야.'

그러던 중에 프랑스와 영국의 갈등이 깊어지면서 프랑스 궁정에서 일을 하던 영국인들이 다시 영국으로 돌아오게 되었다. 이때 앤 불린도 영국으로 돌아오게 된다.

노래와 춤에 능하고 악기도 잘 다루며 당시 상류층의 필수 언어인 프랑스어를 유창하게 할 수 있던 앤은 헨리 8세의 왕비 캐서린의 시녀가 되어 왕실 생활을 시작하게 된다. 프랑스에서 가지고 온 세련되고 우아한 옷들이 잘 어울리는 앤은 활발하고 섹시한 모습 덕분에 왕실에서 주목받는 여자가 되었고, 그녀에게 매료되어 접근하는 남성들이 많았다.

앤은 신중하게 명문가 노섬브리아 공작의 후계자인 헨리 퍼시를 선택한다. 두 사람은 결혼까지 약속했지만 헨리 퍼시의 아버지는 앤 불린의 아버지가 귀족 출신이 아니라는 이유로 두 사람의 결혼을 결사반대했다. 헨리 퍼시는 아버지를 설득해 보려고 했지만 아버지를 이길 수 없었다.

"계속 고집을 부린다면 파문하겠다."

유산 한 푼 없이 쫓겨나게 될 것이 두려웠던 헨리 퍼시는 결국 눈물을 삼키며 앤을 포기했다.

앤은 힘이 없어 사랑하는 남자를 잃은 경험을 바탕으로 권력의 중요성을 절실히 깨닫게 된다. 그런 와중에 헨리 8세가 앤 불린에게 관심을 가지게 된 것이다. 사실 헨리 8세를 먼저 사로잡은 것은 앤이 아니라 앤의 언니인 메리 불린이었다.

그동안 숱한 여자들과 바람을 피웠던 헨리 8세는 이미 윌리엄 캐리와 결혼한 메리 불린을 정부로 두었다. 이후 메리 불린은 임신을 해 딸 캐서린 캐리를 낳고 2년 뒤에는 아들 헨리 캐리를 낳았는데, 둘 다 헨리 8세의 자식일 가능성이 높지만 공식적으로는 남편 윌리엄 캐리의 자식이었다. 메리 불린이 아들 헨리를 출산할 즈음 메리에게 싫증나 있던 헨리 8세는 메리 불린의 매력적인 동생 앤 불린에게 눈을 돌리게 된다. 헨리 8세는 메리 불린을 정부로 삼은 것처럼 앤 불린도 정부로 삼고 싶었다.

"왕비가 되기 전에는 전하의 품에 안길 수 없습니다."

앤은 야망이 큰 여자였고 헨리의 바람둥이 기질을 잘 알았기 때문에 왕의 구애를 거절했다. 헨리 8세는 지금까지 누구도 자신을 거절한 여인이 없었기에 애가 타면서도, 더욱 앤을 차지하고 싶은 욕망을 품게 되었다. 헨리 8세는 앤 불린에게 연애편지를 자주 보냈다.

나의 연인이자 친구여, 나와 나의 심장은 당신의 손으로 넘어가 당신의 기품으로 우리를 인도하고 나의 부재 때문에 당신의 애정이 식지 않기를 애원하고 있습니다.

(중략)

만약 당신이 진실하고 충실한 연인이자 친구로서의 의무를 다하여 당신의 몸과 마음을 주시겠다면, 당신의 매우 충실한 하인이 될 것이며 앞으로도 당신의 엄격함이 나를 막지 않는다면, 당신 이외의 모든 이를 내 마음과 애정에서 몰아내고 오직 당신만을 돌보며 당신을 나의 유일한 연인으로 맞이하겠습니다.

결국 헨리 8세는 캐서린과 이혼을 하고 앤과 결혼하기로 결심한다. 사실 왕이 정부를 두는 것은 흔한 일이기 때문에 금기의 사랑은 아니다. 그런데 현재 왕비와 이혼하고 사랑하는 여인을 왕비로 세우려 했으니 당시의 종교관으로는 용납할 수 없는 일이었다.

헨리 8세는 성경의 레위기 20장 21절의 '형제의 아내를 데리고 사는 것은 추한 짓이다. 그것은 제 형제의 부끄러운 곳을 벗긴 것이므로 후손을 보지 못하리라'는 구절을 내세워 교황청에 이혼을 허락해 달라고 요구한다.

"나는 형수와 결혼을 했으니 이 결혼은 부정한 것입니다. 이혼을 허락해 주십시오."

하지만 당시 교황이었던 클레멘트 7세는 헨리의 요구를 허락하지 않았다. 현재 왕비인 캐서린의 친조카 카를 5세가 최강대국스페인의 왕이면서 신성 로마 제국의 황제였기 때문에, 그가 지켜보고 있는데 교황이 캐서린과의 이혼을 허락할 리는 없었다.교황 측은 아서와 캐서린의 결혼이 이른 나이에 이루어진 것이라잠자리를 하지 않았으니 헨리 8세와 캐서린의 결혼은 절대 부정하지 않다며 이혼을 허락하지 않았다. 캐서린 역시 자신의 딸 메리를 생각하며 완강히 버텼다.

교황의 승인을 얻지 못한 헨리 8세는 교황과의 정면대결을 택했다. 1520년대 후반 영국은 부패하고 세속화된 교회와 성직자특히 로마 교황에 대한 반감과 불신이 널리 퍼져 있었다. 헨리 8세는 이런 분위기 속에서 1529년부터 1536년까지 의회를 소집해교회 개혁에 나섰고, 국왕인 헨리 8세가 교회의 유일한 보호자이자 최고의 수장임을 선언했다.

이렇게 교회와 관련된 최고 사법권을 장악하고 영국 교회의기도 책에서 교황의 이름을 삭제하였다. 그리고 수도원을 해산하고 수도원 소유의 토지까지 몰수했다. 원래 헨리 8세는 정통 가톨릭 신앙에 충실했던 터라 루터를 논박하는 저술로 교황에게서'신앙의 수호자'라는 칭호를 받았었다. 그런데 결혼 문제와 얽히면서 전혀 다른 태도를 취하게 된 것이다.

헨리 8세는 국왕을 영국 교회의 최고 수장으로 규정하는 수장령을 의회에서 통과시키며 영국 국교회를 새롭게 만들어 버린다.

헨리는 1533년 루터의 신교사상에 동조했던 케임브리지 신학자 크랜머 캔터베리를 신임 대주교에 임명해 캐서린과의 결혼이 무효임을 선언하게 한다.

헨리 8세와 캐서린의 이혼이 거의 성사될 쯤 앤은 잠자리를 허락했다. 이제 결혼이 눈앞에 왔음을 알았기 때문일 것이다. 헨리 8세는 앤 불린에게 펨브로크 여후작의 지위를 내려 백작의 신분으로 만들어 주고 엄청난 재산과 영지를 내려 주는데, 미혼 여성이 직접 작위를 하사받은 일은 전례가 없었다.

앤의 아버지는 백작 지위를 얻었고 앤의 가문은 다른 어떤 귀족 집안보다 더 큰 지위와 권력을 누리게 되었다. 헨리의 뜨거운 마음을 확인할 수 있는 부분이다. 그리고 1533년 1월경 헨리 8세는 이미 임신한 상태인 앤과 비밀리에 결혼하였고, 같은 해 6월 1일 앤 불린은 호화로운 예식을 통해 영국의 왕비로 즉위하게 되었다.

두 사람은 결혼했지만 영국은 대내외적으로 혼란과 갈등의 소용돌이에 빠졌다. 여론은 버림받은 왕비 캐서린에게 동정적이었고, 앤은 왕을 유혹한 요부로 생각하며 거부했다.

특히 가톨릭 신앙에 충실한 고위 성직자나 국민들은 개신교에 호의적이었던 앤을 극도로 싫어했을 것이다. 헨리는 자신을 지지하지 않거나 이단으로 보는 사람들을 반역죄 혐의로 사형에 처한다고 선포한 후 실제로 사형을 집행하기도 했다.

이때 처형당한 사람 중에는 《유토피아》의 저자 토머스 모어도 있었다. 토마스 모어는 캐서린과의 이혼 문제에 반대하여 사표를 냈으며, 앤과의 결혼식에도 나타나지 않아 반역죄로 체포되었고 다른 50명과 함께 처형되었다.

액면으로 보면 사랑 때문에 종교를 바꿔 버린 왕이라는 로맨틱한 설정이 만들어지지만 정치란 것이 그렇게 단순하지만은 않다.

당시 부패한 교회와 성직자, 교황에 대한 불신이 팽배해 교회 개혁이 필요한 상황이었다. 또 영국의 국고는 끝없는 전쟁으로 텅텅 비어 있는 상황이었다. 그런데 종교 개혁을 하면서 영국의 모든 교회 재산은 헨리 8세에게 돌아가게 되었고 로마 교황청으로 보냈던 교회 헌금도 그의 금고로 보내졌다. 그러니까 여러 가지 시대 상황이 맞물려 종교 개혁이 일어난 것인데, 앤이 그 불씨가 된 것이다.

헨리 8세와 앤이 결혼식을 올린 지 3개월 만에 아이가 태어났다. 왕실의 의사들과 점성가들이 아들로 예언했기에 상속자 탄생을 축하하는 예식이 준비되어 있었다. 그런데 태어난 아이는 딸이었다. 앤은 헨리의 실망한 표정을 보고 미안하다며 흐느껴 울었고, 낭패감과 당혹감에 빠진 헨리는 그 자리를 떠났다.

그래도 앤이 아들을 낳을 거라는 희망을 버린 것은 아니기 때문에 헨리는 태어난 딸에게 '엘리자베스'라는 이름을 붙여 준다. 이때만 해도 헨리가 앤을 사랑하고 있었기 때문에 캐서린이 낳은 딸인 메리 대신 엘리자베스에게 왕위를 물려준다는 왕위 계승권법을 공표하기도 했다.

아내의 목을 원한
잔인한 왕, 헨리 8세

종교까지 바꾸며 결혼한 두 사람의 사이는 조금씩 금이 가기 시작한다. 연애할 때는 매력적이었던 앤의 화려함과 강한 성격, 진보적인 태도와 정치적 식견은 당시 형식적인 역할에 지나지 않았던 왕비로서는 적합하지 않았다.

모두에게 완전 복종을 원했던 헨리 8세는 자신에게 순종적이지 않고 신경질적으로 거친 말을 내뱉는 앤에게 질려 갔다. 거기에 앤의 유산은 헨리에게 큰 실망을 안겼다. 하지만 헨리 8세는 앤이 다시 임신을 하면서 아들에 대한 희망을 버리지 못한다.

그런 와중 헨리 8세가 마상 시합에서 낙마하여 목숨을 잃을 뻔한 사건이 일어났는데, 다행히 다리에 장애가 생기는 정도로 끝났다. 앤은 큰 충격에 빠졌고 결국 임신 4개월 차에 캐서린 왕비의 장례식에서 유산했다.

당시에는 앤이 캐서린을 내쫓고 그 자리를 차지했기 때문에 신이 벌을 내렸다는 소문이 파다했다. 그러나 현대에는 앤의 혈액형 때문에 유산이 되었다는 설이 있다. 앤의 혈액형이 'RH-' 형으로 첫째인 엘리자베스는 항체가 형성되지 않아서 무사히 낳을 수 있었지만 둘째부터는 항체가 형성되어 태아의 적혈구가 파괴되는 바람에 조기에 유산했다는 설이다.

결론은 앤이 아들을 낳지 못했다는 것이다. 사실 앤에게 향하던 애정이 식으면서 헨리는 이미 캐서린과 앤의 궁녀였던 제인 시모어에게 관심이 있었고, 앤과 앤의 가족에게 보였던 호의도 제인과 제인의 가족에게로 옮겨가고 있었다.

앤이 유산한 이유가 헨리의 무릎에 앉아 있는 제인을 보았기 때문이라는 소문도 있다. 어느 날 헨리 8세의 무릎 위에 앉아 있는 제인 시모어를 보고 앤이 제인의 뺨을 때렸다고 한다. 남편의 불륜을 본 여인의 분노는 당연한 것이겠지만 헨리는 독점욕이 강한 앤의 모습에 질려 점점 더 멀어져 갔다. 또한 앤이 거듭 유산을 하자 그녀가 아들을 낳지 못할 것이라는 생각도 애정을 식게 한 원인일 것이다.

정치적으로도 상황이 급변하기 시작했다. 프랑스의 힘이 커지고 있는 상황에서 이를 부담스러워 했던 스페인은 영국과 동맹을 맺길 원하고 있었다. 캐서린이 살아 있을 때는 도의적으로 그럴 수 없었지만 캐서린이 죽자 동맹이 가능해졌다.

그러나 앤 불린이 왕비 자리에 있는 것이 큰 장애물이었다. 스페인 대사는 대놓고 제인 시모어가 왕비감이라고 말하기도 했다. 여러 상황과 맞물려 헨리 8세는 앤을 내치고자 했지만 명분이 없었다.

이때 나선 사람이 토머스 크롬웰이다. 크롬웰은 몸이 아프다는 핑계로 왕실에 나가지 않고 집에서 앤을 없앨 계획을 짰고, 곧 앤을 반역과 근친상간 그리고 마녀의 마법 행위라는 죄명을 들어 누명을 씌웠다.

토머스 크롬웰은 앤 불린이 플랑드르의 음악가를 비롯해 세 명의 귀족들과 잠자리를 가졌고 그중 한 명과는 결혼해 같이 왕을 몰아낼 계획을 세웠다고 주장했다. 게다가 아이를 가지려는 목적으로 친동생과 잠자리를 가졌다고까지 했다. 사랑하지 않는 남편을 증오했던 앤 불린의 친동생인 조지 불린의 부인은 적극적으로 앤과 조지를 모함했다.

토머스 크롬웰은 모진 고문을 행하며 앤의 궁정에 있던 음악가 마크 스미튼에게서 앤과 부정을 저질렀다는 자백을 받아냈다. 고문을 당한 마크 스미튼은 앤과 부정을 저질렀다는 남자들의 이름을 줄줄이 말했고, 그 남자들이 하나둘씩 체포되었다. 한 명의 남자와만 관계를 맺었다고 해도 되었을 텐데 왜 그렇게 많은 남자들을 죄인으로 몰고 앤 불린의 동생까지 연관시켰을까? 왕비와 불륜을 저지른 이가 한 명이면 그 사람이 너무 부각되어 왕과 동급으로 비교될 수 있고, 또 왕비를 구제할 수 없는 부도덕한 여자로 모는 데는 여러 남자가 있었다는 것이 효과적이었기 때문이다. 앤도 체포되어 런던탑에 갇히게 되는데 앤은 헨리 8세에게 억울함을 호소하는 편지를 보냈다.

폐하, 당신이 말씀하신 대로 진실을 고백하는 것으로 저의 신변이 안전해진다면 저는 기꺼이 따르겠어요. 하지만 당신의 불쌍한 아내가 죄를 인정하리라고는 생각하지 마세요.

폐하, 저에게 정당한 공개 재판을 받게 해 주세요.

저의 진술에는 사람들이 들어서 부끄러워할 내용은 결코
없을 것입니다. 그렇게 하면 저의 결백이 밝혀지고 당신
이 의심하신 것들이 저에 대한 중상모략임이 밝혀지든지
아니면 저의 유죄가 명백하게 인정되든지 분명해질 것입
니다.

신과 당신이 저에게 어떤 결정을 내리시더라도 저는 당신
을 원망하지 않을 것입니다.

하지만 이 간절한 편지는 헨리 8세의 싸늘하게 식은 마음을 울
리지 못한다. 앤은 법정에서 자신의 죄목들을 강력히 부정하고
반박했다. 앤의 혐의에 대한 증거가 별로 없었고 앤이 실제로 이
런 행동을 했을 확률도 지극히 낮았다. 하지만 그녀를 도와주는
사람은 아무도 없었다. 앤의 외삼촌이자 대귀족인 하워드 가문의
노포크 공작 역시 기꺼이 앤의 몰락에 협조했다.

왕비의 간통은 왕위 계승권과 엮이는 문제이기 때문에 앤은
반역죄로 사형을 선고받았다. 처형문을 낭독할 사람은 앤의 외삼
촌인 노포크 공작이었다. 헨리 퍼시는 앤이 유죄 판결을 받자 쓰
러져 몇 달 뒤 죽고 말았다. 의외로 앤은 담담하게 판결을 받아들
였지만 이와 별개로 자신 때문에 죽게 된 무고한 사람들을 걱정
했다고 한다.

1536년 5월 14일 당시 대주교였던 캔터베리가 헨리와 앤의 결

오늘은 힘이 덜 드실 거예요

제 목은 가늘거든요

혼을 무효라 선언했고, 5월 17일 앤과 부정한 행위를 저질렀다는 남자들이 참수되었다.

나의 남편인 국왕이시여, 당신은 그동안 나에게 정말 잘 해 주셨습니다. 시녀였던 나에게 후작의 작위를 내리셨고 다시 왕비로 맞아 주셨습니다. 그리고 당신은 지금 나를 이 나라 최고의 순교자로 만들어 줄 것입니다. 그 은혜를 잊지 않겠습니다. 저의 마지막 소원입니다. 참수에 도끼 대신 칼을 사용해 주시기 바랍니다.

마침내 5월 19일 앤이 참수형에 처해진다. 앤은 담담하게 운명을 받아들이고 자신의 처형을 위해 프랑스 칼레에서 일부러 불러왔다는 집행인에게 말했다.

"오늘은 힘이 덜 드실 거예요. 제 목은 가늘거든요."

목이 잘린 후에 앤을 위한 아무런 장례식 준비가 되어 있지 않았기에 런던탑에서 일하는 사람이 나중에 앤의 머리와 몸을 빈 나무 상자에 담아 세인트 피터 애드 빈쿨라 예배당 아래 묻어 주었다고 한다. 헨리가 캐서린과 이혼했을 때 국민들은 왕의 경솔함을 비웃었고 앤을 '왕의 창녀'라고 부르며 증오했다. 하지만 그녀의 어이없는 사형 이후에는 증오가 동정으로 바뀌었고 헨리 8세에 대한 반감만 늘어났다. 영국인들은 그녀가 처형된 날에 하늘이 너무도 맑아 슬픈 푸른색을 띠었다고 해서 '앤 블루'라고 불렀다.

앤이 사형되고 열하루 후에 헨리는 제인 시모어와 세 번째 결혼식을 올렸다. 이번에는 캐서린과 앤, 둘 다 죽었으니 법적으로 아무 문제가 없었다. 하지만 제인 시모어는 아들 에드워드를 낳고 산욕열로 사망을 하였고 이후 헨리 8세는 세 명의 왕비를 더 맞았다.

1533년 5월부터 1536년 5월까지 3년, 약 천 일 동안 왕비였다고 해서 '천일의 앤'이라고 불리는 앤 불린. 그녀의 삶은 이렇게 막을 내렸지만 그녀의 딸 엘리자베스가 영국 여왕 엘리자베스 1세로 등극하고 영국 역사상 가장 위대한 왕으로 평가받게 되면서 앤 불린의 이미지는 '왕을 유혹한 마녀'에서 '여왕의 어머니이자 신교의 성인'으로 탈바꿈하게 되었다.

앤 불린과 비슷한 삶을 살았던 장희빈의 아들 경종이 조금 더 오래 살아 성군의 모습을 보였다면 그녀의 이미지 역시 달라지지 않았을까 하는 생각이 들기도 한다.

영국에서 가장 고귀한 여인이 되었다가 순식간에 추락해 비극적인 죽음을 맞이한 앤 불린. 그녀를 사랑한다고 외쳤지만 곧 다른 여인을 사랑하게 된 헨리 8세. 이들의 짧은 사랑은 역사의 한 페이지를 바꾸면서 오래오래 회자되고 있다.

chapter 03

스무 살 어린 왕을 사로잡은
디안 드 푸아티에

디안 드 푸아티에
미의 여신으로 칭송받다

1547년 아버지 프랑수아 1세의 뒤를 이어 프랑스 발루아 왕조의 열 번째 왕으로 즉위한 앙리 2세가 정부로 삼았던 디안 드 푸아티에는 앙리 2세가 총애하는 정부였다. 놀라운 것은 앙리 2세가 그녀를 정부로 삼기 전에 그녀는 이미 프랑수아 1세의 애첩이었다는 것이다. 즉 프랑수아 1세의 정부였고, 이어서 그의 아들인 앙리 2세의 정부까지 된 디안 드 푸아티에. 그녀는 얼마나 대단한 매력을 가진 여인이었을까?

디안 드 푸아티에는 1499년 생 바리에 백작의 딸로 태어났다. 어린 시절부터 귀족 집안의 딸이라면 갖추어야 할 교양 수업을 받으며 자랐고 음악, 춤, 예술, 언어 등 다양한 방면에서 뛰어났다. 또한 다른 귀족 여인들과 달리 어려서부터 사냥을 배웠다고 하니 아주 활달한 성격임을 엿볼 수 있다.

디안 드 푸아티에는 열다섯 살이 되던 해에 샤를 7세의 외손자이자 노르망디 지사였던 루이 드 브레제 백작과 결혼을 하게 된다. 당시에는 나이 차이가 많은 남녀 간의 결혼이 흔했는데, 그녀의 남편은 그녀보다 마흔 살이나 많았다. 나이 차이가 있었음에도 불구하고 두 사람은 꽤 행복한 결혼 생활을 했다고 하며, 두 사람 사이에서 두 명의 딸도 태어났다.

남편이 디안 드 푸아티에를 무척 사랑했다는 사실은 그녀의 아버지가 반역죄에 연루되어 참수형에 처할 위기였을 때도 위험을 무릅쓰고 국왕에게 참수를 면하게 해 달라는 탄원을 넣었던 사실을 보면 알 수 있다. 그 덕분에 그녀의 아버지는 사형 직전 사면을 받게 되었다.

그런데 그녀의 남편이 세상을 떠나면서 디안 드 푸아티에는 과부가 되었다. 디안 드 푸아티에는 남편이 죽은 후 줄곧 검은색과 흰색이 섞인 상복을 입어 '노르망디 부인'이라는 별명을 얻게 되는데, 상복은 하얀 피부를 가진 그녀의 모습을 더 돋보이게 했다.

그녀의 아름다움을 찬양하던 사람들은 '디안'이라는 이름이 달의 여신 다이애나를 연상시킨다 하여 그녀를 '달의 여신'이라고 찬미하기도 했으며, 예술가들은 달의 여신으로 묘사한 그녀의 그림을 그리거나 조각을 하기도 했다.

프랑스의 저널리스트이자 문인이며 역사학자인 알랭 드코가 지은 시 〈미의 기준〉 일부를 살펴보자.

세 가지 하얀 것 피부, 치아, 손
세 가지 검은 것 눈, 속눈썹, 눈썹
세 가지 빨간 것 입술, 뺨, 손톱,
세 가지 짧은 것 치아, 귀, 발,

세 가지 가는 것, 입, 허리, 발볼,

세 가지 굵은 것, 팔뚝, 허벅지, 다리

세 가지 작은 것, 젖꼭지, 코, 머리

여인의 신체 부위를 노골적으로 묘사하고 있는 이 시는 그 당시 미의 기준을 시로 남긴 것인데, 디안 드 푸아티에를 모델로 지어졌다. 그녀가 바로 미의 기준이라는 것이다.

아버지의 정부를
마음에 품다

디안 드 푸아티에는 남편이 살아 있을 때 프랑수아 1세의 아내 클로드 왕비의 시녀를 했었는데, 남편과 클로드 왕비가 죽자 프랑수아 1세의 어머니인 루이즈 드 사보이의 시녀가 되어 궁정에 머물게 된다. 그리고 프랑수아 1세의 눈에 들어 그의 정부가 된 것이다.

여기서 잠깐 당시 프랑스와 유럽의 상황에 대한 이야기를 해봐야겠다. 그래야 프랑수아 1세를 이어 왕이 된 앙리 2세가 어째서 디안을 정부로 삼았는지 이해할 수 있을 것 같다.

당시 프랑스와 스페인은 힘겨루기 중이었다. 스페인의 카를 5세는 독일, 네덜란드, 스페인, 나폴리 왕국까지 대제국을 물려받았다.

프랑스는 12세기 영국과 백년전쟁까지 하며 영지를 지켜냈는데, 스페인이 강대국의 면모를 갖추자 이제는 스페인에게 먹히지 않을까 전전긍긍하고 있었다. 이 와중에 프랑수아 1세와 카를 5세가 신성 로마 제국 황제 자리를 놓고 싸웠는데 결과는 카를 5세의 승리였다. 1519년 6월 28일 선제후들은 만장일치로 카를 5세를 황제로 선출했던 것이다.

프랑스의 입장에서 보면 영국을 제외하고는 프랑스와 국경을 맞대고 있는 유럽 전역이 카를 5세의 손아귀에 들어갔기 때문에 불안감에 휩싸일 수밖에 없었다.

카를 5세와 프랑수아 1세의 2차전은 이탈리아의 주도권을 두고 전투를 하게 된 것인데, 프랑스는 파비아 전투에서 대패하면서 프랑수아 1세는 카를 5세의 포로가 된다. 카를 5세는 프랑수아 1세의 몸값을 두둑하게 받을 심산으로 그를 마드리드에 데려갔다. 결국 프랑수아 1세는 막대한 몸값과 이탈리아의 모든 영토를 포기하는 조건과 자신의 두 아들을 스페인에 볼모로 보내는 조건까지 걸어 겨우 프랑스로 돌아오게 되었다.

그리고 프랑수와 1세의 두 아들 프랑수아와 앙리가 인질이 되어 스페인으로 끌려갔다. 당시 여섯 살이라는 어린 나이인데다 어머니까지 여의었던 앙리는 의지할 곳 없는 낯선 나라로 끌려가야 하는 것이 무척이나 두려웠을 것이다. 두려움에 떨며 스페인으로 떠나는 왕자를 배웅해 주며 애틋하게 작별의 키스를 해준 여인이 있었으니 바로 디안 드 푸아티에였다.

스물여섯 살의 우아하고 아름다운 디안의 따뜻한 키스는 앙리의 마음속 깊이 남았다. 고작 여섯 살의 앙리에게 디안 드 푸아티에는 죽은 어머니의 환상이며 꿈의 여인으로 각인되었던 것이 아닐까?

앙리는 스페인에서 4년간 인질로 잡혀 있다가 어렵사리 프랑스로 돌아오게 된다. 그리고 디안 드 푸아티에는 앙리의 가정 교사가 되어 가르치고 돌보는 일을 맡았는데, 어린 앙리는 자신을 돌봐 주는 그녀에게 더욱 빠져들었다.

앙리와 카트린의 정략결혼

1533년 열네 살이 된 앙리는 자신과 동갑인 여성과 정략결혼을 하게 되는데, 그녀는 피렌체 메디치 가문의 무남독녀였던 카트린 드 메디치였다.

카트린은 1519년 4월 13일 피렌체의 메디치 궁전에서 위대한 자 로렌초의 손자이자 우르비노 공작인 로렌초 드 메디치와 프랑스 왕녀 마들렌 오베르네 사이에서 태어났다. 그녀가 태어났을 무렵 아버지는 매독에 걸려 죽어가고 있었고, 어머니 역시 페스트와 매독, 출산 합병증으로 사망하였다.

카트린은 메디치 가문이라는 엄청난 금수저 집안에서 태어났지만 그녀가 태어나자마자 부모님이 모두 사망했고, 피렌체의 공화파를 비롯해 공화정을 지지하는 사람들은 메디치 가문의 왕정이 무너지자 폭도가 되어 메디치 가문의 재산을 약탈해 갔다.

카트린은 태어나자마자 온갖 불행을 겪은 것이다. 메디치 가문 출신 교황 클레멘스 7세는 이탈리아 지배권을 유지하려고 자신의 가문 마지막 후손이자 재종손녀인 카트린을 프랑수아 1세의 둘째 아들 앙리와 혼인시키게 된다.

당시 앙리의 사랑을 받던 디안 드 푸아티에의 할머니가 카트린의 외할아버지와 남매 사이였으므로 디안 드 푸아티에와 카트린은 육촌 관계였다. 그래서일까? 이 결혼을 반대하는 사람들이 많았는데, 디안 드 푸아티에는 두 사람의 결혼을 적극적으로 찬성했다고 한다.

앙리와 결혼한 카트린 드 메디치는 메디치 가문이긴 했지만 그녀가 결혼할 당시 파산에 가까운 상태였고, 그녀가 혼수로 가져온 보석들은 메디치 가문의 소유가 아닌 교황 클레멘스 7세가 빼돌린 교황청의 소유였다. 또한 교황 클레멘스 7세가 카트린의 지참금으로 약속한 금액이 있었는데 갑자기 사망하면서 교황청에서 지참금 지불을 거절하였다. 카트린은 가시방석에 앉은 듯 하루하루를 힘들게 보내야 했다.

카트린은 돈밖에 모르는 장사치의 딸이라며 궁정 사람들의 무시를 받아야 했고, 앙리의 마음은 디안 드 푸아티에가 차지해 버려 남편의 무심함까지 견디며 살아야 했다. 부모님의 얼굴도 못 보고 외롭게 자란 이 소녀는 평생 남편의 사랑을 받지 못한 불행한 여인이 되었다.

그러다 1536년 앙리의 형인 프랑수아가 갑자기 사망하는 바람에 앙리가 프랑스의 왕세자가 되면서 카트린도 왕세자빈이 되었다. 1547년에 프랑수아 1세가 사망하고 앙리가 앙리 2세로 즉위하게 된다. 앙리 2세가 프랑스의 국왕이 되었으니 카트린은 프랑스의 왕비가 된 것인데, 카트린은 형식적인 왕비일 뿐 실질적인 왕비는 디안 드 푸아티에라고 여길 정도였다. 앙리 2세는 강인한 성격에 스포츠를 즐겼고 기사도에 심취하여 '기사왕'이라는 별칭도 있다.

왕이 되기 전 마상 시합에서 당시는 아버지의 연인이었던 디안 드 푸아티에에게 공개적으로 경의를 표한 적이 있었다. 자신을 기사로 여기고 기사가 보호해야 할 미인을 '디안 드 푸아티에'로 설정한 것이다. 이 두 가지의 설정 때문에 카트린도 고통을 받아야 했지만 훗날 앙리 자신도 '기사가 맞이할 운명'을 비껴가지 못했다.

앙리 2세의 마음은 디안에게 있었지만 그럼에도 불구하고 카트린은 앙리 2세를 사랑하는 마음이 있었던 것 같다. 카트린이 왕과 디안 드 푸아티에의 동침 장면을 숨어서 지켜본 적이 있었는데, 다정한 연인의 사랑을 나누는 아름다운 장면을 보고 눈물을 흘린 적도 있다고 한다. 앙리 2세가 자신과는 자식을 낳기 위한 의무적인 잠자리만을 가졌기에 앙리와 디안의 다정한 모습에 심장이 찢어지는 고통을 느꼈을 것이다. 앙리 2세는 왕비인 카트린과 의무적인 잠자리를 하는 날에도 디안에게 돌아가 그녀에게 안겨 잠을 잤다고 한다.

디안 드 푸아티에는 앙리 2세로부터 전권을 부여 받아 공식 문서 서명부터 각료 임명과 작위 수여, 영지와 연금 하사에 이르기까지 왕실 업무 전반에 관여했다. 그리고 추밀원의 일원으로 왕실 재정에 필요한 돈을 거두는 일까지 했다고 한다.

왕실의 공식 문서에는 '앙리 디안'이라는 서명이 있는데, 바로 앙리와 디안을 뜻하는 것이었다. 왕비도 아닌 디안 드 푸아티에가 왕실 공식 문서에 이름을 올리고 있는 것이다.

왕비 카트린은 첫 왕자를 출산하기까지 무려 11년의 세월 동안 아이가 없었기에 무척 초조해 했다. 이때 카트린은 그 유명한 점성술사인 노스트라다무스를 만나게 되는데, 노스트라다무스는 임신을 간절히 원한다면 노새의 오줌을 마시라고 말을 해 주었다. 카트린은 아들을 낳겠다는 일념으로 오줌을 받아 마셨는데 그만큼 간절한 마음이었던 것이다.

그렇게 카트린이 아이를 낳지 못하니 이혼을 해야 하는 것이 아니냐는 말들이 새어 나올 때쯤 카트린은 아이를 갖게 된다. 이후 카트린은 열 번의 출산을 하게 되니 그녀에게 문제가 있었던 것은 아닌 것 같다.

앙리 2세는 카트린이 낳은 아이들의 교육도 디안에게 맡겼다. 카트린의 아이들은 엄마보다 디안을 더 따르게 되었으니 카트린의 치욕은 계속되었다.

디안 드 푸아티에는 앙리 2세로부터 전권을 부여 받아 공식 문서 서명부터 각료 임명과 작위 수여, 영지와 연금 하사에 이르기까지 왕실 업무 전반에 관여했다. 그리고 추밀원의 일원으로 왕실 재정에 필요한 돈을 거두는 일까지 했다고 한다.

왕실의 공식 문서에는 '앙리 디안'이라는 서명이 있는데, 바로 앙리와 디안을 뜻하는 것이었다. 왕비도 아닌 디안 드 푸아티에가 왕실 공식 문서에 이름을 올리고 있는 것이다.

기사왕과
그의 정부 디안의 최후

앙리 2세의 깊은 총애를 받은 디안은 발렌티안누아 여공작 지
위와 에탕프 여공작의 지위를 받았고 아름답기로 유명한 슈농소
성까지 하사받았다. 낭만적이고 아름다운 프랑스 르네상스의 보
석이라고 불리는 슈농소 성은 왕비 카트린이 무척 갖고 싶어 했
던 곳인데 앙리 2세는 그 성을 디안에게 주었다.

디안은 평일에는 궁에서 카트린의 아이들을 교육시키며 지냈
고, 주말엔 슈농소 성에 가서 휴식을 취했는데 앙리 2세도 늘 함
께였다.

앙리와는 스무 살 차이가 나는 디안은 타고난 미인이긴 했지
만 미모 유지를 위해 엄청난 노력을 했다고 한다. 날씬한 몸매를
유지하기 위해 하루 세 시간씩 승마를 하고 외출할 때는 벨벳 마
스크로 햇볕을 차단했으며 금이 들어간 약을 먹었다고 한다. 미
모 유지를 위해 새벽에 일어나서 나귀의 젖과 찬물로 목욕을 하
고 잠을 잘 때는 목주름 예방을 위해 베개에 기대어 엎어져서 잠
을 잤다고 한다. 그래서 중년 이후에도 마치 십 대 소녀와 같은
피부와 몸매를 유지했다고 하니 앙리 2세는 그런 그녀를 여전히
총애했다.

1559년 앙리 2세의 딸 엘리자베트 드 발루와와 스페인 왕 펠
리페 2세가 결혼을 하게 되었고, 앙리 2세의 여동생 마르그리트

드 프랑스와 사보이 공작 에마누엘레 필리베르토가 결혼을 하게 되어 이들의 결혼을 축하하는 자리가 마련되었다.

이때 이들의 결혼식을 축하하는 의미로 마상 시합이 열렸는데, 당시 마흔 살로 적지 않은 나이였던 앙리 2세가 기사왕이라는 명성답게 자신이 빠질 수 없다며 마상 시합에 나간다. 카트린은 전날 밤 앙리 2세가 피투성이가 되어 엎드려 있는 불길한 꿈을 꾸어서 불안감에 앙리 2세의 출전을 만류했지만 소용없었다.

앙리 2세는 자신의 경호 대장이었던 몽고메리 백작 가브리엘과 상대하였는데, 첫 번째 경기에서 목 아래 부분을 강타당하며 말에서 떨어질 뻔했다. 그럼에도 앙리는 가브리엘과 다시 싸우겠다고 선언했다. 그렇게 경기가 다시 시작되었고 앙리 2세는 가브리엘의 창 파편에 눈과 뇌를 관통당하는 치명상을 입게 되었다.

앙리 2세는 죽음의 문턱을 왔다 갔다 하면서도 자신을 찌른 가브리엘 몽고메리를 용서해 주는 기사도 정신을 발휘했고 디안을 애타게 찾는다. 디안 역시 앙리 2세의 마지막 모습을 보려 했지만 카트린이 디안을 들여보내지 않아 앙리 2세는 그토록 사랑하던 디안을 보지 못한 채 사망하였다.

남편에게 다른 여인이 있었다 해도 남편을 무척이나 사랑했던 카트린은 큰 충격을 받았고, 이후 죽을 때까지 검은 상복을 입었다고 한다.

앙리 2세가 죽고 그와 카트린의 큰 아들 프랑수와가 국왕 자리에 올라 프랑수와 2세가 되는데, 열여섯 살 미성년자였기 때문에 카트린이 섭정을 하게 되었다.

30년 가까운 시간 동안 뒷방 신세였던 카트린은 드디어 왕의 어머니로서 절대 권력을 휘두르게 되었고, 피의 권력자로 불리게 된다. 그런데 디안에게 그동안의 수모를 돌려줄 것 같았던 카트린은 디안에게 엄청난 복수를 하지는 않는다.

다만 디안이 앙리 2세의 장례식에 오지 못하도록 할 뿐이었다. 카트린은 디안이 소유하고 있던 슈농소 성과 왕관의 보석만을 돌려받은 후 그녀를 아네스 성에서 편하게 살도록 내버려 두었다.

카트린의 잔인한 정치 행보로 봤을 때 왜 디안을 그냥 두었을까 의문이 들기도 하는데, 자신이 낳은 아이들이 잘 따르는 가정교사였을 뿐만 아니라 여전히 디안의 힘이 되어 줄 인맥들이 궁정에 많이 남아 있었기 때문이 아닌가 짐작해 본다.

디안 드 푸아티에는 나름 평안한 노후를 보내다 앙리 2세가 사망한 지 7년이 지난 후인 1566년 예순일곱의 나이로 생을 마감하게 된다. 카트린 드 메디치는 남편이 죽은 뒤 30년을 더 살았으니 최후의 승자는 카트린일지도 모르겠다.

chapter 04

한 나라의 국왕을
끌어내릴 뻔한 롤라 몬테즈

요부라 불리는 여인의
어린 시절

루트비히 1세는 막시밀리언 1세 요제프의 장남으로 아버지의 뒤를 이어 바이에른 왕국의 두 번째 국왕이 되었다.

그는 예술에 관심이 많아 화가들을 많이 후원했으며 학문을 장려했고 건축에 관심이 많았다. 루트비히 1세 시기에 많은 건축물이 지어졌는데, 바이에른의 지방 도시인 란츠후트에 있던 뮌헨 루트비히 막시밀리안 대학교를 뮌헨으로 이전하고 조각 박물관도 지어졌다. 그리고 1826년부터 10년에 걸쳐 건축한 알테 피나코테크는 현재도 뮌헨에 남아 있다.

루트비히 1세는 호방한 성격으로 많은 여인들을 가까이했으며 자신과 가까이한 아름다운 여인들의 초상화를 그려 님펜부르크의 메인 홀에 걸었는데, 그중 '롤라 몬테즈'라는 여인의 초상화가 있다.

롤라 몬테즈는 검은 머리에 크고 아름다운 푸른 눈, 오뚝한 코, 갸름한 얼굴, 날렵한 턱선에 날씬한 몸매까지 미인의 조건을 다 갖추고 있었으며 특히 입꼬리가 살짝 올라간 입술이 무척 예뻤다고 한다.

루트비히 1세는 이 여인 때문에 강제 퇴위 당할 뻔한 위기에 몰리기도 했는데 두 사람 사이에 어떤 일이 있었던 것일까? 먼저 롤라 몬테즈라는 여인을 알아보자.

19세기 영국에서는 빅토리아 여왕 다음으로 유명한 여인이 롤라 몬테즈라는 말이 있을 정도로 당대에 널리 알려져 있었다. 그녀는 1821년 아일랜드 슬리고에서 태어났으며 본명은 엘리자베스 로잔나 길버트이다.

영국군 소위로 복무하던 스코틀랜드 출신의 에드워드 길버트가 열여덟의 나이에 열넷의 매력적인 소녀 크레올린 출신의 엘리자 올리버와 결혼했고, 엘리자 올리버는 열다섯 살의 어린 나이에 롤라를 낳았다.

롤라 몬테즈의 아버지는 인도로 발령을 받아 어린 아내와 딸을 데리고 인도로 향했는데 얼마 지나지 않아 콜레라에 걸려 사망하고 만다. 스무 살도 채 되지 않은 나이에 과부가 된 엘리자 올리버는 곧바로 남편의 친구와 재혼을 하고 신혼 생활에 방해가 되는 딸 롤라 몬테즈는 영국으로 보내 버렸다.

롤라는 부모를 떠나 불안정한 유아기를 보내서인지 어릴 때부터 거친 성격을 보였고 사춘기가 되어서는 불안정한 기질이 더 심해졌다.

바스에 있는 기숙학교로 보내진 롤라 몬테즈, 다행히 학교는 꽤 좋은 환경이었고 롤라는 안정을 되찾으며 아름답고 발랄한 아가씨로 성장하게 되었다.

실패한 결혼

롤라의 부모가 그녀를 기숙학교에 보내 교육을 시킨 이유는 조건이 좋은 남자에게 시집을 보내기 위해서였다. 롤라의 어머니는 어린 딸을 돈이 많은 예순 살의 대법원 판사에게 시집을 보내려고 했다. 나이 차이가 많이 나는 남편을 맞고 싶지 않았던 롤라는 어머니가 알고 지낸 아일랜드 출신의 육군 중위 토머스 제임스와 함께 도망을 쳤고 두 사람은 더블린에서 결혼을 하였다.

하지만 당시 서른 살이었던 제임스는 나쁜 남자의 전형이었다. 두 사람이 신혼 생활을 하고 있는 웩스포드는 황량한 곳이었는데, 롤라는 자신에게 무심한 남편과 따분한 시골 생활을 힘겹게 버텨야 했다. 그러다 남편이 인도로 발령을 받아 함께 인도로 향하게 되자 롤라는 시골을 벗어나는 것만으로도 기뻐하며 배에 올랐다.

하지만 이 어린 아가씨는 남편과의 오랜 여행에 지쳤고, 그나마 얼마 남아 있지 않던 사랑도 완전히 식어버렸다. 인도에서의 생활 역시 행복하지 않았다.

인도 북부 평야 근처의 육군 부대 생활은 무척 궁핍했고 바람둥이 남편은 롤라에게 끊임없이 상처를 줬으며, 롤라는 풍토병에 시달리기까지 했다.

결국 남편이 난폭한 모습까지 드러내자 이를 견디기 힘들었던 롤라는 남편을 버리고 인도 콜카타에 있는 어머니에게로 돌아갔다. 하지만 어머니는 앞뒤 사정은 들어보지도 않고 상처 받은 딸을 다시 영국으로 보내 버렸다.

무용수가 된
롤라 몬테즈

영국으로 가는 라르킨 호에 오른 롤라는 좋은 집안의 젊은 귀족 레녹스 중위를 만나 염문을 뿌렸다. 어린 나이에 남자와 야반 도주를 하고 결혼을 한 유부녀가 이번엔 귀족 가문의 남자와 스캔들을 일으켜 사람들의 입방아에 오르내렸으니 롤라는 영국으로 가는 내내 선원들이나 배 안에 있는 사람들에게 눈총을 받아야 했다.

롤라와 레녹스는 런던에 도착한 후 동거를 시작했다. 당시에 결혼을 하지 않은 남녀의 동거는 여성에게는 치명적인 스캔들이기 때문에, 친척들은 동거를 말려보기도 하고 더 이상 망가지지 말라며 충고도 했지만 이런 말은 롤라의 귀에 전혀 들어오지 않았다.

롤라의 무모한 행동이 계속되던 중 남편 제임스에게서 편지가 왔다. 이혼 소송을 제기한 것이다. 당시는 여자가 바람을 피워 이혼을 당하게 되면 부정한 여인으로 낙인이 찍혀 사회적으로 매장될 수밖에 없었다.

돈 한 푼 없는 롤라의 입장에서는 아주 치명적인 일이었지만 롤라는 이 위기를 극복해 보기로 한다. 일단 이혼 소송을 무시해 버리고 직업을 가지기로 한 것이다.

그녀의 무기는 눈부시게 아름다운 외모였다. 그녀는 '롤라 돌도레스 드 포리스이 몬테즈'라는 새로운 이름을 짓는다. 이때부터 그녀는 '스페인 미녀 롤라 몬테즈'로 다시 태어났고, 이국적인 댄서로 변신하게 되었다.

춤을 배운 것도 아니면서 갑자기 댄서가 된 롤라는 빅토리아 시대 런던의 최고 무대인 왕립극장에서 춤을 출 수 있는 기회를 얻게 되는데, 정부였던 말메스베리 경의 지원을 얻어 '스페인 무용수 롤라 몬테즈'란 타이틀을 걸고 무대에 서게 된 것이다.

롤라는 여왕이 관람하던 오페라 〈세비야의 이발사〉 공연 막간에 무대에 올라서 춤을 추기 시작했다.

객석에는 귀족들과 상류층 인사들이 가득했다. 그들에게 롤라가 보여줄 수 있는 것은 뛰어난 미모와 표정 연기, 날씬한 다리, 그리고 혼자 이것저것 조합해 만들어낸 단순한 무용 동작이 전부였다. 그녀의 춤은 평가받을 수준도 되지 않았지만 그녀의 미모만큼은 관객들에게 각인이 되었다.

이후 관객들을 사로잡을 새로운 춤이 필요하다는 생각을 한 롤라는 1843년 6월 자신의 시그니처 춤이 될 거미 춤을 선보이게 된다.

스페인의 플라멩코와 스트립티즈를 섞어 만든 춤으로 속옷 속에 숨어 있는 타란툴라 독거미를 몸 밖으로 꺼내려는 듯이 날뛰고 몸부림을 치는 동작이 포인트였다. 미친 듯이 날뛰면서 춤을 추다 보면 치마가 점점 올라가서 속옷이 보이게 되고, 거의 속옷만 남은 상태가 되면 몸에서 거미를 털어내고 바닥에 내리쳐 발로 밟아버리는 동작으로 공연을 마무리 하는 춤이다. 롤라는 이 거미 춤을 길거리에서도 선보이며 춤을 홍보하였다.

결혼과 불륜 스캔들이 퍼지면서 추문의 주인공이기도 한 롤라는 그 스캔들은 소문일 뿐이라며 자신과 관련된 소문을 부정하면서 거미 춤으로 또 한 번 세상을 떠들썩하게 만든 것이다.

롤라는 속옷에 기어들어간 거미를 꺼내 보여 주는 듯한 춤과 다양한 변형의 춤을 보여 주면서 유명세를 얻었고 그녀에 대한 이야기와 춤은 온 유럽에 파다하게 퍼지게 되었다.

롤라는 자신이 스페인 귀족과 집시 사이에서 태어난 사생아라는 소문을 퍼트려 자신을 더욱 신비스럽게 포장했고, 관능적이고 뇌쇄적인 춤으로 남성들을 유혹했다. 그렇게 유명세를 얻고 있던 어느 날, 관객 중 한 명이 롤라의 신분이 위조되었다는 것을 폭로했고, 분노한 롤라는 꽃다발을 객석 쪽으로 걷어차고 무대 밖으로 나가 버린다. 이후에도 롤라는 계속해서 크고 작은 스캔들을 일으켰다.

프러시아 기병 장교와 말다툼을 벌이는가 하면 호텔 주인에게 '벼락부자 주제에'라며 모욕하거나 자신에게 그 따위가 춤이냐며 비난하는 말을 하는 무대 관리인을 폭행하기도 했다.

예쁜 외모에 요상하고 선정적인 춤을 추며 불같은 성미를 가진 이 여인에 대한 소문은 오히려 엄청난 흥행을 몰고 다녔다. 관객들은 소문의 주인공인 그녀를 보러 극장으로 달려갔던 것이다.

그녀의 춤이 사람들을 타락시킨다는 비난이 일었지만 이런 비난 따위는 신경 쓰지 않았던 롤라는 베를린, 바르샤바, 바덴바덴 등 중부 유럽의 도시를 돌며 공연을 이어가게 된다.

남자들
요부에게 빠져들다

롤라 몬테즈는 공연이 없을 때에는 자신을 추종하는 남자들을 만났다. 그녀의 선정적인 춤은 권력과 돈이 있는 남자를 연결하는 연결고리쯤 되었던 것이다.

롤라는 음악가 리스트, 러시아의 차르 니콜라이 1세, 알렉상드르 뒤마, 오노레 드 발자크, 빅토르 위고 등 문인들과도 염문을 뿌렸다.

음악가 리스트와 사랑에 빠졌으면서 동시에 파리의 한 부자와 관계를 맺는 바람에 두 사람이 롤라를 사이에 두고 목숨을 건 결투를 벌이기도 했다. 파티에서 리스트가 여자들에게 웃으며 농담을 주고받는 것을 본 롤라는 파티장의 식탁 위로 올라가 그릇들 사이로 지나다니며 춤을 춰 파티를 망치고 모든 시선이 자신에게 쏟아지게 만들기도 했다. 잔뜩 화가 난 리스트는 롤라와 밤을 보내고 다음 날 밖에서 호텔 문을 잠그고 나가 버렸다.

롤라의 성격을 잘 알고 있었던 리스트는 호텔을 떠나면서 호텔 직원들에게 미리 거액의 수리비를 주고 갔는데, 다음 날 호텔 직원들이 방문을 열었을 때는 씩씩거리는 롤라와 함께 모든 게 산산이 부서진 방을 볼 수 있었다고 한다.

1845년 롤라 몬테즈는 프랑스 파리에 머물고 있었는데, 파리에서 댄서로 성공하고 싶어 했다. 그리고 자신의 성공을 도와줄 남자를 물색해 유혹하기로 결심한다.

그녀가 점찍은 남자는 프랑스 최대 신문사 사장 알렉상드르 뒤자리에르다. 그가 매일 아침 승마를 한다는 것을 알아낸 롤라는 그를 기다리고 있다가 우연을 가장해 마주친 것처럼 꾸몄다. 두 사람은 매일 승마를 같이하게 되었고 롤라는 드디어 그의 아파트에 입성하게 된다. 알렉상드르는 롤라의 매력에 푹 빠졌고 롤라가 댄서가 될 수 있도록 후원을 해 주는데 그녀에게 얼마나 깊이 빠졌던지 그녀와 결혼까지 결심했다고 한다.

어느 날 알렉상드르는 파리 최고의 젊은 갑부들이 참석하는 파티에 가게 되는데 롤라가 자신도 데려가 달라고 졸랐지만 들어주지 않아 둘은 처음으로 다투게 된다. 알렉상드르는 혼자서 파티에 갔고 그곳에서 극작가이자 비평가인 장 밥티스트 로즈몽 드 보발롱을 만났다. 그는 그동안 롤라의 춤을 혹독하게 비평했던 사람이었다.

술을 마시고 취해버린 알렉상드르는 보발롱에게 가서 그를 모욕하는 말을 했고, 다음 날 보발롱이 알렉상드르에게 결투 신청을 했다. 두 사람의 결투에서 안타깝게도 프랑스 최고의 명사수였던 보발롱의 총에 맞아 알렉상드르는 사망하고 만다. 결국 롤라는 파리를 떠나야 했다.

바이에른
국왕을 만나다

1846년 가을, 롤라는 바이에른 왕국 뮌헨에서 열리는 옥토버페스트 맥주 축제에서 공연을 하려고 했는데, 그녀의 춤이 추잡하다는 평을 받고 공연을 금지당하게 된다. 격분한 그녀는 무대 의상을 입은 채 궁전으로 달려가 국왕인 루트비히 1세에게 회견을 청했다.

당시 육십 대였던 루트비히 1세는 많은 여인들을 가까이해 왔고, 자신의 역대 애첩들의 초상화를 그려 궁정에 전시할 정도였다. 게다가 롤라를 만나기 전까지는 나름 국정 운영도 잘한 것으로 평가받았다.

오늘날의 뮌헨을 탄생시킨 것도 이 루트비히 1세라 할 수 있는데, 공공 건축물을 건축해 뮌헨의 특징적인 모습을 만든 덕분에 19세기에 뮌헨은 크게 성장하고 발전했다. 그러다 보니 바이에른 공국 국민들은 루트비히의 여성 편력을 크게 신경 쓰지 않았다고 한다.

루트비히는 이방인을 만날 시간이 없다며 접견을 거절했는데 롤라가 막무가내로 보초병을 밀치고 안으로 들어가려고 했다. 이때 롤라의 드레스 앞부분이 찢어졌고 그로 인해 롤라의 가슴이 드러나고 말았다. 그 순간 롤라를 보게 된 루트비히 1세는 롤라의 미모와 풍만한 자태를 보고 한눈에 반하게 되었고 그 자리에서 공연을 해도 좋다는 허락을 하게 된다.

롤라가 루트비히를 만난 지 55시간 후 롤라는 무대에 오르게 되었다. 다른 도시에서와 마찬가지로 그녀의 춤에 대한 평은 최악이었지만, 그녀의 춤까지 본 루트비히는 롤라에게 완전히 빠지고 말았다.

국왕의 총애를 받자
안하무인이 된 롤라

루트비히는 롤라를 자신의 정부로 삼았고 롤라에게 보석, 말, 귀족 소유의 웅장한 저택을 선물로 갖다 바쳤다. 또 초상화를 그려 주었고 뮌헨 시민권을 선물로 주기도 했다. 사실 인색하기로 소문난 루트비히는 테레지아 왕비에게도 낡은 드레스를 입혀 극장에 갔던 일화가 있을 정도였는데, 롤라에게 완전히 빠져 국고를 털기 시작한 것이다.

롤라는 다이아몬드로 화려하게 치장하고 왕비보다 더 화려한 드레스를 입고 오페라 극장에 나타났다. 왕비는 색 바랜 드레스와 물려받은 소박한 장신구만 걸치고 있는데 말이다.

롤라는 그렇지 않아도 거칠고 불같은 성미가 있었는데, 한 나라의 국왕이 자신의 손아귀에 들어오자 안하무인의 성격을 드러내기 시작했다.

엄청난 고가의 물건들을 쇼핑한 후 점원이 계산을 요구하면 '내가 누군지 알고 돈을 달라고 하냐'며 버럭 화를 내기도 했고, 목줄 없이 검은 개를 끌고 다니다가 개가 어느 배달원을 물어 놀란 피해자가 롤라의 개를 발로 차자 롤라는 그 배달원의 뺨을 때리기도 했다. 배달원은 롤라를 피해 어느 클럽으로 도망쳤지만 결국 붙잡혀 얻어맞고 말았다. 또 어느 날은 경비병의 말을 채찍으로 내리치기도 하고 경찰관의 뺨을 때린 적도 있으며 루트비히 1세 앞에서도 예를 갖추지 않았다.

그녀가 이렇게 안하무인의 태도로 행패를 부리며 숱한 문제를 만들었지만 루트비히 1세는 자신의 권력을 이용해 모두 수습하고 무마시켰다.

롤라는 젊고 잘생긴 청년 패거리들에 둘러싸여 하루가 멀다 하고 파티를 열었다. 그리고 수많은 남자들과 방탕한 생활을 즐겼으며, 호텔 스위트룸에서 남자들과 즐기는 것도 모자라 루트비히 1세가 사준 집에도 남자들을 끌어들였다고 한다.

롤라의 이런 행보에 대한 이야기를 들은 루트비히 1세는 자신이 사랑하는 롤라가 그럴 리 없다며 오히려 중상모략을 하지 말라고 경고하며 이를 믿지 않았다고 한다. 루트비히 1세가 롤라와 사랑 놀음에 빠져 버리자 매형이자 프로이센 왕인 프리드리히 빌헬름 4세가 충고를 한다.

"그 여자는 요부다. 정신 차려라."

그러나 루트비히 1세는 오히려 발끈하며 다음과 같은 답신을 보냈다.

"롤라를 비난하려 드는 거요? 제대로 능력도 없는 당신이?"

루트비히 1세는 롤라에게 자신의 개인재산 관리를 일임할 만큼 그녀를 신임했다. 그 덕분에 롤라는 바이에른 왕국에 머물던 15개월 동안 16만 굴덴(당시로 27억 원)에 가까운 돈을 챙기게 되었다. 거기다 루트비히 1세는 유언장에 자신의 사후 롤라에게 일시불로 10만 굴덴, 매년 2,400 굴덴의 연금까지 지급하라는 문구를 추가했다.

롤라는 국고를 탕진하는데 그치지 않고 자신의 추종 세력을 만들고 그들에게도 권력을 쥐어 주었다. 바이에른 시민들은 롤라에게 빌붙은 무리들을 '롤리타'라고 부르며 경멸했고, 롤리타가 상징으로 쓰고 다니는 모자가 롤라의 속치마로 만들어졌다는 소문까지 퍼지게 된다. 이런 소문 따위는 신경 쓰지 않는 롤라는 왕비라도 된냥 행동하며 궁정을 드나들면서 정치까지 참견하였다고 한다.

국민들
요부에게 분노하다

국민들은 이런 롤라의 안하무인 행동과 그녀를 비호하는 루트비히 1세에 대한 불신으로 폭발하기 직전이었다. 결국 롤라가 바이에른 왕국의 합법적인 귀족 작위를 원하여 루트비히 1세가 이를 추진하자 외무상 브라이 백작을 비롯해 국방상, 재무상 등이 사임해 버린다.

루트비히 1세는 교회의 반대에도 불구하고 자신에게 충성하는 사람들로 관직을 채워 롤라에게 귀족 작위를 내려 주는 절차를 진행했고, 이 소식을 들은 시민들은 분노해 롤라의 집으로 몰려갔다.

"국적도 없는 더러운 창녀를 끝장내자."

시위대의 규모는 점점 커졌고 결국 군대가 출동한 다음 날이 되어서야 시위대는 해산을 했다. 화가 난 루트비히 1세는 시위 주도자들을 체포하고 구금했다. 그리고 자신의 예순한 번째 생일에 롤라에게 란테스펠트 백작 부인의 작위를 하사한다고 선포해 버린다.

귀족들과 사회 각 계층은 경악과 분노했지만, 롤라는 상관하지 않고 귀족 부인에게 어울리는 말이 필요하다며 롤라를 인정할 수 없다고 외치는 테레지아 왕비의 말을 빼앗는 어이없는 행동까지 했다.

결국 더 이상 참을 수 없다고 생각한 성직자, 교수, 대학생, 귀족들과 시민들은 '루트비히 1세는 국민의 존경, 권위, 신뢰를 모조리 잃었으며 이제는 그를 몰아낼 때다'를 외치며 루트비히 1세를 폐위시킬 계획을 세우게 된다.

왕당파와 바이에른의 가톨릭 보수파도 이미 국왕에게서 등을 돌린 상황이었다.

1848년 1월 31일 나폴레옹에 맞서 싸운 역사학 교수 요제프 폰 괴레스의 장례식이 치러지던 이날도 롤라는 잔뜩 치장을 하고 거만하게 사람들을 헤치며 행렬를 가로질러 가려다 큰 소동을 일으켰다. 분노한 시민들은 그녀에게 달려들었고 놀란 그녀는 권총을 꺼내 시민들을 위협한 후 궁정으로 피신하였다.

분노한 루트비히 1세는 대학생들과 교수들이 주도했다고 생각해 대학 폐쇄령을 내렸다. 그런데 그 소식에 분노한 수많은 시민들이 국왕 관저 앞으로 몰려들었다. 그들은 롤라를 추방할 것을 요구했는데, 루트비히 1세는 이를 받아들이지 않았다. 흥분한 군중들은 롤라의 추방을 외치며 거리 행진을 벌였고 폭력 사태까지 발생되었다고 한다.

내전과 혁명의 발발 위기 앞에서 바이에른의 국왕 루트비히 1세는 군대를 투입해 진압할지 아니면 국민들 앞에 굴복할지에 대한 양자택일을 해야 했다. 하지만 이때는 이미 수천 명의 군중들이 무장을 한 상태였고 군대 역시 국왕과 롤라의 편이 아니었다.

시민들은 롤라의 집으로 쳐들어갔고 롤라는 황급히 자신의 정부를 따라 도망치게 된다. 결국 시민들이 롤라를 몰아낸 것이었다. 이후 그녀가 벌인 엽기적인 일이 하나둘씩 밝혀지면서 신문에는 연일 그녀에 대한 기사가 실렸다.

루트비히 1세에게 그렇게 많은 것을 얻어내었음에도 롤라는 뮌헨에 어마어마한 빚을 지고 있었고 루트비히 1세는 롤라의 저택, 가구, 드레스, 보석 등을 팔아 빚을 갚아야 했다.

요부의 몰락

맥없이 쫓겨난 롤라는 루트비히 1세 덕분에 누렸던 사치와 권력을 포기하고 싶지 않았다. 그래서 남장을 하고 몰래 뮌헨으로 다시 돌아왔는데, 발러슈타인 후작이 루트비히 1세에게 묻지도 않고 그녀를 스위스로 돌려보냈다.

루트비히 1세는 롤라가 떠나고 며칠 지나지 않아 현실을 직시하게 된다. 자신이 어떤 위기를 넘겼는지 깨닫게 된 것이다. 루트비히 1세는 왕위를 아들 막시밀리안 2세에게 넘기고 퇴위함으로써 사태를 가라앉히고 나라와 왕실의 안전을 지키고자 했다. 그해 3월 롤라가 다시 변장을 하고 뮌헨으로 왔지만 더 이상 힘도 권력도 없는 루트비히 1세는 그녀를 돌려보내야 했다. 이후 영국으로 돌아간 롤라는 열 살 연하의 육군 장교 조지 트래포드 힐드를 유혹해 1849년에 결혼까지 하게 된다. 하지만 전남편과 이혼이 되지 않은 상태였기 때문에 중혼죄로 체포되었고 겨우 보석으로 풀려난 후 스페인으로 떠났다. 롤라와 힐드는 결혼 생활 내내 미친 듯이 싸웠고 롤라가 칼을 휘둘러 힐드에게 상처를 입히기도 했다. 롤라는 도박에 손을 대 재산을 탕진한 후 힐드와의 사이에서 낳은 두 아이와 남편을 버리고 미국으로 떠났다.

유럽에서 온 백작 부인으로 알려진 롤라는 유명 인사가 되었고 다시 춤을 추게 되었다. 그러나 삼십 대가 되어 춤추기가 힘들어진 그녀는 배우로 전향해 〈바이에른의 롤라 몬테즈〉라는 연극에 출연하여 큰 성공을 했는데, 이는 바이에른 왕국에서의 스캔들을 미화해서 만든 연극이었다.

이후 새로운 남자를 만나기도 했지만 롤라의 성에 차지 않았고 그녀는 다시 호주로 향하게 된다. 롤라는 호주의 금광 광부들 앞에서 거미 춤을 추며 그들을 사로잡았다. 하지만 롤라 몬테즈도 점점 나이를 먹고 있었다. 결국 다른 직업을 찾았다.

1857년부터는 강연을 시작했는데 유럽에서 가장 찬양 받은 미인들의 특징을 설명하면서 본적도 없는 수많은 유명 인사들이 자신의 친구들이라고 주장했으며, 자신이 여성 해방을 위해 많은 공헌을 했다고 말하기도 한다.

1859년 롤라는 발작을 일으켰고 폐렴까지 얻었다. 몸과 마음이 망가진 그녀의 곁에서 뷰캐넌 부인이 간호를 해 주었는데, 고마움도 잠시 뷰캐넌 부인은 고열에 정신이 없는 롤라를 꾀어 그녀의 재산을 전부 가로채 달아나 버렸다.

결국 1861년 1월 롤라는 마흔셋의 나이로 뉴욕 빈민가의 아무도 없는 다락방에서 혼자 외롭고 쓸쓸하게 사망하게 된다. 한때 한 나라의 국왕을 끌어내릴 뻔한 여인의 말로는 쓸쓸하고 비참했다.

폐위된 루트비히 1세도 쓸쓸한 말년을 보내야 했는데, 롤라가 떠난 후에야 그녀의 실체를 깨달았고 다른 정부를 들이기도 했지만 롤라에게 받은 상처를 치유할 수 없었다.

루트비히 1세가 남긴 롤라에 관해 쓴 수많은 시들 가운데 다음과 같은 구절이 있다.

당신은 나의 불행이 되기 위해 태어난 사람이오.

루트비히 1세는 그녀의 실체를 알았지만 롤라를 잊지 못했던 것 같다. 자신보다 먼저 롤라가 세상을 떠났을 때 매우 슬퍼했다고 하니 말이다.

루트비히 1세는 그녀가 세상을 떠난 지 7년 후인 1868년 퇴위 약 20년 만에 프랑스 니스에서 사망했다. 그는 마지막 순간 롤라 몬테즈를 떠올렸을까.

당신은

나의 불행이 되기 위해

태어난 사람이오.

chapter 05

황제 아우구스투스,
유부녀 리비아 드루실라와
결혼하다

아우구스투스
권력을 잡다

로마 제국의 초대 황제인 아우구스투스(기원전 63~서기 14)는 41년간 로마를 통치하면서 많은 업적을 남겼기에 위대한 황제로 평가받는다.

가이우스 옥타비우스가 본명인 아우구스투스가 황제 자리에 오를 수 있었던 것은 그가 율리우스 카이사르(기원전 100~기원전 44)의 양자가 됐기 때문이다. 브루투스를 비롯한 공화정파에 의해 율리우스 카이사르가 암살된 이후 혼란에 빠진 로마에서는 권력을 두고 내전이 발생했다.

아우구스투스는 이 내전을 종식시키고 로마의 통치자가 되어 국제 무역을 활성화시키고 정치적 안정과 경제적 번영을 이루어 냈으며 다리, 수로, 도로, 아름다운 건물을 많이 건축하고 문화를 크게 발전시켜 로마 건축과 문화의 황금시대를 이루어 냈다.

그러나 개인적인 측면에서 살펴보면 소문난 바람둥이인 그의 불륜 상대들이 모두 정적들의 아내이다 보니 불륜의 목적도 정보를 얻기 위해서였다는 말이 떠돈다. 또 딸에게는 가혹한 아버지이기도 했다.

아우구스투스는 이미 결혼한 유부녀를 자신의 여인으로 만들어 50년간의 결혼 생활을 이어갔다. 아우구스투스와 그의 아내 리비아 드루실라는 어떻게 만나게 될 것일까? 그들의 이야기를 들어 보자.

리비아 드루실라는 남편을 강력한 지배자로 이끈 현명한 아내이자 스스로 여성의 사회적 한계를 벗어나 로마 제국의 어머니로 불렸던 여인으로, 남편만큼이나 로마 시민들의 사랑과 지지 그리고 존경을 받았다. 사실 리비아는 아우구스투스의 첫 번째 부인이 아니라 세 번째 부인이었다.

아우구스투스의 첫 번째 부인은 원로원의 지지를 많이 받고 있던 루키우스 안토니우스의 의붓딸 클로디아 풀케라였다. 정략 결혼이었던 만큼 두 사람은 특별한 정이 없었기에 힘을 키운 아우구스투스는 이혼을 결심하고 아내 클로디아를 장모 풀비아에게 보내 버렸다.

그리고 아우구스투스는 제1차 삼두 정치 집정관의 아들 폼페이우스 마그누스와 동맹을 맺어야 하는 상황이 오자 폼페이우스의 외손녀인 스크리보니아와 결혼을 한다. 하지만 두 사람은 성격이 잘 안 맞았기에 부부 사이가 원만하지 못했다. 두 사람은 겨우 일 년 정도 결혼 생활을 이어갔을 때 아우구스투스가 이혼을 결심하게 된다.

아우구스투스가 이혼을 결심한 이유는 다른 여인과 사랑에 빠졌기 때문인데, 그가 사랑하게 된 여인이 바로 리비아 드루실라였다. 그녀는 로마 최대의 명문가 자녀로 뛰어난 미모를 지녔으며 높은 수준의 교육을 받은 당찬 여인이었다.

리비아 드루실라의 아버지는 마르쿠스 리비우스 드루수스 클라디아누스로, 이름이 길어 드루수스로 부르겠다. 드루수스는 카이사르 황제 암살파에 가담했던 인물로 아우구스투스와 마르쿠스 안토니우스가 대척점에 있을 때는 안토니우스 편에 서기도 했다. 드루수스는 안토니우스가 아우구스투스에게 패하자 어차피 목숨을 부지할 수 없음을 깨닫고 스스로 목숨을 끊었다.

드루수스의 딸 리비아는 사촌인 티베리우스 클라우디우스 네로와 결혼을 했으며 티베리우스 네로는 아우구스투스와 끝까지 싸웠다. 하지만 결국 전쟁에서 패한 티베리우스 네로와 리비아는 아우구스투스의 보복을 피해 이탈리아 시실리로 달아났고 이후 그리스까지 달아나야 했다.

그러고 보면 아우구스투스와 리비아는 정치적으로 대립 관계의 집안이었고 리비아의 아버지가 스스로 죽음을 선택하게 만든 원수쯤 되는 사이라 하겠다.

리비아는 남편인 티베리우스 네로와의 망명 중 아들을 하나 낳았고 몇 년 뒤 또 임신을 하게 되는데, 이때 좋은 소식이 들려온다. 아우구스투스가 대사면령을 발표했던 것이다.

자신에게 맞서 싸웠던 모든 로마인들을 용서하며 어떤 죄도 묻지 않는다고 공표한 것이다. 아우구스투스를 피해 로마를 떠나 있던 로마인들은 이 소식을 듣고 하나둘 로마로 돌아오게 된다.

리비아와 남편 티베리우스 네로도 로마로 돌아올 수 있었다.

그러던 어느 날 리비아 가족은 아우구스투스의 생일 파티에 초대를 받게 되는데, 로마의 일인자가 된 아우구스투스의 초대를 거절할 순 없었다. 이 부부는 불안한 마음을 안고 아우구스투스를 만나러 가게 되는데, 바로 이 결정이 이 부부의 운명을 가르게 된다.

아우구스투스
유부녀와 결혼하다

당시 리비아의 나이는 열아홉 살로 임신 중이었음에도 젊고 아름다웠다. 그 모습에 아우구스투스의 마음이 흔들린 것이다. 며칠 뒤 리비아의 남편 티베리우스 네로를 따로 부른 아우구스투스는 네로에게 충격적인 말을 한다.

"내가 마음에 둔 여인이 있는데 그 여인의 이름은 리비아요. 당신이 이혼을 해 주면 좋겠소."

티베리우스 네로는 당황할 수밖에 없었다. 아우구스투스가 자신의 아내 이름을 입에 올리며 이혼하라는 협박을 하는 것이다. 로마 최고 권력자의 협박을 이겨낼 용기와 힘이 없었던 티베리우스 네로는 아내와의 이혼을 약속할 수밖에 없었다. 그리고 남편에게서 이 소식을 들은 리비아 역시 받아들일 수밖에 없었다.

티베리우스 네로를 만난 후 아우구스투스는 부인 스크리보니

아에게 이혼을 통보한다. 스크리보니아는 만삭의 몸으로 뜨개질하다가 갑자기 이혼 통보를 받게 되었고 딸을 낳자마자 바로 쫓겨났다.

남편의 아이를 임신 중이었던 리비아는 둘째 아들을 낳고 사흘 후인 기원전 38년 1월 17일 아우구스투스와 결혼식을 올리게 된다.

아우구스투스는 아폴로의 가면을 쓰고, 리비아는 유노의 가면을 쓴 채 로마의 전통 결혼식을 거행하게 되었는데, 리비아의 전남편인 티베리우스 네로도 그들의 결혼식에 참석했다. 리비아의 전남편 자격으로 결혼식을 지켜봐야 했던 티베리우스 네로는 어떤 심정으로 그 자리를 지켰을까? 티베리우스는 아들들을 맡아키우다 몇 년 뒤 병을 얻어 죽었다고 한다.

이상적인 부부인가
정치적 파트너인가

리비아는 이 결혼을 어떻게 생각했을까? 물론 강제성이 있긴 했지만, 로마의 일인자가 된 젊은 정치인의 아내가 된다는 것은 자신도 로마의 일인자가 된다는 뜻이기도 해서 결혼에 대한 거부감이 크지는 않았던 것 같다.

그동안 정치적인 이유로 고생하면서 도망을 다녀야 했는데, 눈부신 승자였던 사람이 남편이 된 것이니 아우구스투스에게 매력을 느끼지 않았을까 싶다. 이들 부부는 42년을 함께했고 문제 없이 조화롭게 잘 살았으며 리비아는 남편 내조를 잘하는 부인이었다 하니 그녀 역시 이 결혼으로 얻을 것들에 대한 기대가 컸다고 짐작해 본다.

아우구스투스가 로마의 문화적 개혁을 하는데 많은 지원을 해준 사람은 부인인 리비아였다. 사원과 예배소를 건설해 시민들이 신에 대한 경배심을 가지게 하려는 계획에도 리비아의 지원이 있었다.

리비아는 보석으로 치장을 하지 않았으며 화려한 옷도 입지 않고 검소하게 생활했으며 결코 튀지 않고 현명하게 행동하며 남편의 내조를 했다.

아우구스투스와 리비아는 당시 로마 사회의 교훈적인 모범 부부로 손꼽혔다. 게다가 리비아가 풀어준 노예의 수가 1,000명이 넘는다 하니 이런 행동들이 로마 시민들의 환영을 받았을 것이다.

아우구스투스는 부인의 조언을 항상 진지하게 받아들였고 대화를 할 때는 메모도 했다고 한다. 아우구스투스가 마흔 쯤 되었을 때 루키우스 키나가 자신을 함정에 빠뜨리고 치려했다는 사실을 알게 되는데, 아우구스투스가 그를 어떻게 처리할지 고민을 하자 리비아가 그를 용서해 주라고 조언했다. 아우구스투스는 부인의 조언을 받아들여 용서하고 목숨을 살려 주어 우정을 나누기로 약속했다. 이후 아우구스투스의 권력 구조는 더욱 탄탄해졌다.

아우구스투스는 로마를 지배했지만 리비아는 아우구스투스를 지배했다고 할 수 있겠다. 그런데 두 사람 사이의 문제가 있었으니 바로 자식이 생기지 않았다는 것이다.

리비아가 임신한 적은 있지만 아이를 사산하고 말았다. 아우구스투스는 다른 여자들과는 아무 문제가 없었는데 유독 리비아와는 잠자리가 잘되지 않았다는 이야기가 있다. 아마도 다른 남자의 아내를 빼앗었다는 죄책감이 마음속 깊이 자리잡고 있었기 때문은 아닐까.

이런 아우구스투스의 속마음을 눈치챈 리비아는 때때로 아우구스투스에게 자기가 직접 고른 어여쁜 처녀들을 보내기도 했다고 하니, 이 두 사람의 관계는 참 묘한 것 같다. 리비아는 아우구스투스를 남편으로 보지 않고 로마의 일인자로서 보필한 것인가 싶기도 하다.

아우구스투스의 문란한 딸

로마의 수장 자리는 원래 선양제로 능력 있는 자가 추대되어 다음 지도자 자리에 오르는 식이었다. 그러나 정치적 과도기에 초대 황제 자리에 오른 아우구스투스는 선양제를 세습제로 바꾸고 싶어 했다. 아우구스투스는 어렵게 가진 최고의 권력을 자신의 핏줄에게 물려주고 싶었던 것이다.

그러나 리비아 사이에서 자식이 태어나지 않다 보니 주변 핏줄을 둘러보게 된다. 처음에는 누나 옥타비아의 아들 마르켈루스를 자신의 딸 즉, 이혼한 스크리보니아 사이에서 난 딸 율리아와 결혼을 시킨다. 결혼 당시 율리아가 열네 살이었는데 불행히도 마르켈루스는 결혼한 지 2년 만에 사망했다. 아우구스투스는 고민 끝에 율리아를 자신의 최측근 아그리파에게 시집보냈다.

아그리파는 악티움 전투에서 마리우스 안토니우스를 격파한 아우구스투스의 오른팔이었다. 아우구스투스는 아그리파를 더 든든히 붙들어 놓을 겸 딸을 시집보낸 것이다.

그런데 율리아와 결혼 당시 아그리파는 이미 유부남이었는데 그런 아그리파를 이혼시키고 율리아와 결혼을 시킨 것이다. 율리아는 강요로 인해 스물세 살이나 차이가 나는 남편과의 결혼을 하게 되었기에 남편에게 애정을 가지기는 어려웠을 것 같다.

아그리파와 율리아는 아들 둘에 딸 셋을 낳는데 사실 이 아이들이 아그리파의 아이들인지는 알 순 없다. 율리아가 방탕한 생활을 하고 있었기 때문이었다. 충직한 신하인 아그리파가 무던히 참고 있긴 했지만 율리아에 대한 온갖 소문이 로마 제국 전역에 퍼져 있었다.

아그리파가 쉰의 나이로 스물일곱 살의 어린 아내를 남기고 사망하자 아우구스투스는 율리아와 아그리파 사이에서 난 두 아들 가이우스 카이사르와 루시우스 카이사르를 자신의 양자로 입양하면서 딸과 외손자를 떨어뜨려 놓았다.

하지만 아우구스투스는 더 탄탄한 혈연의 고리를 만들고 싶었다. 그래서 리비아의 아들 티베리우스와 율리아를 또 결혼시킨다. 티베리우스 역시 아그리파 전처의 딸 빕사니아와 연애를 통해 결혼한 유부남이었는데 아우구스투스에 의해 강제로 헤어지고 율리아와 재혼을 해야 했다.

나중에 티베리우스는 우연히 친구 집에서 빕사니아를 만나게 되었는데 그녀가 재혼한 남편의 집으로 돌아가자 그녀의 뒷모습을 보며 하염없이 울었다고 한다. 이 소식을 들은 아우구스투스는 두 사람이 더 이상 만나지 못하도록 조치했다.

율리아는 티베리우스와 결혼한 후에도 문란한 생활을 이어 나갔다. 사실 율리아가 이렇게 문란해진 이유는 아버지의 무심함, 어머니의 부재, 정치적인 이유로 억지로 맺어지는 남편들 때문에 심적 고통을 겪게 되었기 때문이 아닌가 싶다. 여하튼 그녀가 여러 남성들과 바람을 피우는 모습을 보여도 남편은 그녀를 철저히 무시했다.

티베리우스는 율리아 사이에서 태어난 아이가 7년 만에 죽은 뒤 로마에서는 더 이상 살 수 없다며 모든 공직을 버리고 로도스 섬으로 가 버린다.

율리아의 행실이 계속 사람들의 입방아에 오르내리며 아우구스투스의 정치적 행보에도 영향을 미쳤다. 율리아가 서른일곱 살이 되던 해에는 아버지 아우구스투스가 이 문제를 확실히 처리하지 않으면 안 되는 상태까지 도달했다.

율리아는 아버지에 대한 반감으로 아버지의 정적이었던 안토니우스의 아들 율리우스 안토니우스와도 간통을 했는데 그 역시도 유부남이었다.

아우구스투스는 간통법과 정식혼인법을 제정했었는데, 간통법에 따르면 불륜 관계를 맺은 여자는 재산의 3분의 1을 몰수하고 외딴 섬으로 추방하도록 되어 있었다. 로마의 시민권 소유자와의 재혼도 금지됐다. 또한 이 법에서는 남편이나 친정아버지가 아내나 딸의 불륜과 간통 사실을 알고도 숨기거나 아무런 조치를 취하지 않으면 간통방조죄로 처벌을 받는다고 규정되어 있었다.

아우구스투스는 결국 자기 손으로 딸을 처벌할 수밖에 없었다. 율리아의 유산 상속권을 박탈했고 불륜 관계를 맺은 남자들을 국법에 의해 처리했는데, 그중 한 명에게는 사형까지 선고했다. 그제야 율리아의 추문은 정리되기 시작했고 아우구스투스는 위엄을 지킬 수 있었다.

율리아가 유배를 간 판다탈리아 섬은 2,000년이 지난 지금도 외딴 섬으로 남아 있다. '벤토테네(강풍)'라는 오늘날의 지명이 보여 주듯 겨울철에는 강풍이 휘몰아치며 작은 배만 접근할 수 있는 황무지 섬이다. 율리아는 섬으로 유배된 이후 죽을 때까지 로마 땅을 밟지 못했고, 유배 생활 16년 만에 쉰셋의 나이로 사망했다. 서기 14년 아버지가 죽은 지 몇 달 뒤에 사망한 것인데 사망 원인은 영양실조였다.

아우구스투스
후계자를 모두 잃다

아우구스투스가 양자로 삼았던 율리아의 두 아들 중 가이우스
는 황태자의 신분으로 동방원정을 떠나게 되었다. 그런데 그리스
와 소아시아에서 부상을 당한 뒤 '난 정치와 전쟁이 무서워요. 그
냥 평범하게 살고 싶어요'라며 아우구스투스에게 편지를 쓰고 은
퇴 선언을 해 버린다. 이 와중에 둘째 루시우스는 군무 경험을 쌓
기 위해 떠났던 갈리아의 마르세유에서 병으로 사망했고, 2년 후
소아시아를 정처 없이 떠돌던 가이우스마저 부상이 악화되어 사
망하고 말았다.

이렇게 핏줄로 이어진 후계자들이 모두 죽어 버리자 아우구스
투스는 리비아의 아들 티베리우스를 선택할 수밖에 없는 상황이
되었고 그를 로마로 불러들인 뒤 자신의 양자로 삼는다. 아우구
스투스는 다음 세대 그리고 그 다음 세대까지 고민하고 결정을
했는데, 티베리우스를 후계자로 결정하고 티베리우스 동생의 아
들, 그러니까 티베리우스의 조카 게르마니쿠스를 다음 후계자로
정했다.

티베리우스의 동생인 드루수스는 아우구스투스의 누나인 옥
타비아가 마르쿠스 안토니우스와 결혼해 낳은 딸인 안토니아와
결혼을 했으니, 두 사람의 아들 게르마니쿠스는 아우구스투스의
조카딸이 낳은 아들로 손자뻘이 되는 것이다.

아우구스투스는 서기 14년 리비아와

마지막 입맞춤을 나눈 후

"리비아여,

우리들의 결혼 생활을 기억히며 살이 주시오.

자, 그럼 안녕."

이라는 인사를 남긴 후 숨을 거두었다.

아우구스투스는 아그리파와 율리아 사이에서 난 딸인 아그리피나를 게르마니쿠스와 결혼시킨다. 아우구스투스의 핏줄 승계에 대한 욕심을 끝끝내 버리지 못한 것이다.

아우구스투스는 서기 14년 리비아와 마지막 입맞춤을 나눈 후,

"리비아여, 우리들의 결혼 생활을 기억하며 살아 주시오. 자, 그럼 안녕."

이라는 인사를 남긴 후 숨을 거두었다.

아우구스투스는 재산 3분의 1은 리비아에게, 나머지 3분의 2는 티베리우스와 드루수스에게 남겼다.

그는 또 유언장에서 리비아를 카이사르와 자신이 속한 율리우스 가문으로 입양시키고 '아우구스타'라는 칭호를 남겼다. 이 덕분에 리비아는 아우구스투스 사후에도 '율리아 아우구스타'라는 새 이름으로 정치적 영향력을 계속 행사할 수 있었다

로마 정치인이자 역사학자인 타시투스는 리비아에 대한 의심스러운 정황이 있다는 주장을 했다. 아우구스투스의 후계자들이 줄줄이 죽어 나간 것이 리비아와 절대 무관하지 않다고 주장했던 것이다. 타시투스는 아우구스투스가 숨진 것 역시 리비아가 독으로 오염시킨 돼지고기를 먹었기 때문이라고 주장했고 유언장 역시 조작되었을 수 있다는 주장을 하기도 했다.

아우구스투스가 살아생전 그에게 최선을 다한 건 사실이지만, 리비아의 마음속에 권력에 대한 무한한 욕망이 자리 잡고 있어

결국 자신의 아들을 후계자로 만들기 위해 물밑 작업을 했다는 것이다. 물론 그에 대한 증거는 없지만 말이다.

chapter 06

음탕한 황후
메살리나

태생적으로 불행했던
클라우디우스

로마사에서 정치를 잘해 이름을 남긴 황제도 있지만 반대의 이유로 우리의 뇌리에 남아 있는 황제도 있다. 사치와 압제, 살인과 과대망상으로 얼룩진 짧은 정치 경력을 뒤로하고 결국 암살당하고만 칼리굴라(서기 12~41)가 그러하다. 칼리굴라가 암살당한 후 그 뒤를 이어 황제가 된 이는 칼리굴라의 삼촌 클라우디우스이다. 칼리굴라의 압제에서 벗어났으니 클라우디우스는 로마 시민들로부터 큰 환영을 받았을 것 같은데 현실은 그렇지 못했다. 클라우디우스는 태생적으로 사랑을 받지 못할 처지였다.

기원전 10년 8월 1일 아버지가 총독으로 근무했던 갈리아 속주(리옹)에서 태어난 클라우디우스는 태어난 지 일 년 만에 아버지 네로 클라우디우스 드루수스 게르마니쿠스가 사망을 하면서 어머니 안토니아와 함께 로마로 돌아왔다. 그러니 아버지의 사랑을 받아본 기억이 없었다. 게다가 그의 형에게 우월한 유전자가 모두 전해져 버린 것인지 클라우디우스는 선천적으로 여러 약점을 가지고 태어났다.

선천적 기형 혹은 소아마비로 추정되는 신체적 결함이 있었던 것인데, 가느다란 한쪽 다리가 쉴 새 없이 흔들리고 절룩거렸다. 그뿐 아니라 침을 흘리기도 하고 외모 전체적으로도 좀 볼품없는 모습이었다고 한다. 이런 신체적 약점이 그를 힘들게 했던건지 사회에 적응하지 못했고 지극히 소심한 모습을 보였으며 말을 더듬기도 했다.

신체적 우월함을 미덕으로 삼던 2,000년 전 로마 사회에서 이런 클라우디우스의 모습은 웃음거리가 되었고 클라우디우스의 어머니나 다른 황실 친척들도 그를 수치스러워 하며 바깥출입을 하지 못하게 했다.

그의 어머니는 클라우디우스를 '괴물, 자연이 시작만 해놓고 마무리 짓지 못한 인간'이라고 하며 언어폭력을 서슴지 않았다. 좀 답답하거나 부족해 보이는 사람에게 '내 아들 클라우디우스처럼 멍청하구나'라는 말도 했다고 하니 클라우디우스는 어머니의 사랑을 받기는커녕 학대를 받은 것이다.

그런 클라우디우스를 유일하게 따뜻하게 대해 준 사람은 그의 형 게르마니쿠스였지만, 애정결핍의 클라우디우스에게 큰 위로가 되지는 못했다. 이런 클라우디우스에게서도 영리함을 간파한 이가 바로 아우구스투스였다.

아우구스투스는 클라우디우스를 손자라고 부르며 무척 아꼈다. 친아들에게서 태어난 아들은 아니지만 클라우디우스의 어머니가 아우구스투스의 누나 옥타비아의 막내딸 안토니아이기 때문에 집안의 핏줄이 이어지고 있다고 생각했던 것이다.

아우구스투스는 클라우디우스가 다른 황족이나 귀족들에게 무시당하지 않도록 신경을 많이 썼고 훌륭한 개인 교사들도 붙여 줬다. 대역사가 리비우스와 그리스 과학자, 학자들이 그의 교사가 되었다. 머리가 좋았던 클라우디우스는 로마 법, 정치, 역사, 의학 등 다양한 학문에 조예가 깊어졌다.

어부지리로 황제가 된 클라우디우스

근위대들이 칼리굴라를 죽이고 그 직계 가족들마저 살해하자 신변의 위협을 느낀 클라우디우스는 어느 집 발코니에 숨어 있었는데 한 병사에 의해 발각이 되었다. 겁에 질린 클라우디우스가 그를 발견한 병사 발아래 무릎을 꿇자 병사가 '새로운 황제가 되셨습니다' 하고 큰 소리로 외쳤다.

클라우디우스는 곧 가마에 태워져 궁전으로 들어가게 되는데 그때까지도 벌벌 떨고 있는 그의 모습을 본 대중들은 그가 곧 죽임을 당할 죄인인 줄 알고 동정했다고 한다.

클라우디우스는 근위대에 의해 황제로 등극하게 되는데 본인도 예기치 못한 등극이었고 원로원도 다급한 상황이라 어쩔 수 없이 승인하였다. 조카가 이른 나이에 암살되면서 클라우디우스가 서기 41년에 쉰 살이라는 늦은 나이로 뜻하지 않게 로마의 4대 황제로 등극하게 되었다.

뜻하지 않게 황제가 된 클라우디우스에게 지지를 보내는 이들도 있지만, 대부분의 귀족들은 그의 신체적 결함이 그의 모든 것인 양 그를 무시했다. 자신을 지지해 줄 세력이 필요하다고 생각한 클라우디우스는 자신의 집에서 일을 하는 노예나 해방 노예 중 능력이 특출난 이들을 골라 관저에서 일하는 비서관 조직을 만들었는데, 이 조직은 그가 황제 재위 기간 내내 그를 보필했다.

이제 클라우디우스 아내들의 이야기를 좀 해 보자. 클라우디우스는 총 네 번의 결혼을 했다. 불행한 어린 시절을 보냈기 때문에 진정으로 사랑을 나눌 아내를 원했지만 안타깝게도 그의 아내들은 그를 사랑하지 않았다. 그의 첫 번째 아내 플라우티아 우르굴라닐라는 클라우디우스를 좋아하지 않았고 정숙하지도 않았다. 이들은 짧은 결혼 생활을 뒤로하고 이혼을 하게 된다. 그리고 아일리아 파이티나와 두 번째 결혼을 하는데 이 결혼 역시 조카 칼리굴라의 요구로 깨어지게 된다. 칼리굴라가 정치적인 이유로 다른 여인과 결혼을 하도록 요구했기 때문이다. 칼리굴라는 아우구스투스의 누이 옥타비아의 증손녀였던 메살리나를 클라우디우스와 결혼시킴으로써 자신의 율리우스-클라우디우스 왕조의 장래를 탄탄히 다지려 했다.

결국 클라우디우스는 두 번째 아내인 아일리아와 헤어지고, 서기 38년에 발레리아 메살리나와 결혼을 했다. 메살리나는 무척 아름다운 여인인데다 가문의 후광까지 있다 보니 귀여움과 사랑을 독차지하며 자랐다. 그런데 행복하기만 할 줄 알았던 그녀의 인생에 불행이 닥친 것인데, 어머니의 이종사촌 오빠인 클라우디우스와 원치 않은 정략결혼을 해야 했던 것이다. 결혼할 당시 메살리나는 열다섯 살, 클라우디우스는 마흔일곱 살이었다.

클라우디우스는 젊고 아름다운 아내인 메살리나를 사랑했지만 메살리나는 나이가 서른 살 이상 많은데다 신체적으로 부족함이 있는 남편을 사랑할 수 없었고 불행해 했다.

두 사람이 결혼한 지 일 년 만에 옥타비아라는 이름의 딸이 태어나게 되었고, 결혼을 하고 3년 후 클라우디우스가 황제로 등극하면서 전혀 생각지도 못했는데 메살리나는 황후가 되었다.

메살리나의 입장에서는 불행한 결혼 생활에 그나마 위로가 되지 않았을까 싶다. 메살리나는 클라우디우스가 황제가 되고 3주 만에 아들 브리타니쿠스를 낳았으니 황위를 이을 후계자까지 낳은 것이다. 불시에 황제가 된 클라우디우스는 산적한 난제들을 해결하기 위해 바쁜 나날을 보내게 되었고, 메살리나 역시 황후가 된 자신의 위치를 지키기 위해 바쁜 나날을 보내게 되었다. 일단 자신의 라이벌이 될 수 있는 이들을 제거하기로 한다.

전 황제인 칼리굴라에 의해 추방된 칼리굴라의 살아남은 두 여동생인 소 아그리파나(어머니인 대 아그리피나와 구별하기 위해 소 아그리피나로 불린다)와 율리아 리빌라를 클라우디우스가 다시 로마로 소환했다. 전 황제의 여동생들이 자신과 자신이 낳은 아이들에게 큰 걸림돌이 될 것이라는 예감을 한 것일까? 메살리나는 이 두 사람을 경계했고 아그리피나는 궁전 출입을 제지당했다.

그리고 아그리피나의 집에 괴한이 들어 아그리피나와 그의 아들 네로를 죽이려다 실패한 사건이 있었는데, 범인이 메살리나의 사주를 받았다는 자백을 하기도 했다. 또한 메살리나는 율리아 리빌라가 당시 로마 유명 정치인 세네카와 바람을 피웠다는 고발을 했다. 결국 세네카는 공식 재판을 받아 코르시카 섬으로 추방되었고, 율리아는 재판도 없이 추방되었다가 살해당했다. 그러나 메살리나가 잠재적 경쟁자로 두려워했던 아그리피나는 끝까지 살아남아 훗날 클라우디우스의 네 번째 아내가 되었고, 자신의 아들 네로를 황제 자리에 앉히게 된다.

물욕과 집착의
메살리나

메살리나는 사치가 무척 심했고 물욕이 아주 강했으며 집착도 심했다. 한 번 눈독들인 재물은 어떤 방법을 써서라도 차지해야만 했다. 그래서 탐나는 것을 가진 사람을 음모에 빠뜨려 죽이면서까지 손에 넣었다. 그녀가 음모를 꾸며 남편인 클라우디우스에게 속살거리면, 유난히 아내에게 약했던 클라우디우스가 그녀의 말을 다 들어주었다. 또한 클라우디우스를 보좌해 주는 그 비서진들 또한 황후인 메살리나의 요청을 거절하지 않았고 그녀가 원하는 것을 해결해 주는 역할을 했다.

아시아티쿠스는 남프랑스 속주 출신이었지만 뛰어난 군인이어서 집정관 자리에도 올랐던 인물이었다. 그는 공화정 시대의 용장 루쿨루스가 만든 '루쿨루스의 정원'을 사들여 아름답게 꾸몄다. 그런데 메살리나는 로마에서 제일 아름답다고 평판이 나 있는 아시아티쿠스의 정원을 갖고 싶었다. 그래서 아시아티쿠스를 국가반역죄로 고발하기로 음모를 꾸미게 된다.

아시아티쿠스의 친척들 중에는 라인강 방위선에 보조 부대 지휘관으로 복무하는 사람이 많았는데, 아시아티쿠스가 이들과 공모하여 반란을 꾸민다고 고발한 것이다. 클라우디우스는 고발장을 제대로 읽어 보지도 않고 아시아티쿠스 체포 영장에 서명을 했다. 아시아티쿠스는 클라우디우스에게 면담을 요청했고 그 자리에서 자신의 결백을 논리정연하게 입증했다. 이때 클라우디우스도 납득한 것 같았지만 메살리나는 포기하지 않았다. 이들 황제 부부 사이에 어떤 대화가 오고 갔는지는 모르지만, 혐의가 풀렸다고 믿고 있던 아시아티쿠스에게 날아온 것은 자살을 강요하는 황제의 편지였다.

쉰일곱의 남프랑스 출신 아시아티쿠스는 친구들을 초대하여 잔치를 베풀고 '죽는 것은 괜찮지만 여자의 사기에 걸려들어 죽는 게 유감'이라고 말한 다음 그 자리에서 스스로 손목의 동맥을 끊었고, 결국 루쿨루스의 정원은 메살리나의 차지가 되었다.

무엇보다 메살리나가 후대에까지 그 이름을 알리게 된 것은 그녀의 지칠 줄 모르는 육체적 욕구 때문이었다.

나이든 남편은 자신을 거들떠보지도 않으니 자신의 욕구는 스스로 해결한다며 적극적으로 나서게 된 것이다. 처음에는 클라우디우스의 측근들인 해방 노예들을 가까이하던 메살리나는 점점 대담한 행동을 하게 되었다. 궁정 안에 비밀의 방을 만들어 놓고 자신이 콕 짚은 남자를 데려와 쾌락의 시간을 즐겼던 것이다.

사실 클라우디우스는 온종일 정무에 몰두한 뒤 지친 몸으로 저녁 식탁에 앉으면 과음과 과식을 일삼았고, 공식 연회 석상에서도 손님들을 앉혀 둔 채 그대로 잠들어 버릴 정도로 피곤해 했기 때문에 아내가 옆방에 다른 사내를 끌어들여 무슨 짓을 해도 몰랐을 수 있겠다.

그러다 메살리나가 당시 로마 최고의 미남으로 통했던 원로원 의원인 아피우스 실라누스에게 반하면서 또 사건이 일어난다. 실라누스는 새로운 정권의 주역이었으며, 서기 41년 클라우디우스의 요청에 따라 메살리나의 어머니인 도미티아 레피다와 결혼을 했으니 메살리나의 계부이기도 했다.

그런데도 메살리나는 그를 유혹했고 실라누스는 이를 거절했다. 화가 난 메살리나는 자신을 거부한 실라누스에게 복수를 단행하는데, 클라우디우스의 비서관들 중 가장 신뢰받는 나르키소스와 손을 잡았다.

어느 날 새벽녘 나르키소스가 큰일났다며 클라우디우스에게 달려와 실라누스가 반란을 꿈꾸고 있다고 고한다. 칼리굴라의 마지막을 잘 알고 있는 클라우디우스에게는 가장 무서운 말이었다. 클라우디우스가 그 반란의 징조가 무엇인지 물었는데, 나르키소스가 '꿈에 실라누스가 황제에게 달려들어 죽이는 장면을 보았다'는 말을 하는 것이다.

이 말을 들은 클라우디우스가 황당해 할 때쯤 메살리나가 잠에서 막 깬 모습으로 다가와 '나 무서운 꿈 꿨어요. 며칠 동안 계속 같은 꿈이에요'라며 떨리는 목소리로 말했다. 클라우디우스가 무슨 꿈인지 묻자 '실라누수가 당신을 칼로 찌르는 꿈이었어요'라고 말했다. 결국 실라누스는 사형을 선고받게 되었다. 이 사건을 계기로 원로원에서는 클라우디우스가 이제 본색을 드러내고 공포 정치를 시작한다고 쑥덕거렸다.

메살리나의 이런 계략에 의해 많은 사람들이 죽어 나갔다. 클라우디우스가 그의 아내 말을 무조건 신뢰하고 그녀에게 약한 모습을 보여 그의 치세에 치명적 오점을 남긴 것으로 해석하는 역사가들도 있지만, 다른 해석으로는 비공식적이지만 강력한 수단으로 메살리나를 전면에 내세워 귀족들을 숙청해 나가는 고도의 전략을 쓴 것으로 해석하기도 한다. 메살리나가 이렇게 귀족들을 숙청할수록 두려움을 가져왔고 황권은 강화가 되었으니 말이다.

매춘부 황후
메살리나

역사가들은 메살리나의 남성 편력에 대한 기록을 많이 남겼다. 그녀가 만난 남자들 중에는 검투사도 있어 그녀와 검투사의 이야기가 그림으로 그려지고 오페라 무대에 오르기도 했다. 근위대 사령관 중 한 명이 메살리나의 남성 편력을 클라우디우스에게 고발하겠다고 위협을 했는데 이는 메살리나를 얕본 것이다. 역시나 메살리나는 나르키소스와 합작을 해 그를 강등시켜 버렸다.

메살리나의 연인이 된 사람 중에는 연극배우도 있었다. 네스타는 칼리굴라와 클라우디우스 치세 때 최고의 인기를 구사했고, 그의 무언극에 감동받은 칼리굴라가 그에게 키스를 한 적도 있었다. 메살리나도 그에게 반해 구애를 했는데, 그는 황후를 가까이 했다간 큰일날 수 있다는 생각에 거절을 했다.

그러나 포기할 메살리나가 아니었다. 남편 클라우디우스에게 네스타가 자신의 명을 따르도록 해 달라고 부탁한 것이다. 클라우디우스는 메살리나가 무슨 명을 내릴 줄 모르고 네스타에게 메살리나의 명에 따르라는 명을 내렸고 결국 네스타는 메살리나의 애인이 되었다.

네스타는 메살리나가 실리우스라는 새로운 애인을 만나기 전까지 가장 총애하는 남자였다고 한다. 칼리굴라 통치 때 발행된 황동 돈을 녹여 그 일부를 사용해 네스타의 동상이 세워졌고 시인을 고용해 그리스 식 서정시 오드ode를 짓게 했다.

역사가 타키투스는 메살리나가 네스타를 취한 것을 두고 메살리나는 권력이 있는 귀족 남자들을 누리기 위한 정치적 목적으로 남자들을 이용한 것이 아니라 그냥 마음에 드는 남자는 누구든 취해야 직성이 풀리는 여인이었을 뿐이라고 말하고 있다.

메살리나는 궁 안의 남자들을 유혹하는 것만으로 만족이 되지 않았던지 스스로 매춘부가 되었다는 이야기가 있다. 로마의 풍자가 유베날리스가 메살리나의 충격적 행보에 대해서 다음과 같이 묘사하고 있다.

> 황제가 잠들기가 무섭게 황후는 가운을 걸치고 황금 가발을
> 뒤집어 쓴 채 여자 노예를 데리고 황급히 왕궁을 빠져나갔다.
> 그녀가 향한 곳은 악취가 감도는 사창구의 작은 방이었다.
> 황후는 로마에서 가장 천하고 더러운 매음굴에서 '뤼키스카'
> 라는 가명으로 창녀짓을 하고 있었다.
> 그녀는 남자가 지나갈 때마다 황금 가루를 바른 젖꼭지를 내
> 밀며 유혹한 후 몸을 팔았다.
> 밤새 육욕을 채운 후에도 만족할 줄 몰랐던가.
> 동이 틀 무렵 내키지 않은 발걸음을 억지로 돌려 몰래 궁전으
> 로 되돌아간다.
> 광란의 밤을 보내 파리한 얼굴은 등잔불의 연기에 그을렸고,
> 몸에서는 사창굴의 고약한 악취가 풍겼지만 황후는 뻔뻔하

게도 불결한 몸을 황제의 침대에 눕혔다.

낮에는 고귀한 황후요, 밤에는 비천한 매춘부가 되었다는 이 충격적인 이야기를 타키투스, 카시우스 디오, 수에토니우스 같은 역사가들이 꽤 상세히 기술하고 있다. 이들의 기술 내용이 사실이 아니라는 의견도 있다. 메살리나를 이어 황후가 된 아그리피나의 유실된 회고록에 있던 내용인데 그녀가 메살리나를 깎아 내리기 위해 이런 이야기를 썼다는 것이다.

앞서 나열한 역사가들은 메살리나와 동시대 인물이 아니라 적어도 반세기 이후의 역사가들이기 때문에 이 이야기를 사실인 것처럼 기술하긴 했지만 마냥 믿을 수만은 없다. 여하튼 그녀의 이런 모습에 영감을 받은 많은 화가들이 메살리나를 예술 작품으로 표현하고 있는데 그녀를 음욕의 화신으로 나타내고 있다.

사랑에 빠진
메살리나

지금까지 메살리나는 남자가 마음에 들면 가지고 거부하면 죽이는 장난감쯤으로 여겼는데, 이런 메살리나의 마음을 사로잡는 남자가 나타났다. 그는 미남에 원로원 의원이며 집정관인 가이우스 실리우스였다. 메살리나는 당시 로마에서 가장 잘생긴 청년으로 알려진 그에게 완전히 매료되었다.

그녀는 가이우스 실리우스에게 빠져 자신이 즐겨오던 음란한 파티도 중단했고, 밀애를 즐기던 은밀한 방도 폐쇄해버렸을 뿐만 아니라 밤마다 궁을 빠져나가 즐기던 매춘도 멈췄다.

메살리나는 실리우스를 독점하고 싶은 마음에 그를 이혼시켰다. 그리고 실리우스가 원하는 것은 무엇이든 다 주었고 그와 함께하는 시간이 늘면서 가구와 노예를 그의 집으로 옮겨 놓기도 했다.

마침내 실리우스와 결혼을 결심하게 되는 메살리나는 클라우디우스가 오스티아 건설을 위해 로마를 비운 틈을 노렸다. 로마에서 결혼식을 올리려면 우선 새점으로 길일을 택하고, 그날이 오면 신랑 신부 앞에서 제물을 바쳐 혼인 서약을 한 다음 친구와 친지들을 초대하여 연회를 베풀어야 했다.

그런데 메살리나는 남편이 없는 틈을 타서 공개 결혼식을 감행한 것이다. 두 사람은 연회에 자리를 잡고 포옹하고 공개적으로 애정을 표현했고 그날 밤에는 신랑 신부로 첫날밤을 보냈다. 이들은 도대체 무슨 생각이었을까?

황제인 클라우디우스를 살해한 후 아들인 브리타니쿠스를 황제로 내세우고 섭정을 하려는 음모까지 세웠다고 하는데, 정말 그랬다면 클라우디우스를 먼저 죽이고 결혼식을 해야 할 텐데 순서가 잘못된 게 아닌가 싶다. 내키는 대로 행동해 온 메살리나는 이번에도 큰 고민 없이 결혼식을 행한 것이 아닌가 하는 생각이 드는 대목이다.

그동안 메살리나를 도와왔던 비서관 나르키소스와 팔라스, 칼리스투는 메살리나의 중혼 때문에 고민을 하게 되었다.

이건 그냥 바람피우는 것으로 끝날 문제가 아니었다. 잘못했다간 황제가 밀려날 수도 있는 심각한 문제라고 판단하여 곧바로 클라우디우스에게 달려가 이 사실을 알리고 '즉시 행동하지 않으면 새 남편이 로마를 지배할 것이니 빨리 로마로 돌아와 문제를 해결하십시오'라는 말을 전했다. 이 말을 전해 들은 클라우디우스는 공포에 휩싸여 자신이 여전히 황제인지 물었다. 황제 자리에서 밀려나면 그냥 밀려나는 것이 아니라 목숨을 잃게 된다는 두려움에 휩싸였던 것이다.

그러다 곧 나르키소스가 여전히 자신에게 충성을 하고 있다고 생각한 클라우디우스는 나르키소스를 근위대 사령관에 임명해 다시 로마로 보냈다. 그러면서 클라우디우스는 로마에서 불과 20킬로미터 거리에 있으면서도 당장 로마를 향해 떠나지는 않았다. 그는 여전히 오스티아에 남아서 여느 때처럼 날마다 공사 현장에 얼굴을 내밀고 있었다.

한편 메살리나는 새신랑 그리고 친구들과 어울려 마음껏 술을 마시며 파티를 즐기고 있었는데, 클라우디우스가 로마로 돌아온다는 소문을 듣게 되었고 친구들은 엄청난 두려움으로 모두 도망가 버렸다. 그동안 메살리나도 클라우디우스에게 소식이 전해진 것을 알게 되었다.

그제야 '중혼은 내가 생각한 만큼 간단한 문제가 아니구나. 지금까지 나를 도와주던 비서관들이 내게서 등을 돌리는구나'를 깨닫게 되었다. 간통을 저질렀으니 가볍게는 유배형, 황제의 황권을 위협했다고 판단되면 처형이 될 수도 있는 상황이었다.

메살리나는 자신이 직접 오스티아로 가서 남편과 이야기하기로 결심했다. 지금까지처럼 자신의 말은 다 들어주었고 어떤 행동을 해도 용인해 준 남편이기에 자신이 찾아가서 말하면 그녀의 말을 다 믿어줄 것이라고 생각했던 것이다. 그런데 오스티아로 가기 위해 마차를 준비하라고 명령해도 따르는 하인들이 하나도 없었다. 노예들은 메살리나를 더 이상 따르지 않기로 한 것이다.

메살리나는 딸 옥타비아와 아직 일곱 살밖에 안 된 아들 브리타니쿠스를 불러 아버지에게 어머니를 살려달라고 애걸하라고 미리 말해 두었다. 그리고 로마의 여제사장에게도 자신의 구명을 탄원해달라고 부탁하기도 했다. 그리고 그녀는 루쿨루스의 정원에 들어가 초조하게 기다리고 있었다.

로마로 돌아온 클라우디우스는 비서관들의 재촉을 받고 이미 체포된 실리우스를 심문했다. 그러나 무슨 생각이었는지 클라우디우스는 시종일관 말이 없었고 심문은 비서관들이 대신 진행했다. 실리우스는 자결할 것을 명받고 곧 자결로 생을 마감했다. 이제 메살리나를 어떻게 처리할 것인가에 대한 문제만 남았다.

음탕한 황후의
최후

아들과 딸은 어머니 메살리나가 시킨 대로 어머니를 용서하고 살려달라고 간청한다. 그리고 여제사장도 메살리나가 직접 해명할 수 있도록 기회를 주는 것이 어떠냐고 말하며 그녀를 만나보라 간청했다. 그러나 클라우디우스는 이들의 간청에 어떤 답도 하지 않았다.

클라우디우스는 메살리나에 대해서는 공적인 범죄로 처리하느냐 아니면 집안 문제로 처리하느냐를 놓고 망설였다. 나르키소스는 메살리나가 입을 열게 되면 또 넘어가게 될 것이라며 그녀와의 만남을 반대했는데, 클라우디우스는 여전히 답하지 않고 계속 침묵했다.

그리고 저녁식사를 하던 클라우디우스는 갑자기 분노가 가라앉았는지 메살리나를 만나겠다고 한다.

"내일 아침에 메살리나를 데리고 와라. 그 가엾은 여자가 뭐라고 하는지 직접 들어 보겠다."

나르키소스는 클라우디우스와 메살리나가 만나는 것에 대해 부정적으로 생각을 했다. 메살리나가 클라우디우스를 만나면 눈물로 호소를 할 것이고 그러면 그녀는 또 황후의 자리로 돌아올지도 모를 일이었다. 그렇다면 자신을 비롯한 비서관들이 그녀에게 등을 돌렸으니 무사하지 못할 것이라 생각했다.

나르키소스는 결심했다. 황제가 할 수 없는 일을 자신이 하겠다고 말이다. 나르키소스는 근위대장을 은밀히 불러서 황제의 명령이니 황후를 죽이라고 명령했고, 근위대장은 한 무리의 병사들을 이끌고 루쿨루스의 정원으로 갔다.

근위대장이 정원을 찾았을 때 메살리나는 어머니인 도미티아 레피다와 함께 있었다. 메살리나가 실라누스를 죽게 만든 이후 두 사람은 사이가 좋지 않아 왕래를 하지 않았지만, 딸이 걱정되었던 도미티아가 찾아온 것이다.

메살리나는 근위대장을 보고 남편이 자신을 데려오라고 보낸 것이라 생각했다. 그러나 근위대장은 황제의 명이라며 메살리나에게 단검을 내밀었다. 스스로 끝내라는 뜻이었다.

도미티아 레피다는 험한 꼴을 당하기 전에 스스로 끝내는 것이 낫겠다는 말을 하며 거들었고, 메살리나는 떨리는 손으로 단검을 받아들었다. 그리고 눈물을 흘리면서 부들부들 떨리는 손으로 가슴을 찌르려고 했지만 차마 찌를 수가 없었다.

옆에서 지켜보던 근위대장은 그녀가 용기를 내지 못할 것으로 판단하고 가지고 있던 칼로 그녀를 찔렀다. 그렇게 메살리나는 죽음을 맞았다. 서기 48년의 일이며 메살리나는 스물셋의 꽃다운 나이였다.

메살리나의 사망 소식이 전해졌을 때 클라우디우스는 여전히 식탁에 앉아 있었다. 자세한 내용은 전해지지 않았고 황제도 묻지 않았다. 그는 포도주를 더 달라고 외치며 저녁식사를 계속했다고 한다. 입회한 가족도 없이 화장된 메살리나의 유해는 황제묘에 매장되지 못했으며 무덤이 어딘지는 당시에도 밝혀지지 않았다고 한다.

이후에도 클라우디우스는 슬픔도 분노도 드러내지 않았고 다른 어떤 감정도 드러내지 않았다. 묵묵히 정무에만 몰두할 뿐이었다. 비서관들은 메살리나의 동상들을 모두 없앴고 그녀의 이름이 붙여진 공공기관 등도 모두 없애며 빠르게 메살리나를 지워나갔다.

이탈리아에서 메살리나는 허영과 물욕, 타락의 상징으로 여기며 '메살리나 같다'라는 말을 듣는 것을 아주 모욕적인 일이라고 한다.

chapter 07

죽음조차 갈라놓을 수 없는
영원불변의 사랑

정략결혼을
하게 된 페드로

죽음조차 갈라놓을 수 없는 영원불변의 사랑, 그런 사랑이 과연 존재할까? 역사 속에서 죽음조차 갈라놓을 수 없었던 지독한 사랑을 했던 유럽의 어느 왕에 대한 이야기가 있다.

사실 동양이든 서양이든 왕가의 결혼은 정치적 이유로 이루어지는 정략결혼이 대부분이다. 정치적으로 힘이 되어줄 귀족과 결혼하거나 이웃 나라의 왕가와 혼인 동맹을 맺는 것이다. 정략결혼을 한 상대가 마음에 들어 사랑에 빠지는 행운을 누리는 사람들도 있지만 대부분은 그렇지 못했다. 그래서 왕들은 정부를 두는 경우가 많았다. 왕비와는 정치적 목적으로 정략결혼을 했으니 마음을 나누기가 쉽지 않았던 것이다.

14세기 포르투갈의 상황도 다를 바 없었다. 당시 포르투갈은 알폰소 4세가 집권하고 있었으며 그의 아들은 돈 페드로였다.

그리고 포르투갈의 이웃나라 카스티야의 국왕은 알폰소 11세였다. 알폰소 11세는 카스티야의 왕족 비네라 공 후안 마누엘의 딸 콘스탄사 마누엘과 결혼을 했다. 당시 후안 마누엘은 막강 권력과 재산을 가지고 있어 그의 딸과 정략결혼을 한 것이다.

그런데 알폰소 11세는 포르투갈과의 동맹을 위해 콘스탄사 마누엘과의 결혼을 깨고 알폰소 4세의 딸 마리아와 결혼을 하게 된다. 그런데 마리아와 결혼 당시 알폰소 11세에게는 정부가 있었다. 사랑하지 않는 왕비인 콘스탄사 마누엘과는 정을 나눌 수 없었던 것이다.

알폰소 11세의 정부는 남편을 잃은 아름다운 과부 레오노르 데 구스만이라는 여인이었는데 알폰소는 이 여인에게 푹 빠져 있었다. 그럼에도 정치적인 이유로 이혼을 하고 마리아와 재혼을 한 것이다.

알폰소는 마리아와의 결혼 이후에도 그녀를 내팽겨둔 채 레오노르 데 구스만을 계속 만났다. 그래서 마리아와의 사이에서는 두 명의 자식만을 낳지만, 레오노르 데 구스만과는 무려 열 명이나 되는 자식을 낳게 된다. 이렇게 많은 자식을 낳을 동안 함께한 것으로 봐서 레오노르 데 구스만에 대한 사랑은 진심이었던 것 같다.

사위에게 정부가 있음을 알게 된 마리아의 아버지 알폰소 4세는 엄청나게 분노하게 된다. 사실 두 나라의 동맹을 공고히 하고자 딸을 이웃 나라로 시집보냈건만 이런 홀대를 받을 뿐더러 사위란 놈은 다른 여자랑 놀아나고 있으니 도저히 참을 수 없었던 것이다.

알폰소 4세는 사위에게 복수하기 위해 새로운 동맹을 찾는데, 바로 알폰소 11세의 첫 번째 부인 콘스탄사 마누엘의 아버지, 비네라 공 후안 마누엘이다. 후안 마누엘 역시 자신의 딸을 이용만 하고 버린 알폰소 11세에게 앙심을 품고 있었기에 '적의 적은 동지'라는 이 동맹은 쉽게 이루어지게 된다.

두 사람은 동맹을 더 끈끈하게 만들기 위해 또 정략결혼을 선택하게 된다. 바로 알폰소 4세의 아들 돈 페드로와 알폰소 11세와 이혼했던 콘스탄사 마누엘을 결혼시키기로 한 것이다. 당연히 당사자들의 의견은 중요하지 않았다.

그런데 이 두 사람이 결혼을 한다면 이상한 친척 관계가 맺어지게 된다. 돈 페드로의 누나 마리아가 알폰소 11세와 결혼했으니 돈 페드로는 알폰소 11세의 처남이 되는 것인데, 처남이 전 부인과 결혼을 하는 것이니 말이다.

아무튼 1336년 리스본 대성당에서 페드로는 콘스탄사 마누엘과 결혼식을 올리게 된다.

이네스와 페드로
사랑에 빠지다

콘스탄사 마누엘이 포르투갈로 올 때 자신의 시중을 들 시녀도 함께 데려오는데, 이것이 운명의 장난이었던지 페드로는 이 시녀를 보자마자 사랑에 빠져 버리고 만다.

콘스탄사 마누엘의 사촌쯤 되는 이네스 데 카스트루이라는 여인으로, 아주 아름다운 외모를 가졌기에 페드로가 그녀에게 한눈에 반한 것이다. 이네스는 카스티야의 귀족 돈 페드로 드 카스트로의 사생아였다.

그런데 이네스의 어머니는 포르투갈 왕가의 후손이어서 사실 페드로와도 먼 친척뻘 되는 사이였다. 당시 유럽 왕가는 근친혼이 성행했기 때문에 친척 관계가 그들의 사랑에 장애가 되는 것은 아니었다.

콘스탄사 마누엘은 첫 번째 결혼에 실패하고 포르투갈까지 와서 재혼을 했을 때 일말의 기대감이 있었을 것이다. 두 번째 남편이 된 페드로와는 원만한 결혼 생활을 할 수 있지 않을까 하는 기대 말이다. 그런데 두 번째 남편조차 자신의 말동무로 데려온 이네스에게 빠져 버렸으니 실망이 컸을 것 같다.

사실 정략결혼을 하는 왕이나 왕자들이 바람을 피우고 정부를 두는 것은 흔한 일이어서 적정선만 지킨다면 큰 문제가 되지 않았을 것이다.

그런데 사랑에 빠진 페드로는 이네스밖에 보이지 않는 듯이 행동하는 것이 문제였다. 이네스가 보이지 않으면 견딜 수 없다는 듯 그녀를 찾아다니고 열렬한 구애를 했던 것이다. 이네스 역시 이 젊은 왕자에 빠져들긴 마찬가지여서 그의 구애를 받아들여 이들의 사랑은 불꽃처럼 타오르고 있었다.

이런 상황이다 보니 동맹을 맺기 위한 정략결혼은 의미가 없어지고 두 집안의 관계는 금이 가게 된다. 그 와중에 1342년 콘스탄사는 아들 페르디난도를 낳는다. 유럽에서는 아기를 낳으면 아

기의 대모나 대부를 지정하는 경우가 많은데, 페드로의 어머니는
이네스를 페르디난도의 대모로 지정했다.

당시 교회법에서는 한 아이의 대모가 되면 그 아이의 부모와
대모는 형제의 관계가 되기 때문에 결혼이나 성적 관계가 금지
되는 촌수가 된다는 점을 이용해 페드로와 이네스를 떼어놓기
위해 이네스를 대모를 지정하여 아들을 포기시키기 위한 수를
쓴 것이다.

그러나 페드로의 이네스에 대한 마음은 이런 술수에 흔들릴
수준이 아니었다. 페드로는 여전히 이네스를 사랑했던 것이다.

사랑의 시련

알폰소 4세는 두 사람을 떨어뜨려 놓으면 이성을 찾지 않을까
하는 생각에 이네스를 수녀원으로 보내 버렸다. 페드로는 이네스
를 그리워하며 밤마다 이네스에게 편지를 썼고 수녀원으로 가는
수도관에게 자신의 열렬한 연애편지를 쥐어 보냈다.

페드로와 콘스탄사는 4년 정도 결혼 생활을 지속하는데 콘스
탄사가 아이를 낳다가 그만 사망하고 만다. 두 번의 결혼을 했지
만 두 명의 남편 모두에게 사랑을 받지 못하고 쓸쓸하게 생을 마
감하다니 몹시 가련한 여인이라는 생각이 든다. 그러나 페드로
입장에서는 사랑하지 않는 아내의 죽음을 다행으로 여겼을지도
모르겠다.

콘스탄사는 총 세 명의 아이를 낳았다. 그중 첫째 페르디난도가 정비의 아들이니 페드로의 후계자로 지정이 되었다. 그런데 부모의 사랑을 받지 못하고 어머니가 일찍 사망해 보살핌을 받지 못해서인지 몸이 약하고 자주 병을 앓았다고 한다.

콘스탄사가 사망한 후 거리낄 것이 없었던 페드로는 이네스를 가까이 두고 정식으로 결혼까지 하려고 했다. 하지만 두 사람의 결혼은 쉽지 않았으니, 자신의 딸이 어떤 대접을 받다가 죽었는지 잘 아는 후안 마누엘이 이 결혼을 두고 보지 않을 것임이 분명했다.

또 이네스가 사생아인 것도 문제였다. 우리나라도 서인은 차별을 받듯이 유럽 사회에서도 사생아는 차별을 받던 시대였기에 왕이 될 페드로의 짝으로는 맞지 않았던 것이다.

이대로 두고 볼 수 없었던 알폰소 4세는 이네스에게 포르투갈과 카스티야 사이에 있는 알부쿠리케라는 곳으로의 추방을 명령했다. 어떻게든 두 사람을 떼어놓고 싶었던 것이다. 그러나 추방당한 이네스는 이 도시 저 도시로 상점을 순회하는 이를 통해 페드로와 비밀리에 편지를 주고받으며 사랑을 키워 나갔다.

이네스
죽음을 맞다

결국 이네스를 코임브라로 데려온 페드로는 함께 살게 되었고 네 명의 아이를 낳으며 10년간 행복하게 살게 된다. 두 사람 사이의 네 명의 자식 중 둘은 아들이었는데, 이는 많은 이들을 긴장시키는 문제가 되었다.

페드로가 왕이 되고 다음 계승자는 당연히 콘스탄사가 낳은 페르디난도지만, 만약 페드로가 이네스의 아들을 후계자로 지정한다면 큰 문제가 생기는 것이다. 그런데 페드로는 여전히 이네스를 사랑했고 이네스의 친정인 카스트로 가문의 남자들과 사냥을 가거나 어울려 다니며 술을 마시고 도박 등을 하면서 친하게 지내자 포르투갈 귀족들은 불안해졌다.

카스트로 가문의 남자들은 야심이 컸기 때문에 카스티야와 포르투갈에 정적이 많았다. 카스트로 가문에서 이네스를 왕비로 올리고 그 후손들을 통해 포르투갈을 지배하려 들지도 모른다는 걱정의 목소리가 퍼져 나갔다.

거기다 이네스의 오빠들과 친해지면서 영향을 받은 페드로가 카스티야의 왕위 계승권을 주장하면서 카스티야 왕관까지 차지하려 들자 자칫하면 카스티야와 정면대결을 해야 할 상황까지 만들어졌다. 이네스의 오빠들은 페드로를 조종해서 카스티야와 포르투갈 둘 다 카스트로 가문이 실질적으로 지배하려는 것이었다.

가만히 있을 수 없었던 귀족들은 알폰소 4세를 압박하기 시작했고, 깊은 고민을 하던 알폰소 4세는 콘스탄사가 죽은 지 10년째 되던 해 이네스를 사형시키라는 명을 내린다.

1355년 초 페드로는 이네스와 아이들을 남겨 놓고 다른 귀족 친구들과 베이라 지방으로 사냥을 갔다. 아마 페드로 왕자와 이네스를 떼어놓기 위한 술수가 아니었을까 싶다. 하여튼 페드로가 떠난 후 알폰소 4세와 그의 고문관들은 이네스를 찾아갔다.

이네스는 알폰소 4세의 방문 소식에 '아, 내가 드디어 인정을 받는구나' 하고 생각하며 아이들과 함께 뛰어나와 왕을 맞았다. 기대에 찬 표정으로 자신을 바라보는 이네스를 본 알폰소 4세는 마음이 약해져 밖으로 나와 버렸다.

그 순간 이네스 앞에서 고문관들은 사형선고서를 읽어 내려갔다. 이들은 아이들을 봐서라도 용서해달라고 울면서 비는 이네스의 청을 외면하고, 아이들의 눈앞에서 이네스의 목을 베어 버렸다.(사형집행인이 도끼로 쳐 죽였다는 사료도 있다) 이네스의 아이들도 이들에 의해 죽음을 맞게 된다.

포르투갈에는 '눈물의 저택'이라고 불리는 곳이 있는데 지금은 호텔로 이용되고 있다. 바로 이네스와 페드로가 함께 살았던 곳으로, 정원 안쪽에 이네스가 목이 잘려 살해되었다고 하는 작은 샘이 하나 있는데 이네스의 눈물이 샘이 되었다는 전설이 전해져 오고 있어 '눈물의 샘'으로 불린다.

샘이 솟아나는 곳의 바닥에는 핏빛이 연상되는 검붉은 바닥돌

이 있는데 이네스가 살해될 때 이네스의 피로 물든 것이라고 한
다. 이곳에 세워진 비석에는 시의 구절이 새겨져 있다. 시인 카몽
이스의 〈우주 루지아디스〉의 한 구절이라고 한다.

> 몽데고의 요정들은 끊임없이 눈물을 흘려
> 그녀의 슬픈 죽음을 기억에 새겼다.
> 그리고 영원 속의 기억을 찾아서 흘러내리는 눈물은
> 아름다운 샘이 되었다.
> 저 처형의 장소에 생긴 샘을,
> 요정들은 이네스의 사랑이라 이름하였다.
> 샘은 지금도 통곡을 계속하고 있다.
> 보아요, 이렇게 맑은 샘이 꽃들에게 물을 주는 것을…
> 사랑이라는 이름의 샘에서 흐르는 눈물의 물을…

페드로
사랑에 미치다

사냥터에서 돌아온 페드로는 아내와 자식들이 모두 죽음을 맞
았다는 것을 알고 비통해 했으며 미친 듯이 분노했다. 이네스를
죽인 고문관들은 페드로의 분노를 피해 카스티야로 도망가야 했
다. 이네스와 아이들을 죽인 것이 아버지 알폰소 4세의 명이라는
것을 알게 된 페드로는 아버지에 대한 분노로 자신의 지지자들과

함께 반란까지 일으켰지만 곧 진압당하고 결국 두 손을 들었다. 분노를 삼키고 조용히 기다리던 페드로, 결국 아버지 알폰소 4세가 사망하고 페드로 1세로 포르투갈의 왕이 된다.

왕이 된 페드로는 이네스와 결혼했다고 선포하고 둘 사이의 자식을 정식 왕자로 만들어 주려고 했다. 하지만 귀족들은 두 사람만의 결혼을 결코 인정하지 않았으며 두 사람의 사이의 자식들 역시 왕자가 될 수 없다고 주장했다.

그러자 페드로는 광기를 발휘한다. 페드로는 이미 죽은 이네스의 시체를 왕비의 옥좌에 앉혀 놓고 대관식을 치른다. 죽어서 이미 5년이 지난 시체를 옥좌에 앉힌 것이다.

"너희들이 우리의 결혼을 인정하지 않는다면 너희들이 인정하는 그 결혼식, 그 대관식 하겠다. 내 사랑하는 이네스와 함께…"

이네스의 시체를 왕비의 예복과 보석으로 치장해 왕 바로 옆의 왕비용 옥좌에 앉힌 것이다. 그리고 페드로는 자기 옆에 앉은 시체가 마치 살아 있는 사람인 것처럼 대하며 대관식을 거행하라고 지시했다.

이네스와 나란히 왕관을 쓴 후 새롭게 왕이 된 페드로의 손에 충성의 표시로 키스하는 차례가 되자, 페드로는 모든 귀족들에게 미라가 된 아네스의 손에 입을 맞추고 왕비로서 경의를 표할 것을 명령했다. 그들은 공포에 떨며 무릎을 꿇고 이미 썩은 이네스의 손가락에 입을 맞춰야 했다.

그중에는 옛날에 이네스를 죽이라고 부왕을 충동질했던 사람들도 있었다. 이네스를 죽이는데 동조했던 귀족들은 그야말로 가시방석이 따로 없었다. 이때의 상황에 대해 당시 왕실 사관이었던 페르낭 로페즈는 이렇게 적고 있다.

> 이제 그녀에게 충분히 경의를 표했다고 생각한 왕은, 왕비의 관을 쓴 그녀의 모습을 상판에다 새긴 석관을 만들도록 지시했다. 그리고 그 관을 선왕들이 잠들어 있는 알코바카 수도원에 옮겨 모시도록 하였다. 그녀의 유해는 긴 행렬 속에 수도원에 도착했다. 모든 왕실의 의전이 총동원된 이 행렬에서 그녀의 관은 기사들이 어깨에 메고 갔으며 수많은 귀족과 평민 그리고 성직자들이 뒤를 따랐다.
> 행렬이 지나는 연도의 양쪽으로 많은 사람들이 손에 촛불을 들고 그녀의 유해를 모시고 가는 이 행렬을 깊은 애도 속에서 지켜보았다. 그래서 이 긴 행렬은 마치 무수한 촛불들 사이를 통과하는 것 같았다.
> 그것은 포르투갈 역사상 가장 장대하고 장엄한 장례 행렬이었다. 마침내 이 행렬은 17리그 떨어진 수도원에 도착하여 수많은 신민들이 애도하는 가운데 안치되었다.

1리그가 약 5킬로미터니까 대략 85킬로미터를 걸어서 장례를 치렀다는 것이다.

그리고 페드로는 이네스의 복수를 시작했다. 카스티야 왕에게 이네스를 죽인 자들을 포르투갈로 보내달라고 요구했고 이들은 포르투갈로 오자마자 모두 화형되었다.

페드로는 그들을 화형 시키기 전,

"너희는 나의 심장을 가루로 만들어 버렸으니 너희들도 마찬가지가 되어야 한다."

라고 말한 후 그들의 심장을 뽑아내어 손으로 갈기갈기 찢고 입으로 물어서 으깨 버렸다고 한다.

그리고 이네스의 처형에 가담한 모든 자들을 색출하여 죽여 버렸다고 한다. 페드로는 사랑에 미쳤고 분노에 눈이 멀어 버린 게 아닌가 싶다.

그 후 페드로는 재혼을 하지 않았다. 말년에 테레사 로렌수라는 여인이 있긴 했지만 결혼을 한 것은 아니다. 페드로의 옆자리는 오로지 이네스만이 앉을 수 있었던 것이다.

페드로와 이네스
영원히 함께하다

페드로는 이네스의 시신을 알코바카 성당에 안치하고 자신도 죽은 후 함께 묻혔다. 관에는 그들이 함께 나누었던 추억이 조각되어 있고 '세상이 끝나는 그날까지 그들이 함께할 것'이라는 구절이 적혀 있다.

페드로의 관과 이네스의 관이 서로 마주보고 있는데, 이렇게 배치한 이유는 성경에 '심판의 날에 모든 죽은 자가 부활하리라' 는 구절에 따라 자신이 부활하는 순간 가장 먼저 이네스를 보기 위해서라고 한다.

당시 기독교에서는 최후 심판의 날이 오면 죽은 자들이 전부 무덤에서 깨어난다고 믿었는데, 페드로는 그때 두 사람의 시체가 다시 깨어나서 맨 처음 보는 대상이 서로이기를 원했고 일어나는 순간 둘의 눈이 마주치도록 해놓은 것이다. 죽음조차 그들을 갈라놓을 수는 없었던 것이다.

1367년 페드로 1세가 사망한 후 페르디난도가 국왕의 자리에 올랐다. 페르디난도는 굉장히 잘생긴 미남이었다고 하는데, 자신의 아버지만큼이나 복잡한 연애사를 갖고 있다.

원래 페르디난도가 결혼을 약속한 약혼녀는 카스티야의 왕 엔리케 2세의 딸 레오노라였다. 그런데 포르투갈 귀족의 아내인 레오노즈 텔레즈와 사랑의 빠져 약혼을 파기하고 레오노즈 텔레즈와 결혼했다. 유부녀였던 레오노즈 텔레즈는 전남편과의 사이에서 두 명의 아이를 낳았는데도 그녀와 결혼을 위해 약혼을 파기한 것이다. 이 때문에 포르투갈에서는 반란이 일어나고 엔리케 2세가 리스본을 공격하기도 했다.

물론 결혼 문제만 있는 것이 아니라 영국과 프랑스의 백년전쟁처럼 페르디난도 1세가 카스티야 왕 산초 4세의 증손자 자격으로 카스티야 왕위를 요구했었는데, 결혼으로 강화 조약을 맺으려한 것이 수포로 돌아갔기 때문이었다.

이후 포르투갈과 카스티야 왕국은 왕위 계승 전쟁을 하게 되고 여러 가지로 복잡한 상황을 만들게 되었다. 사랑꾼 아버지의 유전자가 그의 아들에게 유전되어 복잡한 정치 상황을 만들게 된 것일까?

포르투갈에는 페드로와 이네스의 사랑이 어린 장소로 스토리텔링이 입혀진 관광 명소가 남아 있으니 포르투갈을 여행하게 된다면 둘러보는 것도 좋겠다.

chapter 08

엘리자베스
1세의 남자들

소녀 엘리자베스의
고통이 된 남자

대영 제국의 기틀을 마련한 영국의 여왕이라고 하면 엘리자베스 1세를 바로 떠올릴 것이다. 스물다섯의 나이로 여왕 자리에 올라 45년간 왕좌를 지킨 엘리자베스 여왕은 당시에도 '영광스런 처녀 여왕'이라 불리며 존경받았다. 역사가들은 엘리자베스 1세의 탁월한 리더십이 있었기에 19세기 빅토리아 여왕의 '황금시대'가 가능했다고 평가하고 있다. 평생 결혼하지 않고 국가 통치에 힘쓴 엘리자베스 여왕, 그녀에게는 여왕이 되기까지 숱한 시련이 있었다.

엘리자베스는 헨리 8세와 그의 두 번째 아내였던 앤 불린 사이에서 태어났다. 헨리 8세는 첫 번째 아내인 아라곤의 캐서린과 이혼하기 위해 로마 가톨릭과 결별했고, 앤 불린과 결혼했지만 3년 만에 간통과 반역죄를 씌워 참수시켰다. 그뿐만 아니라 결혼까지 무효화되면서 엘리자베스는 사생아가 되고 말았다.

헨리 8세가 죽고 에드워드 6세가 즉위하는데 에드워드 6세는 헨리와 세 번째 부인인 제인 시모어 사이에서 난 아들이다. 이때 엘리자베스는 헨리 8세의 마지막 왕비 캐서린 파와 함께 지내고 있었는데, 캐서린 파는 의붓딸인 엘리자베스를 무척 아끼고 예뻐했던 것 같다.

당시 캐서린 파는 헨리 8세와 결혼하기 전부터 사랑하고 있었던 토마스 시모어와 결혼을 한 상태였다. 토마스 시모어는 에드워드 6세의 섭정을 하고 있던 에드워드 시모어의 동생이고 에드워드 6세의 삼촌이기도 했다. 엘리자베스는 잘생기고 활달하며 유창한 언변을 지닌 토마스 시모어를 잘 따랐고 토마스 시모어도 엘리자베스를 귀여워했다.

그런데 이것이 문제가 된다. 토마스 시모어가 열네 살이 된 엘리자베스의 침실에 찾아와 장난을 치며 놀았는데, 간지럼을 태우고 엉덩이를 살짝 때리며 잘 지내는지 묻기도 하는 등 사춘기 소녀에게 하기엔 과한 스킨십이 집안 고용인들 눈에 자주 띈 것이다.

엘리자베스의 가정 교사를 비롯한 많은 사람들이 '해괴한 행동들 좀 그만두라'며 말릴 정도였다고 한다. 캐서린 파도 사태의 심각성을 깨닫고 엘리자베스를 다른 곳으로 보내게 되었다. 그 후 출산을 한 캐서린 파는 몸을 회복하지 못하고 죽음을 맞게 된다.

정치적 야심이 있었던 토마스 시모어가 왕위 계승자였던 엘리자베스와 결혼을 하려는 계획을 세우지만 추밀원에서는 결혼을 허락하지 않을 게 뻔했다. 토마스 시모어는 권력을 장악하기 위해 해군 장관의 지위를 이용해 반란 자금을 모았는데 이는 곧 추밀원에 발각되어 토마스 시모어는 체포되고 만다.

그런데 그가 체포되자 엘리자베스도 위험에 처해진다. 토마스 시모어의 공범으로 몰린 것이다. 토마스 시모어의 죄목은 현 국왕의 누이인 엘리자베스와 비밀 결혼을 하려고 함으로써 국왕과 메리 공주(엘리자베스의 이복언니)와 추밀원을 농락했다는 것이었다.

추밀원은 엘리자베스에게도 잔인한 심문을 했고, 엘리자베스의 측근들도 런던탑에 갇혔다. 그리고 엘리자베스가 토마스 시모어의 아이를 임신했다는 나쁜 소문까지 떠돌게 된다. 1549년 3월 15일 토마스 시모어가 처형된 후 엘리자베스는 무죄로 풀려나게 되는데, 이 사건을 겪은 후 그녀는 더 이상 순진한 소녀가 아니었다. 엘리자베스는 세상의 이목에 대처하는 법을 터득해 갔고 매사에 신중한 태도를 취하게 된다.

엘리자베스의 첫사랑
로버트 더들리

아버지 헨리 8세의 뒤를 이어 영국의 왕이 된 에드워드 6세는 어렸을 때부터 몸이 약했고 결국 열여섯의 어린 나이에 사망했다. 그리고 우여곡절 끝에 엘리자베스의 이복언니 메리가 즉위하면서 엘리자베스는 많은 시련을 견뎌내야 했지만, 메리 1세가 자식을 낳지 못하고 사망하면서 1558년 11월 17일 엘리자베스는 스물다섯 살의 나이로 영국의 여왕이 되었다.

국왕이 된 엘리자베스에게 그녀의 고문 월싱엄 경은 왕권 강화를 위해 결혼하라고 조언했다. 수많은 나라의 왕과 왕자가 청혼을 해 왔는데, 엘리자베스는 정치적 이익을 위해 적당한 밀당을 하며 끝까지 결혼을 하지 않았다.

재위 기간 중 영국 의회가 결혼을 요구하는 결의문을 통과시켰을 때 엘리자베스는,

"나는 이미 남편에게 봉사하고 있으니 그분은 잉글랜드 왕국입니다."

라는 유명한 답변을 내놓기도 했다.

엘리자베스 여왕이 결혼을 하지 않았다고 해서 로맨스조차 없었는가 하면 절대 그렇지 않다. 엘리자베스는 엄청난 미인은 아니었지만 똑똑하고 뛰어난 화술을 가진 데다, 한 나라의 여왕이라는 아우라는 그녀를 더욱 매력적으로 보이게 했다.

그녀 역시 사랑하고 사랑받고 싶었던 여자였기 때문에 그녀와 함께 거론되는 몇몇 남자들이 있다. 엘리자베스의 첫사랑은 누구일까? 앞에서 언급한 토마스 시모어가 엘리자베스의 첫사랑일까? 사춘기의 엘리자베스가 친절한 그에게 잠깐 설레는 감정을 가졌을 수도 있겠지만 그에게 사랑을 느낀 건 아닌 것 같다. 또 그의 반란에 연루되어 고초를 겪기도 했으니 오히려 그에게 분노하지 않았을까 싶다.

엘리자베스가 평생 동안 결혼을 생각하게 한 유일한 남자는 로버트 더들리였다. 엘리자베스는 어린 시절 햇필드에서 지냈는데, 그녀가 거주하고 있던 햇필드 궁의 실제 소유주는 로버트 더

들리의 아버지 존 더들리였다. 로버트 더들리와 엘리자베스는 동년배로 엘리자베스가 머무는 햇필드에 로버트 더들리가 자주 방문했을 가능성이 크고, 이러한 만남을 통해 우정이든 사랑이든 감정이 싹튼 게 아닌가 싶다.

로버트 더들리의 할아버지 에드워드 더들리는 헨리 7세에게 반역죄로 처형당했다. 그리고 아버지 존 더들리는 에드워드 6세 사망 후 첫째 아들 길포드 더들리와 결혼한 며느리인 제인 그레이(헨리 7세의 차녀이자 헨리 8세의 여동생인 메리 공주의 외손녀)를 왕위에 올리려다가 반역죄로 처형당하게 된다. 로버트 더들리 역시 어렸을 때 아버지의 반역으로 인해 런던탑에 투옥된 경험이 있었다. 두 사람은 어린 시절을 힘들게 한 사건을 겪으면서 심리적 유대감을 가지게 되지 않았나 싶다.

게다가 로버트 더들리의 외모도 아주 훌륭했다고 하는데, 180센티미터 정도 되는 키에 까무잡잡한 피부를 가진 미남이었기 때문에 집시라는 별명이 있었다고 한다. 로버트 더들리는 여인들과 어울리는 것을 좋아했고 여인들에게 매우 친절하게 대했다고 하니, 그의 외모는 엘리자베스의 눈길을 사로잡았을 것이고 그의 친절은 엘리자베스의 마음을 사로잡았을 것이다.

엘리자베스 1세가 여왕으로 즉위하면서 로버트 더들리의 삶은 이전과 달라졌다. 사실 아버지의 반란 등으로 화려한 삶에서 멀어져 있었는데 여왕의 총애를 받는 남자가 되어 거마 관리관에 임명되었다가 1559년에는 추밀원 고문과 기사 작위에 임명되기도 했다.

그러니 여왕과 로버트 더들리 사이를 의심하는 수군거림이 많아질 수밖에 없었다. 그가 반란을 꾀한 아버지를 둔 것도 문제였지만 두 사람의 관계가 스캔들이 될 수밖에 없었던 또 다른 이유는, 로버트 더들리가 이미 결혼을 한 유부남이라는 것이었다. 유부남이 처녀 여왕과 결혼할 순 없으니 말이다.

그런데 로버트 더들리의 아내 에이미가 계단에서 굴러 떨어지는 사고로 사망하는 사건이 벌어지게 된다. 이후 로버트 더들리가 아내를 죽인 것이 아니냐는 소문이 일파만파 퍼져 나갔다. 아내가 없어져야 엘리자베스와의 결혼을 꿈꿀 수 있으니 그가 아내를 살해했을 것이라는 소문이 퍼진 데다가, 엘리자베스가 로버트 더들리의 아이를 낳았다는 소문까지 퍼지게 되었다.

영국의 적대국들은 일제히 입을 모아 엘리자베스 여왕을 비난했다. 당시 파리에 체재하고 있던 영국 대사 트록모튼의 말에 따르자면 '군주가 신하에게 명령해 아내를 죽이게 한 후 그 신하와 결혼하려 한다'는 소문이 났다고 한다.

엘리자베스는 몹시 난처했다. 로버트 더들리와 결혼을 하게 된다면 모든 여론은 자신을 비난하게 될 것이며, 최악의 상황에는 반란이 일어날 가능성도 있었다. 그녀는 결국 수많은 어려움을 겪고 손에 넣은 왕관을 지키기로 결심한다. 그녀는 '한 남자의 여자가 되는 것'보다 '여왕으로 남는 것'을 선택했던 것이다.

나는 더들리와의 결혼을 생각해 본 적이 없다. 내가 그에게 베푼 호의는 언니인 메리 여왕 시절 내가 곤경에 처했을 때 그가 나에게 베풀어 준 은혜에 보답하기 위한 것이다. 그 당시 그는 나에게 변함없이 친절을 베풀고 봉사를 해 주었고, 심지어 나에게 자금을 제공해 주기 위해 그의 재산을 팔기까지 했다. 나로서는 그의 변함없는 우정에 대한 약간의 보상을 해 주어야 한다는 것이 정당하게 여겨진다.

엘리자베스는 그와의 결혼은 절대 있을 수 없는 일임을 선언하게 된다. 엘리자베스와 로버트 더들리의 결혼이야기는 해프닝처럼 끝이 나지만 로버트 더들리는 평생 엘리자베스의 곁에 남게 된다. 로버트 더들리는 엘리자베스가 마흔두 살이 되었을 때 마지막으로 엘리자베스에게 청혼을 했는데, 거절당한 후 엘리자베스의 이모인 메리 불린의 손녀 레티스 놀리스와 재혼했다.

질투로 화가 난 엘리자베스는 레티스를 왕실에서 내쫓아 버렸다. 영국이 스페인의 무적함대를 격파한 칼레 해전이 있은지 얼마 후 로버트 더들리가 위암으로 세상을 떠나는데, 이때 엘리자베스는 며칠 동안 방 밖을 나오지 못할 만큼 슬퍼했다. 그리고 죽을 때까지 로버트 더들리의 마지막 편지를 베개 옆에 두고 잠을 잤다고 한다.

엘리자베스의 발 밑에
망토를 깔아준 남자

엘리자베스의 마음을 사로잡은 다른 남자 이야기를 해 보자. 군인이자 유명한 탐험가이자 작가였던 월터 롤리는 용모가 수려하고 태도가 우아한데다 1580년 아일랜드 반란을 진압하여 엘리자베스 1세의 총애를 독차지했다. 엘리자베스 1세가 행차를 할 때 흙탕길 위에 값진 망토를 펼쳐 그녀가 그 위를 밟고 지나가게 해 발이 젖지 않도록 했다는 유명한 일화가 있다. 이때부터 그를 '카펫 공작'이라고 부르기도 했다.

엘리자베스는 그의 충성에 대한 보답으로 서른도 안 된 롤리에게 모직물 독점 수출권과 전국의 주류 판매세를 징수할 수 있는 특혜를 줬다. 당시 엘리자베스 여왕은 이미 마흔 후반에 접어들고 있었는데, 젊은 월터 롤리의 매력과 위트, 말솜씨에 빠져서 그가 곁에서 잠시도 떠나지 못하게 했다.

월터 롤리는 '엘리자베스 여왕은 빛과 아름다움을 발산하는 글로리아나Gloriana(영광을 주는 사람)이자 순결한 달의 여신 다이애나이며 요정 같은 순수한 볼을 지닌 비너스'라며 찬양하는 말을 쏟아 냈는데, 이렇게 달콤한 말을 속삭이는 월터 롤리에게 누군들 빠지지 않을 수 있겠는가?

월터 롤리는 막대한 부를 바탕으로 미국에 두 차례 원정대를 파견해 영국 최초로 북미 식민지를 개척했다. 비록 정착에는 실패했지만, 처녀 여왕 엘리자베스를 기려 플로리다 북부에 '버지니아'라는 이름을 붙이기도 했다. 그리고 그는 영국에 감자와 담배를 들여온 것으로도 유명하다.

여왕의 비호를 받으며 승승장구하던 월터 롤리, 그런 그에게도 문제가 생긴다. 그가 엘리자베스 여왕의 시녀인 베스 스톡모튼과 사랑에 빠진 것이다. 월터 롤리는 이 사실을 알면 여왕이 자신에게 매우 실망하리라는 사실을 알고 있었기에 베스와 비밀 결혼을 했다. 그리고 베스는 계속 궁전에서 일을 했는데 베스가 아이를 가지게 되면서 두 사람의 비밀 결혼이 들통나게 된다. 격분한 엘리지베스는 베스와 롤리를 런던탑에 가두어 버렸다.

엘리자베스가 월터 롤리를 이성으로 좋아했기에 분노한 것일 수도 있고, 총애한 측근이 자신도 모르는 비밀을 만든 것에 분노했을 수도 있겠다. 하지만 이미 엎질러진 물을 어쩌겠는가? 한 달 뒤 엘리자베스는 두 사람을 석방하고 시골에서 살도록 했다.

이후 월터 롤리는 1596년에 일어난 카디스 원정에 참여해 전공을 세우고 엘리자베스 여왕의 용서를 받긴 했지만 더 이상 여왕의 총애는 없었다.

엘리자베스 사후 제임스 1세가 즉위하는데 월터 롤리는 반역죄 혐의를 받아 투옥되었다. 그는 런던탑에서 20년 동안 갇혀 살며 세계사를 저술하기도 했다. 그리고 출옥한 후에는 남아메리카 오리노코 강변으로 전설적인 황금의 나라 '엘도라도'를 찾으러 갔지만, 엘도라도를 찾지 못했다. 그리고 다시 제임스 1세에게 난

폭한 행위를 했다는 혐의로 사형 선고를 받았다.

롤리는 자신의 묘비명에 냉정한 자아비판을 남긴다.

>나의 오랜 인생행로는
>
>허영의 삶이었다.
>
>나는 탐험가이자 군인이었고
>
>거기다 아첨꾼이었다.
>
>그리고 하찮은 것에 유혹 당해
>
>좋은 마음씨를 가질 수 없었으며
>
>훌륭한 사람이 되지 못했다.

그가 유혹 당했다는 하찮은 것은 무엇일까?

노년의 엘리자베스를
사로잡은 젊은 백작

대영 제국의 화려한 영광의 시대에 접어들 무렵 엘리자베스 여왕은 이미 노년에 접어들고 있었다. 그녀가 총애했던 사람들도 하나둘씩 그녀의 곁을 떠나고 없었다. 오래된 측근들이 떠나간 후 여왕의 곁에는 젊은 남성들이 자리하게 되는데, 벌리 남작의 차남 로버트 세실, 로버트 더들리의 양자 에식스 백작 등 몇몇의 젊은이들이 여왕의 총애를 받았다.

이 중에서 엘리자베스 여왕이 가장 총애한 것은 에식스 백작이었다. 이때 여왕의 나이는 쉰셋, 에식스는 스무 살도 되지 않은 청년이었다. 엘리자베스는 뛰어난 재능에 호탕한 웃음을 지닌 쾌활한 청년 에식스 백작에게 빠져들었고 그는 여왕의 침궁을 자유롭게 드나들 수 있는 권리를 얻게 된다.

1596년 포르투갈의 카디즈 항을 정복하는데 성공한 에식스 백작은 오만방자해지고 안하무인의 태도를 보인다. 여왕의 총애를 받고 있는 데다 공을 세우기까지 했으니 제 세상이 온 듯한 착각에 빠진 것이다.

그는 의회에서든 사적인 자리에서든 심지어 여왕의 앞에서도 불손한 말을 늘어놓기 일쑤였다. 자신을 추종하는 세력을 만든 에식스 백작은 그들에게 이런저런 청탁을 받게 되었고 엘리자베스에게 청탁을 들어줄 것을 요구하곤 했다.

엘리자베스가 난색을 표하면 고집스럽게 조르고 떼를 쓰거나 윽박지르는 모습까지 보였으며, 그래도 뜻을 관철시키지 못하면 병을 핑계로 집에 틀어박히기도 했다. 엘리자베스는 에식스의 이런 건방진 행동에 화를 냈지만 곧 사람을 보내 그의 요구를 들어주겠다 말하며 달래 주었다. 에식스는 여왕이 자신의 손아귀에 들어 있다는 생각으로 더욱 기고만장해졌다.

1596년 스페인 원정을 떠났지만 별다른 성과 없이 돌아온 에식스는 어딘가 냉정해 보이는 엘리자베스 여왕을 마주쳤다. 여왕이 자신의 부탁을 들어주지 않자 초조함마저 느꼈다. 1598년 어느 일요일, 에식스는 국정을 논하는 자리에서 성질을 못 이기고 경멸의 몸짓으로 군주에게 등을 돌리는 일이 발생한다.

"어서 사라져, 교수형이나 당해 버려!"

엘리자베스는 그의 머리통을 세게 내리치며 소리쳤는데, 화가 난 에식스는 순간 검에 손이 갔고 그 순간 하워드에게 제지당한 후 엄청난 비난을 받아야 했다. 결국 여왕도 더 이상은 참지 못하고 에식스를 멀리하며 로버트 세실을 중용하게 된다.

에식스는 이대로 자신의 야망을 펼칠 수 없을 것 같은 두려움에 불안해졌다. 그래서 여왕에게 자신이 아일랜드를 정벌하겠다고 큰소리를 치기에 이르렀다. 전쟁을 그리 좋아하지 않는 여왕이었지만, 이 응석받이 백작을 믿은 것인지 에식스를 영국군 총사령관으로 임명하고 1만 6천 명의 병사를 그에게 맡겨 아일랜드 반란군을 진압하게 했다.

군대를 이끌고 더블린에 도착한 에식스는 북쪽으로 가서 얼스터 요새에 있는 티론을 공격하라는 명령을 무시하고 반란군이 좀 적은 남쪽으로 향했다. 그리고 1599년 9월 티론과 정면을 붙는 대신 에식스는 6주간 휴전 협정을 선택한다.

화가 난 엘리자베스가 분노를 담은 친필 편지를 보내자 여왕에게 버림받을 것이 두려웠던 에식스는 말도 안 되는 행동을 하게 된다. 휘하의 군대를 내버려 둔 채 혼자 영국으로 돌아온 것이다. 그리고 자신의 행동을 변명하기 위해 진흙이 묻은 몸을 씻을 새도 없이 여왕의 침실로 뛰어 들어갔다.

여왕은 가발도 쓰지 못하고 화장도 하지 못한 채 맨얼굴로 그를 맞아야 했는데, 이는 여왕에게 무척 수치스러운 일이었다. 엘리자베스는 그의 말도 안 되는 변명을 듣고 있을 뿐 아무 말도 하지 않았다. 에식스는 여왕이 자신을 용서하지 않으리라는 것을 직감하게 된다.

에식스는 직무유기, 명령불복종의 죄로 가택 연금되었다. 이후 풀려나지만 여왕과의 관계는 최악이 되었다. 1600년 그는 1만 6천 파운드의 빚에 허덕이다 여왕에게 자신의 수입원인 포도주 수입 관세에 대한 임차권을 개정해 달라고 요청하였는데, 여왕은 매몰차게 거절한 것이다.

초조했던 에식스는 결국 여왕의 반역 음모에 가담하는 최악의 선택을 하고 만다. 반란군은 1601년 2월 글로브 극장에서 셰익스피어의 〈리차드 3세〉를 특별 상연하는 날 거사를 실행하기로 정했다.

에식스와 300명의 추종자들은 말을 타고 왕궁으로 행진을 시작했는데 수많은 암살과 정변의 위기를 넘겨온 여왕은 당연이 이 반란을 순식간에 평정했다. 하워드 휘하의 왕당원에게 체포된 에식스 백작은 자포자기했는지 재판을 받는 내내 쾌활한 모습을 보였다.

1601년 엘리자베스는 결국 에식스의 사형 판결문에 서명했고, 에식스는 서른넷의 나이로 처형되었다. 이후 엘리자베스 여왕은 더욱 예민해지고 신경질적으로 변했다. 여왕의 시종들, 대신들,

백성들은 변해 버린 여왕 때문에 가슴을 졸였다. 아끼던 이들의 배신과 혼자 남은 자신의 쓸쓸한 노년이 그녀를 힘들게 한 게 아닌가 싶다.

영국에서 여왕은 행운을 준다는 미신을 남길 정도로 국민들 사랑과 지지를 받고 있는 엘리자베스 1세. 하지만 평생을 여왕의 자리에서 긴장의 끝을 놓지 못하고 사랑하는 사람과 함께하지도 못하고 살았을 그녀가 조금은 안쓰럽게 느껴진다.

chapter 09

진시황의 콤플렉스,
조희

여불위가
선택한 상품

중국을 통일해 춘추 전국 시대를 마감하고 중국의 전제 정치 시대를 연 첫 황제, 바로 진시황이다.

전국 시대 말까지 꾸준히 힘을 키워 전국 7웅 중 한 나라가 된 진나라는 다른 6국을 차례로 굴복시키고 천하를 호령하게 된 것이다. 황제의 자리에 오른 진시황, 세상을 다 가진 그였지만 원초적 콤플렉스를 극복하지 못했고 이는 잔인성으로 드러나게 된다.

그가 가진 콤플렉스의 근원은 그 출신부터 행동거지까지, 황제의 어머니가 되기엔 한없이 부족했던 친모, 바로 그 친모로 인해 출생부터 의심을 받아야 했던 것이었다. 그렇다면 진시황에게 콤플렉스를 안긴 그의 어머니 조희는 어떤 사람일까? 조희를 이야기하려면 먼저 뛰어난 상인이자 정치가이며 최고의 킹메이커였던 여불위 이야기를 먼저 해야겠다.

여불위는 전국 시대 말 위나라 복양에서 태어났다. 그의 아버지 여충의는 위나라 성내에서 진귀한 한약재를 파는 유명한 상인이었다. 여불위는 어려서부터 아버지를 따라다니며 장사를 배웠는데 총명했던 여불위는 장사에 뛰어난 자질을 보였다.

여불위는 뛰어난 장사 수완을 발휘해 1만근을 투자하면 10만근을 벌어들여 돈이 창고에 가득 쌓였고 그 명성이 주변국까지 알려졌다고 한다.

기원전 265년 여불위는 당시 대도시였던 조나라 수도 한단으로 갔다. 한단은 온갖 풍물이 넘쳐나고 서역의 무역상까지 드나드는 중원의 중심지여서 더 큰 장사를 할 수 있는 물건을 찾을 요량이었다. 여불위는 한단에 도착한 후 기생집을 찾아다니며 음주가무를 즐기고 기생들을 가까이했다. 흥청망청 돈을 뿌리며 방탕하게 노는 것 같아 보였지만, 사실 여불위는 사람 사귐도 장사에서 중요한 일이라 일단 돈을 뿌리며 기회를 보고 있었다.

여불위는 조나라의 귀족들을 사귀면서 주변을 살폈고 그 결과 일생일대 최고의 상품을 찾게 된다. 그가 찾은 진기한 상품은 물건이 아니라 사람이었는데, 이름은 이인異人으로 진나라 태자 안국군의 서자였다.

진시황이 전국 시대를 통일할 수 있었던 것은 선왕들이 전국 시대 통일의 기틀을 다졌기 때문인데 특히 소양왕은 주변국을 차례차례 복속시키고 영토를 확장해 나갔다. 주나라를 멸망시켰고, 초楚, 위魏, 한韓, 조趙 등의 국가를 정벌해 동쪽으로 영토를 크게 넓힌 것이다. 진나라 소양왕 40년(기원전 267년)에 태자가 죽자 소양왕 42년에 둘째 아들 안국군 주공자를 태자로 삼았다.

진나라 태자 안국군은 스무여 명의 아들을 두었는데 형제들 중 후궁 하희의 아들인 이인이 그 중간 항렬쯤 되었다. 이인의 친모 하희는 일찍 사망을 했기에 이인은 비빌 언덕 없는 신세로 지낼 수밖에 없었는데, 진나라가 조나라와 부딪힌 후 잠시 화친을 할 때 이인을 조나라에 인질로 보낸 것이다.

그런데 이후 진나라가 여러 차례 조나라를 공격했기 때문에 이인은 조나라에서 냉대를 받았고, 조나라 효성왕이 이인을 죽이려고까지 하였다. 이때 대신들이 겨우 말려 총대에 살게 하고 조나라 신하 공손건에게 이인을 계속 감시하게 했다. 이 시기에 여불위가 조나라 한단으로 간 것이고 우연한 계기로 조나라에 인질로 있던 진나라 공자 이인을 만나게 되었던 것이다.

이인은 사실 그렇게 대단한 인물이 아니었다. 특별한 재주도 없고 패기도 없는 인물로 인질로 잡혀 오자 더 주눅 들어 있었다. 조나라에서는 왕손 대우는커녕 천덕꾸러기 취급을 받았고, 진나라에서의 지원도 끊겨 명색이 왕손의 신분임에도 끼니조차 제대로 잇지 못하며 불안하고 불행한 세월을 보내고 있었다. 괴로운 심정을 달래야 했던 이인은 적은 돈이라도 생기면 술집으로 달려가 술을 마셨다.

그런데 오히려 이런 점이 여불위에게는 투자가치를 더 느끼게 했다. 자신이 컨트롤할 수 있는 인물이라고 판단했기 때문이다. 여불위의 뛰어난 장사 감각으로 이인이 엄청난 돈이 될 수 있다는 직감을 했지만, 이인의 가치는 여불위가 움직여 만들어 내야 하는 것이었다.

여불위는 일단 공손건에게 뇌물을 바치며 친분을 쌓았고 이인과도 함께하는 자리를 만든다. 셋은 함께 술자리를 하며 친분을 쌓았고 여불위는 그들을 만날 때마다 귀한 선물을 주어 자신을 신뢰하게 만들었다. 그리고 또 술자리를 가지던 중 공손건이 자리를 비운 틈에 이인에게 재빨리 말했다.

"저는 보잘 것 없는 장사꾼이지만 사람을 볼 줄 압니다. 공자는 진나라의 왕이 되실 몸입니다. 그러니 제가 전 재산을 바쳐서라도 공자를 구해낼 것입니다."

"조나라의 인질로 잡혀 있는 내가 어찌 왕이 된단 말이오."

"공자의 조부인 소양왕께서는 이미 나이가 많고 안국군이 대자로 계십니다. 안국군은 스무여 명의 아들이 있지만 정비인 화양부인은 아들이 없기 때문에 그 아들 중 화양부인의 양자가 되는 사람이 태자로 책봉될 것입니다. 제가 공자를 화양부인의 양자로 만들겠습니다."

"그렇다 해도 나는 인질의 몸이 아닌가?"

"제가 목숨 걸고 공자를 탈출시키지요."

"정말 그렇게만 된다면 나는 그대와 천하를 나누겠소."

여불위는 황금 500근을 이인에게 내어 주었고 이인에게 사교술까지 전수해 주었다. 이인은 황금을 이용해 조나라 관리들을 포섭해 나갔고, 이후 이인에 대한 소문이 조금씩 나기 시작하더니 다른 나라에까지 퍼졌다. 조나라에 인질로 가 있는 공자 이인이 아주 뛰어난 인물이며 인품도 훌륭하다는 소문이었다. 물론 여불위가 은밀히 소문이 퍼지도록 만든 것도 있었다.

여불위
이인을 태자로 만들다

이인에 대한 소문이 진나라에까지 퍼질 때쯤 여불위는 진기한 보물을 잔뜩 사들여 수레에 싣고 진나라 함양으로 향했다. 먼저 화양부인의 남동생을 귀한 선물로 공략하고 다음에는 화양부인의 언니 집을 찾아가 하녀들을 매수해 화양부인의 언니에게 엄청난 보물을 전했다.

그렇게 화양부인의 언니와 친분을 쌓은 후 후궁들의 아들 중 가장 총명하고 효성이 깊은 이인을 태자로 삼아야 한다고 설득하기 시작했다. 그리고 화양부인을 만나,

"이인이 조나라에 있으면서도 아침저녁으로 진나라를 향해 절을 하고 특히 화양부인의 편안을 위해 기도합니다."

하며 이인의 효성을 강조하기도 했다. 자식이 없던 화양부인은 이인을 양자로 삼아 황제로 만들면 자신의 노후를 보장받을 수 있을 것으로 판단해 자신을 총애하는 안국군을 눈물로 설득했다. 그렇게 이인의 지위가 조나라의 불쌍한 인질에서 왕위 계승자로 바뀌게 되었다.

조나라로 돌아간 여불위는 재물과 뛰어난 언변으로 조나라 왕까지 설득하여 이인의 귀환을 허락받았다. 이제 이인이 진나라로 돌아가기만 하면 되는 것인데, 진나라와 조나라 사이에 전쟁이 터졌다.

진나라 최강의 장수 백기와 조나라 최강의 장수 염파의 막강 대결로 유명한 그 장평대전이 발발하였다. 장평대전은 전국 시대 최대 전투로 이 전투 이후 조나라는 강대국의 지위를 잃고 힘없는 나라가 되었으며, 진나라는 전국 시대 최강국 지위에 오르게 되었다. 이 전투 내내 조나라는 이인에 대한 감시를 단단히 하면서 이인은 발이 묶이게 되었다.

이인과
조희의 만남

여불위는 이인을 탈출시킬 기회를 엿보면서 또 다른 음모를 꾸미게 되는데 이때 등장하게 된 여인이 바로 조희다. 여불위는 조희라는 아름다운 여인을 첩으로 두고 있었는데, 조희는 이름이 아니라 조나라 출신 여인이라 부르는 말로 정확한 성과 이름은 알 수 없다. 조희는 뛰어난 미모의 여인으로 가무에도 능해 그녀의 춤을 보는 이는 누구라도 빠져들었다고 한다.

어느 날 여불위는 이인을 집으로 초대했고 아름다운 조희에게 춤을 추게 하며 이인의 술시중을 들게 했다. 이인은 당연한 듯 아름다운 조희의 모습에 흠뻑 반해 버렸고 술에 취해 그녀를 안았는데 이 모습을 여불위에게 들키게 된다. 이인은 조희에게 반해서 한 행동이라며 조희를 자신에게 달라고 말한다.

"이 아이는 제 애첩입니다. 그런 무례한 말을 하시다니요."

여불위는 화를 내며 소리쳤다. 이인은 자신이 실수를 했지만 조희에게 첫눈에 반해 사모하는 마음에 그런 거라며 계속 졸랐다.

"내 공자를 위해서 전 재산을 바쳤는데 무엇이 아깝겠습니까? 다만 진나라로 돌아가시면 조희를 꼭 정실부인으로 맞아 주십시오."

결국 여불위는 수긍하였고 이인은 감격하며 꼭 그렇게 하겠다고 약속한다. 물론 이 모든 일은 여불위의 각본대로 진행되는 것이었다. 이인은 조희와 신접살림을 시작했는데, 얼마 지나지 않아 조희가 임신을 했음을 알게 된다. 이인은 당연히 자신의 아이로 알고 기뻐했는데, 조희는 이인을 만나기 전 이미 여불위의 아이를 임신하고 있었으며 여불위는 이를 알고 조희를 이인에게 보냈다는 이야기가 있다. 어찌 되었든 조희는 이후 아들을 낳게 되는데 아들의 이름은 영정으로, 그가 바로 전국 시대를 마감하고 중국 통일 제국의 황제가 되는 진시황제이다.

《사기》의 〈진시황 본기〉에서는 영정이 장양왕의 아들이라고 기록되어 있으며, 여러 정황상 장양왕의 아들일 것이라고 말하는 역사서가 많다. 그런데 〈여불위 열전〉에는 영정, 시황제가 여불위의 아들일 수도 있다는 설을 기록해 두기도 하였다. 조희가 애초에 여불위의 여인이었고, 이후 이들이 또 상간을 하는 사이가 되었기에 이런 의심에 힘을 싣고 있기도 하다.

다시 이야기로 돌아가면 진나라와 조나라의 전쟁은 계속되었고 진나라 군대가 한단을 공격했다. 한단까지 위협을 받자 분노한 조나라의 효성왕은 이인을 죽이기로 마음먹는데 여불위가 돈으로 매수해둔 조나라 대신들이 이 정보를 여불위에게 전했다.

여불위는 더 이상 이곳에 머무는 것은 위험하다고 판단해 엄청난 뇌물을 뿌려 이인을 데리고 조나라를 빠져나왔고, 죽을 위기를 넘기며 겨우 진나라 함양에 도착했다. 이제 기다림만 남았다. 이인과 여불위가 인고의 시간을 보내는 동안 조나라에 남은 조희와 그의 아들 영정은 힘든 시간을 보내고 있었다.

함께 진나라로 가기엔 불안한 시기다 보니 조희와 어린 영정은 조나라에 남았는데 암살당할 위기에 처하기도 했다. 여불위는 진나라로 떠나기 전 친구인 조열에게 두 사람을 보살펴 줄 것을 부탁해 생활에는 걱정이 없었다. 하지만 다른 사람의 눈을 피해 시골에서 생활을 하는 동안 외지인이면서 과하게 유복한 이들은 오히려 따돌림의 대상이 되었다. 거기다 영정이 이인의 아들이라고 소문이 나면서 따돌림은 더 심해졌다. 조희는 이대로는 안 되겠다는 생각에 영정을 한단으로 데려가 교육시키며 이인이 왕이 되는 날을 기다렸다.

조희
태후가 되다

기원전 251년 마침내 안국군이 즉위를 하는데 사흘 만에 사망함으로써 마침내 그날이 오게 되었다. 서른두 살의 이인이 진나라의 왕위에 오르니 그가 바로 장양왕이다. 이로써 한단에서 힘들게 버티던 조희와 영정도 진나라로 갈 수 있었고 조희는 장양왕후가 되고 영정은 아홉 살의 나이로 진나라의 태자가 되었다.

장양왕은 즉위하자마자 여불위를 승상으로 임명하고 문신후에 봉해 하남과 남양의 십만 호를 식읍으로 내리는 명을 가장 먼저 내렸다.

10년을 고진감래하며 자신을 왕으로 만들어준 여불위에 대한 보답인 것이다. 그렇게 진나라의 모든 것이 여불위의 손 안에 들어왔다. 장양왕은 그저 '그대의 뜻대로 하라'만 외치는 꼭두각시 왕에 불과했다. 거기다 장양왕은 즉위 2년 만에 사망하고, 그의 뒤를 이어 조희가 낳은 아들 영정이 열세 살의 나이로 왕위에 올라 진왕이 되었다. 그리고 조희는 태후가 되었으니 이제 조태후라고 부르도록 하자.

야사에 장양왕의 이른 죽음에 여불위가 개입했다는 이야기도 있다. 승상 여불위가 문안을 올 때마다 좋은 약재를 왕에게 바쳤는데 그 약을 먹은 후 병세가 더 악화되었다는 것이다. 여하튼 진왕 영정은 어린 나이에 왕이 되었기에 여불위를 상국으로 모시고 둘째 아버지라는 의미의 '중부'로 불렀다.

아무리 부유했다 해도 일개 상인에서 왕을 좌지우지하는 지위에 오른 것은 엄청난 일이었다. 여불위의 재산은 한 나라의 재정과 맞먹을 정도였고 종복도 1만 명이 넘었다고 한다. 세상 무서울 것이 없어진 여불위는 조태후를 다시 만나기 시작했다.

사실 장양왕이 임종할 즈음부터 빈번한 왕래로 심상치 않은 관계라는 수군거림이 있었다고 한다. 조태후는 더 높은 자리에 오르기 위해 장양왕과 함께했지만 여불위를 계속 마음에 품고 있었고, 장양왕의 병이 위중해지자 여불위에 대한 신임이 더 커지며 의지하고 뒷일을 의논했다. 만남이 이어지자 옛정이 되살아나 다시 정을 통하는 사이가 된 것이다.

하지만 여불위는 젊고 방탕한 조태후를 감당하기 힘들었고 또 상국의 몸으로 태후를 계속 만나기는 어려워 자신을 대신할 남자를 물색했다.

그때 함양에서 여자를 꽤나 울리고 다니는 것으로 유명했던 노대라는 자가 있었는데, 음경의 크기가 거대하기로 소문이 나 있었다. 행실이 좋지 못한 자에게 '애毐(음란할 애)'를 썼기에 노대는 '노애'라고 불렸다. 노애는 함양의 귀족 부인들과 동침을 하고 엄청난 재물을 받고 있었는데, 이 소문을 들은 여불위는 노애를 불러 '네 음경이 그리 크다는데 보여 줄 수 있느냐'고 물었다. 이때 노애는 수레바퀴의 살과 살 사이에 음경을 끼워 바퀴를 들고 돌아다녔다고 한다.

여불위는 이 소문을 조태후의 귀에 들어가게 만들었다. 조태후는 이 소문을 듣고 노애를 먼발치서 슬쩍 보고 그를 마음에 두었고, 여불위는 이때다 싶어 노애를 태후에게 보낼 준비를 했다. 먼저 노애가 간음죄를 범했다고 고발을 하고 형률에 따라 부형, 그러니까 거세를 하는 벌에 처했다. 하지만 실제로는 흉내만 낸 것일 뿐이었다. 노애의 수염과 눈썹을 뽑아 거세당한 표시를 내고 내시들과 함께 궁으로 들여보낸 것이다.

드디어 함께 지내게 된 조태후와 노애, 조태후는 아주 만족해했고 얼마 지나지 않아 임신까지 하게 되었다. 하지만 아들 진왕이 있는 궁 안에서 아이를 낳을 순 없는 노릇이니 고심을 하다 점쟁이를 매수하여 꾀를 내었다.

"내가 몸이 자주 아픈데 왜 이런 것이냐?"

"궁 안에 귀신이 쓰여 태후는 도성 서쪽 200리 밖으로 피하셔야 합니다."

조태후는 점쟁이의 말을 진왕에게 전하며 궁을 떠나 있겠다는 말을 하게 된다. 진왕 영정은 마침 나이를 조금씩 먹어가면서 여불위의 나팔수 놀음에 지쳐 있었고 당연히 권력 최고봉인 여불위와 부딪히며 갈등을 겪고 있었다. 거기다 태후와 여불위의 사이가 심상치 않다는 소문이 돌고 있어 이 기회에 두 사람을 떨어뜨려 놓는 것도 괜찮다는 생각을 해 함양에서 서쪽으로 200여리 떨어진 옹주로 태후를 보냈다.

조태후는 노애를 데리고 옹성의 대정궁으로 옮겼다. 외지고 조용한 그곳에서 거리낄 것 없이 지내면서 2년 사이 아들 둘을 낳아 밀실에서 키웠다. 조태후는 노애를 장신후에 봉하고 산양의 땅을 주며 애정을 표현했다. 권력을 쥐게 된 노애는 여불위 흉내를 냈다. 엄청난 수의 노복을 거느리고 집에는 수천의 식객이 드나들었다.

노애의 힘이 커지자 여불위의 측근이었던 조정의 신하들이 노애의 환심을 사기 위해 몰려들었다. 노애는 자신의 위치가 진왕 다음이라고 여기며 오만한 태도로 여불위조차 무시했다. 이것은 여불위조차 계산하지 못한 일인 듯하다. 하지만 노애는 과한 욕심으로 스스로의 발등을 찍는 짓을 하고 말았다.

기원전 238년 진왕 9년 진나라 예법에 따라 영정은 일종의 성인식과 같은 면류관 의식을 치르게 되는데, 면류관 의식을 치르고 나면 친정을 할 수 있게 되는 것이다.

조태후는 진왕에게 옹성으로 와서 면류관 의식을 거행하도록 권했고, 진왕 영정은 옹성에서 면류관 의식과 패검 의식을 치렀다. 그리고 함께한 문무백관들은 닷새 동안 먹고 마시는 잔치를 벌였다. 이때 노애는 술을 마시고 고기를 먹으며 도박을 했는데 나흘째 되는 날 중대부 안설에게 계속 돈을 잃었다. 술을 과하게 마신 노애는 돈을 잃은 화를 참지 못하고 안설과 심한 싸움을 했고, 취중에 하지 말아야 하는 말을 하게 된다.

"나는 왕의 의붓아버지다. 네놈이 감히 이런 나에게 대드느냐?"

이 말을 듣고 겁에 질려 도망치던 안설은 마침 기년궁에서 나오던 진왕 영정과 마주쳤다.

"노애는 환관이 아닙니다. 거짓으로 부형을 당한 것처럼 꾸며 태후를 사사로이 모시면서 두 아들을 낳아서 궁정에 숨겨 두었으니 욕심 많은 노애가 음흉한 음모를 꾸미고 있을 것입니다."

안설은 노애의 정체를 발고해 버렸고 영정은 눈에서 불꽃이

나올 만큼 분노했지만 얼음장같이 차갑게,

"안설, 넌 이 일에 대해 입을 다물라. 그리고 함양에 사람을 보내 비밀리에 대장 환흘과 병사들을 이리 오게 하라."

라고 말했다.

영정이 노애의 정체를 알아차렸다는 것을 눈치챈 관리들 중에는 평소 노애에게 충성을 다하던 자들이 있었는데, 이들은 기년궁을 몰래 빠져나가 노애에게 이 소식을 전했다. 노애는 얼굴이 새파래져서 태후가 있는 대정궁으로 달려갔다.

"태후마마 큰일이 났습니다. 진왕이 우리 관계를 다 알게 되었습니다."

태후 역시 이 말에 당황하여 어쩔 줄 몰라 하며 우왕좌왕하자 노애는 진왕을 죽여야만 태후와 자신의 목숨을 보전할 수 있다고 설득했다.

"기병들이 우리 뜻대로 움직이지 않으면 어떡하지?"

태후가 걱정스럽게 묻자 노애는 계책을 내어 놓았다.

"태후마마 옥새가 있지 않습니까. 그것을 황제의 어보로 속이는 겁니다. 기녕궁에 반역의 무리가 있으니 왕을 구해야 한다고 명령을 내리면 됩니다."

이 말에 태후는 옥새를 내어 놓고 노애는 영정이 내린 친서인 것처럼 위조하여 태후의 옥새를 찍었다. 그리고 기병과 호위 병사를 불러 모은 후 자신의 빈객과 시종들이 합세해 무장을 하고 기녕궁을 포위했다.

영정이 이 상황을 알고 소리쳤다.

"너희들은 정체가 무엇이냐? 왜 이곳에 있는 것이냐?"

병사들은 왕의 신변에 문제가 있는 것이 아닌가 하며 우물쭈물 물러났다. 한 병사가 말했다.

"장신후(노애)가 궁에 반역의 무리가 있다고 해서 대왕을 구하러 온 겁니다."

진왕 영정은 불같이 소리쳤다.

"병사들은 들으라. 궁중에는 반역의 무리가 없고 장신후가 바로 역적이다. 장신후를 산 채로 잡아오는 자에게 100만 전의 상을 내리고 죽여서 그 머리를 바치는 자에게는 50만 전을 상으로 내리겠다. 반역당의 머리를 가져와도 상을 줄 것이니 다 잡아오라."

진왕의 명령에 병사들과 내시들은 노애의 무리를 잡으러 뛰어갔고 노애의 심복들은 도망치기 시작했다. 이들은 동문 밖으로 빠져나가다 진왕을 구하러 온 환흘과 병사들을 딱 마주쳤다. 결국 노애의 무리들은 산 채로 사로잡히고 잔당들이 모두 소탕되었다.

진왕은 직접 대정궁을 수색해 조태후와 노애의 두 아들을 찾아내는데, 두 아이는 이부 동복동생들이었지만 아랑곳하지 않고 어머니 조태후가 보는 앞에서 자루에 넣어 때려 죽였다. 태후는 벌벌 떨며 이 광경을 지켜봐야 했다.

진왕은 두려움에 떠는 어머니를 그대로 버려두고 함양으로 돌아갔다. 그리고 죄인들을 심문해 자백을 받고 노애를 거열형에 처하고 삼족을 멸했다. 이 모반에 가담한 이들은 모두 사형에 처했는데, 천여 명이 한꺼번에 죽어 나갔다. 하지만 어머니는 차마 죽일 수는 없었던지라 조태후를 가장 작은 역양궁에 유폐시키고 300여 명의 병사를 보내 밤낮으로 감시하며 아무도 출입하지 못하게 했다.

신하들 중 '태후는 대왕의 어머니시니 용서를 해 주시는 것이 어떠하십니까?' 하며 간언하는 이가 있었는데 영정은,

"감히 태후를 위해 용서를 비는 자들은 모두 죽여 그의 사지를 잘라 궁궐 아래 늘어놓겠다."

라며 화를 냈다고 한다. 실제 스물일곱 명의 신하들이 잇달아 죽임을 당했다. 그런데 제나라 출신 객경 모초가 스물여덟 번째 간언을 했다.

"너는 계단 아래 쌓인 시체를 못 보았느냐? 죽고 싶은 것이냐?"

모초는 진왕의 위협을 듣고도 다음의 말을 하였다.

"하늘에 스물여덟 개의 별자리가 있으니 제가 죽어 스물여덟 개의 별자리 수를 채우는 것은 두렵지 않습니다. 산 사람은 죽음을 피할 수 없고 군주는 나라가 망하는 것을 피할 수 없다고 들었습니다. 생사와 존망은 지혜로운 군주가 간절히 알고자 하는 것인데 대왕께서는 어찌 이것을 알려고 하지 않으십니까?"

진왕은 좌우의 신하를 시켜 대궐의 뜰에 큰 솥을 걸어 기름을 펄펄 끓게 한 뒤 모초를 불러들였다. 죽음의 순간이 다가오고 있음에도 모초는 의연한 모습을 보였다.

"대왕께서는 생모와 떨어져 지내는 불효자의 행동을 하고 계시고 간언하는 선비들을 죽이는 폭군의 행동을 하고 계십니다. 백성들이 이것을 안다면 진나라를 떠날 것이고 이 나라를 위해 함께 일하려는 자들이 없어질 것입니다. 그러면 진나라가 망하지 않겠습니까? 이제 제가 할 말을 다했으니 죽이셔도 됩니다."

이 말을 들은 영정은 친정을 시작한지 얼마 안 된 자신에게 치명적인 일이 될 수 있음을 깨닫고, 몸소 태후를 찾아가 모시고 돌아왔다. 하지만 태후는 죽을 때까지 감천궁에서 고독하게 늙어가야만 했다. 기원전 228년 조태후가 병으로 사망하자 장양왕과 합장을 했고, 기원전 221년 진왕이 중원을 통일하고 '시황'을 칭하게 되면서 황태후로 추봉되었다.

노애를 조태후에게 보낸 이가 여불위이다 보니 노애의 반란 사건은 여불위에게도 당연히 불똥이 튀었다. 기원전 235년 진왕 12년 여불위는 촉땅에서 독이 든 술을 마시고 자결을 했다.

그리고 진왕 영정은 재위 17년인 서른아홉 살에 중국을 통일하는 천하통일의 엄청난 위업을 달성하고 통일 진나라의 첫 황제인 진시황제로 등극했다. 진시황은 많은 여인들을 가까이했지만 정작 황후를 두지 않았다. 이는 자신의 친모 조태후의 음탕함 때문에 심한 콤플렉스에 시달렸기 때문이라고 한다.

chapter 10

동성애 남편을 몰아낸
이사벨라 왕비

프랑스의 공주
영국 국왕과 결혼하다

영국과 프랑스가 백년전쟁을 벌인 것을 잘 알고 있을 것이다. 유럽 왕가들이 혼인으로 연결되어 있다 보니 다른 나라에서 왕위 계승 전쟁에 뛰어드는 경우가 많은데 백년전쟁도 이런 이유로 벌어진 것이다. 그리고 이 전쟁의 계기를 만든 여인이 프랑스의 공주이자 영국의 왕비였던 이사벨라이다.

영국에서 이사벨라는 '프랑스의 암늑대'로 불렸는데, 그 이유가 영국의 왕비였지만 불륜을 저지르고 반란을 일으켜 남편을 몰아내고 아들을 왕위에 앉혀 섭정을 했기 때문이다. 이렇게 말하니까 정말 나쁜 여인인 것 같은데 그녀 역시 만만치 않은 사연이 있다. 그녀가 한 행동을 모두 변명할 순 없지만 그녀의 짠한 사연을 알아보며 그녀에 대한 다양한 생각을 해 볼 수 있었으면 좋겠다.

이사벨라는 프랑스의 국왕 필리프 4세와 나바라의 후아나 사이에서 막내딸로 태어났다. 이사벨라의 어머니 후아나의 아버지가 나바라 국왕 엔리케 1세였는데 후계자로는 후아나밖에 없었기에 나바라의 왕위를 노리는 다른 귀족들과 다른 나라 왕들 때문에 필리프 3세에게 도움을 요청하면서 두 사람이 결혼을 하게 된 것이다.

필리프 4세는 프랑스의 왕권을 강화하려는 노력을 했던 인물로 교황과 투쟁을 벌여 교황을 아비뇽에 머물게 한 아비뇽 유수(교황들이 1309년에서 1377년까지 약 70년간 아비뇽에서 거주하였다)를 결행한 왕이기도 하다. 이 당시 여성의 출생 기록이 없기 때문에 이사벨라의 정확한 출생연도는 알 수가 없는데, 이사벨라 위로 오빠가 세 명 있고 여러 기록을 유추해 보면 대략 1295년생으로 추정하고 있다.

필리프 4세는 잘생기기로 유명한 미남 왕이었고, 이 유전자를 이어 받은 이사벨라는 매우 아름다운 외모의 공주였다. 그뿐만 아니라 교육을 잘 받아 아주 지적이고 매력적인 여성으로 성장했는데, 특히 화술이 아주 뛰어나서 사람들과 대화를 나누면 그녀에게 빠져들었고 그녀를 지지하게 되었다고 한다.

이사벨라 역시 오빠들처럼 어린 나이에 혼담이 오가게 되었다. 왕가 자녀들의 결혼은 정치적 목적으로 이루어지는 만큼 사랑 같은 건 기대할 수 없는 정략결혼을 위한 혼담이었다. 이사벨라는 당시 영국의 국왕 에드워드 1세의 아들 에드워드와 혼담이 오가게 된다.

당시 영국의 국왕 에드워드 1세는 프랑스에 적대적이었다. 그가 프랑스에 적대적인 감정을 가지게 된 계기를 알아보자.

에드워드 1세는 프랑스와의 동맹을 위해 1291년 아들 에드워드와 이사벨라의 고모인 블랑쉬를 약혼시켰다. 그런데 스코틀랜드와의 전쟁을 치르기 위해 당장 프랑스와 동맹을 맺을 필요가 있었던 에드워드 1세는 아들과 블랑쉬의 약혼을 깨고 자신이 블랑쉬와 결혼할 생각을 하게 되었다.

그래서 에드워드 1세의 동생 랭카스터 백작이 에드워드 1세의 신부가 될 블랑쉬를 데리러 프랑스에 가게 되는데, 블랑쉬가 이미 다른 남자와 약혼했음을 알게 되었다. 이에 격분한 에드워드 1세가 프랑스와의 전쟁을 시작하게 되는데, 어느 나라의 승리랄 것도 없이 두 나라 모두 힘든 상황을 만들었다. 당시 에드워드 1세는 북쪽 국경을 마주한 스코틀랜드와도 전쟁을 해야 해서 힘든 상황이었고 필리프 4세도 별다른 소득 없이 교회와의 관계만 악화시키는 꼴이 되었다.

결국 1299년 교황 보니파시오 8세의 중재에 따라 에드워드 1세는 필리프 4세의 또 다른 이복 누이 마르그리트와 결혼했고, 프랑스의 공주 이사벨라와 영국의 왕자 에드워드 2세를 결혼시키기로 약속을 하였다.

그런데 에드워드 1세는 아들의 약혼이 탐탁지 않았던 것 같다. 에드워드와 이사벨라의 결혼은 제대로 진행이 되지 못하다가 에드워드 1세 사망 후 왕자 에드워드가 영국의 왕인 에드워드 2세가 되면서 다시 진행되었다. 에드워드 2세는 큰 키에 잘생긴 청년 왕이었으며, 신분이 낮은 사람들과도 스스럼없이 잘 어울리는 성격 좋은 왕이어서 초기에는 아주 인기가 많은 왕이었다.

이사벨라는 엄청난 지참금을 가지고 영국으로 시집을 가게 되었는데, 에드워드 2세는 왕비가 된 이사벨라의 아름다움을 칭찬했다. 하지만 당시 이사벨라는 아직 어린 소녀였고 에드워드는 20대 초반의 청년이었기에 어린 이사벨라를 여성으로 느끼지는 못했을 것 같다. 1308년 1월 이사벨라 공주와 에드워드 2세가 결혼을 하고 영국으로 돌아와 두 사람의 결혼 축하 연회가 열렸다.

남편의 남자
피어스 개버스턴

이 연회 자리에서 에드워드 2세는 신부가 된 이사벨라와 함께 있어야 했지만 그는 이사벨라가 아닌 다른 사람과 함께 있었다. 바로 콘월 백작 피어스 개버스턴으로, 개버스턴은 당시 에드워드 2세의 조카와 결혼해 영국에 머무르고 있었다.

대관식 때 왕보다도 더 화려하게 옷을 입었다는 에드워드 2세의 총신 피어스 개버스턴, 대관식에서 이사벨라의 왕관을 들고 있던 이가 바로 개버스턴이었다. 피어스 개버스턴은 프랑스 가스코뉴 출신의 하급 기사였는데, 에드워드 1세가 개버스턴의 마상시합을 보고 감명을 받아서 에드워드 2세의 좋은 본보기가 될 것이라는 생각에 아들 곁에 머물게 했다.

그런데 좋은 영향을 끼칠 줄 알았던 개버스턴이 아들과 지나치게 친밀하게 지내다 보니 이상한 소문이 돌아 결국 개버스턴을 추방해 버렸다. 그런데 에드워드 2세는 아버지가 사망하자 개

이사벨라는 '프랑스의 암늑대'로 불렸는데, 그 이유가 영국의 왕비였지만 불륜을 저지르고 반란을 일으켜 남편을 몰아내고 아들을 왕위에 앉혀 섭정을 했기 때문이다. 이렇게 말하니까 정말 나쁜 여인인 것 같은데 그녀 역시 만만치 않은 사연이 있다. 그녀가 한 행동을 모두 변명할 순 없지만 그녀의 짠한 사연을 알아보며 그녀에 대한 다양한 생각을 해 볼 수 있었으면 좋겠다.

버스턴을 다시 불러들였다. 에드워드 2세가 개버스턴을 노골적으로 편애하자 여러 사람의 눈살을 찌푸렸고 왕의 동성애에 관한 소문이 돌게 되었다.

대관식 파티에서 왕의 옆자리를 차지한 것도 개버스턴이었고, 의자 밑에 깔린 카펫에 새겨진 그림도 에드워드와 이사벨라의 휘장이 아니라 에드워드와 개버스턴의 문장이었다. 그리고 두 남성의 진한 애정 표현은 이사벨라와 그녀의 삼촌들을 경악하게 만들었다. 게다가 에드워드는 필리프 4세가 딸을 잘 부탁한다며 준결혼 선물들을 개버스턴에게 줘 버리기까지 했다.

이사벨라의 숙부들이 이 일을 항의하자 화가 난 에드워드 2세는 이사벨라에게 주어야 할 영지를 내리지 않아 이사벨라는 독립적인 궁정을 갖지 못하고 있었으며, 이사벨라의 보석까지 피어스 개버스턴에게 줘 버렸으니 어린 나이에 낯선 영국으로 온 이사벨라의 심적 고통이 컸을 것이다.

다른 귀족들은 당연히 피어스 개버스턴을 견제했고 이사벨라의 아버지 필리프 4세도 이런 귀족들을 지원하기 시작했다. 귀족들은 에드워드 2세에게 개버스턴을 추방하도록 압력을 넣었고 압력을 이기지 못한 에드워드는 개버스턴을 아일랜드 총독으로 보내게 되었다. 필리프 4세는 자신의 딸 이사벨라에게 합당한 처우를 하라며 에드워드를 압박했고 이후에야 이사벨라는 왕비의 권리를 갖게 되었다.

하지만 에드워드 2세의 성적 취향을 동성애로만 규정할 수 없는 것이 에드워드 2세와 이사벨라 사이에 자녀가 네 명이나 태어났다는 점이다. 사실 에드워드 2세의 동성애 코드에 대한 정확한 기록은 없다. 다만 에드워드가 그의 총신들과 지나치게 친밀한 관계였고 그 총신들이 권력 남용을 해 귀족들과 대립했다는 정도의 기록이 남아 있을 뿐인데, 그 총애가 지나쳤기에 왕의 동성애를 의심할 수밖에 없는 것이다.

아무튼 개비스턴을 포기할 수 없었던 에드워드 2세. 개비스턴은 일 년 만에 영국으로 돌아오게 되었다. 이사벨라는 남편의 총신인 개버스턴을 적대시 하는 것은 자신에게도 좋지 않다는 판단에 그와 잘 지내는 것으로 갈등을 해소하고 자신의 입지를 다져 나가려 했다. 그러면서 개비스턴을 눈엣가시로 여기는 랭카스터 가문과는 적대적인 관계가 되고 말았다.

1311년 에드워드 2세는 스코틀랜드와 전쟁을 시작했지만 패하게 된다. 이사벨라와 에드워드 2세조차 포로가 될 뻔했으니 대패를 한 것이다. 설상가상 1312년 이때다 싶었던 귀족들은 내전을 일으켰고 에드워드 2세는 이 내전에서도 패했다.

에드워드는 개버스턴과 함께 귀족들을 따돌리며 지방을 전전했는데 오랫동안 피난을 할 수는 없었다. 결국 캐버스턴은 에드워드가 경비대를 마련해 주었던 스카보로 성에 숨어 있다가 에드워드 2세의 반대편에 서 있던 랭카스터 가문의 토마스에게 붙잡혔다.

귀족들은 개버스턴을 '국왕과 백성들의 공공의 적'으로 간주하여 재판도 없이 잔인하게 처형해 버렸고 정권은 랭커스터 백작 토마스의 손에 들어가게 되었다. 이런 상황에서 스코틀랜드는 아일랜드를 침입해 약탈했고, 프랑스는 가스코뉴 지역을 넘보는 등 국제 정세는 너무 불리하게 돌아갔으며, 영국은 기근과 전염병, 세금 인상으로 도탄에 빠져 버렸다. 에드워드 2세는 피눈물을 흘리며 복수를 다짐하는데 당시 임신 중이던 이사벨라는 남편을 지지하며 함께 복수를 다짐했다.

1312년 11월 12일 이사벨라는 훗날 에드워드 3세가 될 왕자 에드워드를 낳았다. 그렇게 후계자를 낳은 왕과 왕비는 다시 어느 정도의 권력을 되찾을 수 있게 되었다. 중도파 귀족들이 들어서서 에드워드 2세와 랭커스터 백작 토머스 간의 불화를 중재하고, 침입해 온 스코틀랜드 군을 격퇴하면서 정국은 안정되어 갔다. 에드워드 2세와 이사벨라는 친정인 프랑스를 방문하는데 프랑스에서는 영국 귀족들에 대항하는 에드워드 2세를 지원해 주기로 약속했다.

남편의 또 다른 남자 데스펜서의 등장

이사벨라가 영국의 왕비로 자리를 잡아가고 안정이 되고 있는 상황에서 에드워드 2세는 개비스턴을 대신할 인물을 찾고 말았다. 데스펜서 부자로 불리는 두 사람, 아버지와 아들이었다. 아버지 데스펜서는 에드워드 1세 때부터 활약했던 사람으로 웨일즈 귀족들이 국왕에게 충성하도록 만들면서 권력의 중심에 떠오르게 되었다. 그의 아들 휴 데스펜서는 아주 잘생긴 청년으로, 바로 그가 에드워드 2세의 마음을 사로잡아 버린 것이다. 데스펜서는 권모술수와 책략에 능하며 권력욕이 강한 탐욕스러운 인물로 에드워드 2세의 마음을 움직여 원하는 것을 가지기 시작했다.

이사벨라의 고난이 다시 시작된 것이다. 데스펜서는 인사권을 장악하고 다른 사람들의 영지까지 갈취, 세력을 키워 나갔다. 그러면서 랭커스터 백작 토마스와 충돌하게 되었다. 이사벨라는 귀족들의 반응이 심상치 않은 것을 알고 에드워드 2세에게 무릎을 꿇고 데스펜서 부자를 추방하라는 간언을 했다. 이때 에드워드 2세 역시 상황이 심각하다는 판단을 했고, 데스펜서와 그의 아버지를 영국 해협으로 보낸 다음 해적선에 숨어 있도록 지시했다. 그리고 랭커스터 백작 토마스와 일전을 벌이게 된다.

랭커스터 백작 토마스는 북쪽 변경의 귀족들과 영주들의 지원을 받아 반란을 일으켰는데, 이 반란은 실패하고 에드워드 2세의 승리로 돌아갔다. 랭커스터 백작 토마스는 붙잡혀 처형당하였으며 그 외의 주동자들도 체포되어 감금되고 처형당했다.

이로써 에드워드 2세는 개버스턴의 죽음에 대한 복수를 하게 된 것이다. 그러나 영국은 점점 더 피폐해져 갔으며, 처음 국왕이 될 때의 인기는 온데간데없이 에드워드 2세에 대한 신뢰는 바닥을 치고 있었다. 스코틀랜드가 다시 전쟁을 일으켜 영국을 위협했고 이사벨라가 포로로 잡힐 뻔하는 일이 벌어지기도 했다.

이런 와중에 에드워드는 위험 요소를 제거했으니 이제 돌아와도 된다며 데스펜서 부자를 다시 불러들였고, 데스펜서는 비서관의 자리를 꿰차며 기세등등해졌다. 결국 기고만장해진 데스펜서는 해서는 안 되는 짓을 하고 말았다. 이사벨라의 연금을 지급하지 못하게 만들고 프랑스 시종과 시녀를 추방하는 등 이사벨라를 위협했던 것이다. 그러다 이사벨라와 왕자의 영지까지 삼키려 들었다. 이사벨라는 대노하여 에드워드 2세에게 휴 데스펜서를 내치라고 외쳤지만 에드워드 2세는 들은 척도 하지 않았다.

바로 이 사건이 이사벨라가 남편을 포기하게 되는 결정적 계기가 되었다. 프랑스에서 영국까지, 그것도 겨우 열두 살에 시집을 가서 버티고 버티며 남편 내조를 했던 이사벨라, 그러나 에드워드 2세는 이런 공을 무시하고 아내와 아들보다 총신을 믿고 챙기는 모습을 보였으니 그녀의 분노는 남편을 향하게 된 것이다.

조용히 때를 기다리던 이사벨라에게 드디어 기회가 왔다. 당시 이사벨라의 오빠 샤를 4세가 프랑스 국왕이었는데, 영국 국왕 에드워드 2세가 충성 맹세를 하러 오지 않은 것을 괘씸하게 여겨 프랑스 내에 있는 영국 영지인 가스코뉴를 침공했다.

1324년 샤를 4세는 에드워드 2세가 충성 맹세를 하러 오지 않으면 가스코뉴 영지를 프랑스가 가지고 영국 국왕의 아키텐 공작령을 환수하겠다고 엄포를 놓았다. 그런데도 에드워드 2세는 프랑스에 가지 않겠다고 버텼다. 자신이 암살당할 위험도 있고 휴 데스펜서가 위험에 처할 수도 있었으니 프랑스로 가고 싶지 않았던 것이다.

이사벨라, 남편을 밀어내고 권력을 차지하다

결국 1325년 이사벨라가 가스코뉴 분쟁 문제를 교섭하기 위해 자신의 친정인 프랑스로 가게 되었다. 그리고 몇 달 뒤 당시 열두 살이었던 왕자 에드워드가 프랑스로 와서 충성 맹세를 하고 아키텐 공작이 되면 프랑스와 영국의 관계가 더 나아질 것이라는 핑계로 아들을 프랑스로 불러들였다. 그렇게 영국의 후계자 에드워드가 이사벨라와 함께하면서 그녀는 중요한 패를 쥐게 되었다.

그리고 이사벨라는 프랑스에서 한 남자를 만나게 된다. 데스펜서에 대항해 반란을 일으켰던 귀족 중 한 사람으로 런던탑을 탈출해 프랑스로 망명을 와 있던 위그모어의 로저 모티머였다. 이사벨라는 로저 모티머에게 빠져들었고 두 사람은 열렬한 사랑을 하게 되었다. 영국의 왕비 이사벨라의 마음엔 더 이상 에드워드 2세가 없었던 것이다. 그리고 이사벨라는 에드워드 2세에게 편지를 보냈다.

저는 결혼이란 남자와 여자 두 사람이 맺는 가약이라 믿고 있습니다. (중략) 그런데 우리의 유대를 끊으려는 자가

영국에 있네요. 저는 그 자가 사라지기 전까지 영국으로
돌아가지 않겠습니다.

이후 이사벨라는 휴 데스펜서가 자신의 결혼 생활을 깼다고
말하며 상복을 입었다. 사람들에게 보이기 위한 수단이었겠지만
자신의 마음속에서도 남편은 이미 죽은 이나 마찬가지라는 상징
이 되었다. 이사벨라는 일단 데스펜서가 이 모든 문제의 화근이
며 아내 대접을 받지 못한 비련의 왕비임을 강조하면서 여론을
장악했다.

그리고 친정인 프랑스를 등에 업고 에드워드 2세에게 불만을
가진 귀족들을 모아 세력을 확장했고 왕자 에드워드를 프랑스 에
노 백작의 딸인 필리파와 약혼시켰다. 예비 며느리가 가져온 지
참금은 영국을 공격할 군사가 되었고 샤를 4세도 용병을 고용해
이사벨라를 지원했다.

만반의 준비를 마친 이사벨라는 1326년 애인 모티머와 함께
영국에 상륙했다. 에드워드 2세와 데스펜서에게 불만을 품고 있
었던 영국의 왕족들과 귀족들은 이사벨라를 지지했고 기근과 전
쟁으로 지친 국민들조차 에드워드에게 등을 돌렸다.

상황이 불리해지자 에드워드 2세는 데스펜서 부자와 함께 도
망을 치다 11월 16일 웨일스의 시골길에서 붙잡혔다. 에드워드 2
세는 몬머스 성에 감금되었고 아버지 데스펜서는 사형을 선고받
았다. 그는 옷이 모두 벗겨지고 목에 밧줄이 매어진 채로 끌려다

녔으며 산 채로 장기가 적출되고 사지가 잘린 채 개의 먹이로 던져졌다.

아들인 휴 데스펜서도 사형을 선고받았고, 왕위를 넘본 대역죄인이라는 뜻으로 쐐기풀 화관을 쓴 채 거세를 당했으며 15미터 높이의 교수대에 목이 매달렸다.

이사벨라와 모티머는 의회를 개최해 에드워드 2세가 웨일스로 도망간 것은 영국 국왕 자리를 포기한 것이나 마찬가지이기 때문에 에드워드 2세를 퇴위해야 한다는 주장에 귀족들의 동의를 얻어냈다. 그리고 마침내 1327년 2월 1일 이사벨라의 열네 살 아들이 에드워드 3세로 즉위하게 된다.

이사벨라는 어린 아들을 대신해 섭정을 하게 되었는데, 이사벨라와 그녀의 애인 모티머가 영국 최고 권력자가 된 것이다. 이사벨라는 정권을 차지했지만 전남편 에드워드 2세는 여전히 위협이 되는 존재였다. 그에 대한 지지자들도 남아 있는 상태였다. 에드워드 2세를 탈출시키려는 시도가 세 번이나 있었기에 에드워드 2세는 이곳저곳으로 옮겨 다니다 마침내 버클리 성으로 가게 되고 1327년 9월 21일 마흔셋의 나이로 사망하게 된다.

그의 죽음에 대해 무서운 소문이 돌았는데 시뻘겋게 달아오른 부지깽이를 에드워드 2세의 항문에 꽂아 넣어 잔인하게 고문을 해서 죽였다는 이야기로, 어디까지나 떠도는 소문일 뿐 믿을 수는 없다.

이사벨라는 에드워드 2세의 심장을 꺼내 은색 유리병에 담아

간직했으며 에드워드 2세의 장례식에서 눈물을 펑펑 흘렸다고 한다. 이는 지나온 세월에 대한 회한의 눈물이었을까? 아니면 또 다른 의미의 눈물이었을까?

백년전쟁의 시발점
이사벨라 왕비

후한이 될 수 있는 에드워드 2세까지 사망을 했으니 이사벨라는 영국의 최고 권력자가 된 듯싶었지만 에드워드 3세는 민만치 않은 아들이었다.

열여덟 살이 된 에드워드 3세는 자신의 세력이 되어줄 귀족을 모았고 1330년 11월 29일 모티머를 반역죄로 체포했다. 이사벨라가 에드워드 3세에게 모티머를 살려 달라 애원했지만 결국 그는 교수형에 처해졌다. 연인을 잃고 정치적 힘도 잃은 이사벨라는 연금 상태에서는 풀려났지만 막대한 영지를 아들 에드워드 3세에게 넘겨야 했고 이후 신경쇠약에 걸렸다. 그렇다고 해도 그녀는 여전히 재산이 많았고 호화롭고 평온한 노후를 보냈다.

이사벨라는 그렇게 아들에게 순종하고 태어난 손자들을 예뻐하는 할머니 노릇을 하며 잘 살다가 1358년에 죽음을 맞았다. 에드워드 2세의 심장은 그녀의 유언대로 그녀와 함께 묻히게 되었다.

남편의 심장과 함께 묻히고자 한 이사벨라의 마음은 무엇이었을까? 끝내 가지지 못한 남편의 마음, 그 심장을 죽어서라도 가지려는 마음은 아니었나 하고 짐작해 본다. 그녀가 진짜 사랑한 사람은 모티머가 아니라 에드워드 2세가 아니었을까 하고.

그렇다면 생의 막을 내린 이사벨라는 어떻게 백년전쟁의 시발점이 된 것인지 이야기해 보아야겠다.

프랑스의 카페 왕가 계보를 좀 살펴보자.

프랑스의 국왕 필리프 4세는 아들 셋과 딸 하나를 두었는데, 딸 이사벨라가 에드워드 2세와 결혼을 했다. 그리고 큰 아들 루이 10세가 왕위를 물려받았으며 다시 루이 10세의 아들 장 1세가 왕위를 물려받는데 얼마 지나지 않아 장 1세는 아들 없이 사망을 하게 된다. 그래서 필리프 4세의 둘째 아들이 필리프 5세가 되어 왕위를 물려받았는데 그 역시 후계자 없이 사망을 하자, 동생 샤를 4세가 국왕이 된다. 그런데 샤를 4세 역시 아들 없이 딸 하나만 남기고 사망을 한 것이다.

프랑스는 프랑크 왕국 시절부터 이어져 온 《살리카 법전》에 의해 여자는 왕위 계승권에서 제외되었다. 그래서 프랑스 귀족들은 샤를 4세의 사촌 형제이자 발루아와 앙주의 영주인 필리프에게 프랑스의 왕위를 넘기는데, 그가 바로 필리프 6세다. 이로써 발루아 왕조가 열린 것이다.

그런데 필리프 4세의 외손자이기도 한 영국의 에드워드 3세가 내 어머니가 프랑스의 공주였으니 나 역시 프랑스의 왕위 계승권이 있다는 주장을 하고 나선다.

에드워드 3세가 처음부터 프랑스 왕위를 주장하고 나선 것은 아니었다. 즉위 초 일단 힘을 키워야 했던 에드워드 3세는 필리프 6세에게 충성 맹세를 하며 가스코뉴 지역을 지키려고 했는데, 사실 프랑스도 가스코뉴 지역을 프랑스 영토로 흡수하고 싶어 했기에 추이를 살피고 있었다.

그러다 1334년 스코틀랜드가 프랑스와 손을 잡으면서 프랑스와 영국의 관계가 악화된 것이다. 결국 1336년 에드워드 3세는 그의 어머니 이사벨라가 카페 왕가 출신이라는 이유를 들어 프랑스 왕위를 계승해야 한다고 주장하며 도전장을 내밀었고, 프랑스령 플랑드르에 수출해 오던 양모 공급을 중단하게 되었다. 그러자 1337년 5월 필리프 6세가 가스코뉴 지역을 프랑스 영토로 선포해 버리면서 결국 백년전쟁이 시작되게 된 것이다.

치열하게 삶을 이어나간 이사벨라 왕비조차 자신의 사후 이런 일이 벌어질 줄은 짐작도 못했을 것이다.

chapter 11

제임스 1세가
사랑한 청년들

제임스 6세
사촌에게 반하다

1603년 영국의 위대한 여왕 엘리자베스 1세가 사망했다. 엘리자베스 1세는 결혼을 하지 않은 여왕으로 후사가 없었기에 영국 튜더 왕조의 대가 끊기고, 스코틀랜드 왕가의 제임스 6세가 런던으로 와서 영국 국왕 제임스 1세로 대관식을 치르게 된다.

제임스 1세의 할아버지인 제임스 4세가 영국 튜더 왕가 헨리 8세의 누이 마가렛과 결혼했으니 영국의 국왕 헨리 7세의 피가 흐르고 있는 것이다. 이렇게 영국 왕실의 피가 흐르는 스코틀랜드 왕실로 왕위가 넘어가면서 일명 왕실 통합이 이루어진 것이다.

스튜어트 왕가 출신 최초의 영국 왕이 된 제임스 1세는 스코틀랜드와 잉글랜드의 통일을 추구하여 스스로를 '그레이트브리튼 GreatBritain의 왕'이라고 칭했으며, 스코틀랜드와 잉글랜드의 국기를 합하여 오늘날 영국의 국기를 만들어 사용하기도 했다.

사실 제임스 1세는 아픈 가족사를 가진 인물이다. 비극적인 삶을 산 메리 스튜어트(전 스코틀랜드의 여왕 메리 1세)의 아들로, 태어난 지 일 년도 안 되어 아버지 단리 경은 목이 졸려 숨지고 어머니 메리 여왕은 장로파 귀족들의 반란으로 폐위당하고 결국 영국으로 망명하여 엘리자베스 1세의 감시를 받으며 살다가 처형당하게 된다.

메리 스튜어트가 귀족들의 반란으로 강제 퇴위될 당시 한 살의 어린 아기였던 제임스는 스코틀랜드 왕 제임스 6세가 되는데 직접 통치하지 못했던 어린 시절에는 다른 귀족들이 섭정을 맡았고, 제임스는 에든버러 성에서 외롭게 자라야 했다.

어린 나이에 어머니와 헤어진 제임스는 어머니와의 유대감이 없었기에 메리 스튜어트가 처형될 때는 방조하는 모습을 보였고, 영국과의 외교 마찰이 없도록 더 신경을 썼다. 그러다 엘리자베스 1세가 죽자 영국의 유일한 왕위 계승자인 제임스가 영국의 국왕이 된 것이다.

영국이 강대국으로 발돋움하게 만들고 영국민의 자존감을 올려 주었던 엘리자베스 1세를 뒤이은 제임스 1세는 모든 면에서 그녀와 비교당했다. 게다가 그는 스코틀랜드와는 여러 면에서 달랐던 영국의 정치, 종교, 재정 문제에 대한 이해가 부족하여 사사건건 갈등을 일으키기도 했다.

그는 국정 운영에서의 아쉬운 모습을 보였을 뿐만 아니라 개인사에서도 이런저런 이야기가 많다. 그가 남다른 성적 취향을 가지고 있었다는 의견이 많으니 말이다.

제임스 1세가 영국으로 오기 전 스코틀랜드 국왕 제임스 6세이던 시절, 귀족들 간 파벌 싸움에 따라 납치와 협박, 감금을 당하며 어린 시절을 보내야 했다. 또한 독실한 신교도 선생인 조지

뷰캐넌에게 교육을 받았는데, 뷰캐넌은 어린 제임스를 회초리로 때리며 교육을 시켰고 이런 이유로 제임스는 종교에 대한 반감을 가지고 성장을 하게 된다.

그리고 제임스가 왕이 된 이후에도 종교적 영역에서 권한을 가질 수 없었고 귀족들은 계속해서 왕권에 도전했다. 이런 불안한 상황 중 1579년 프랑스에서 그의 사촌 에스메 스튜어트가 귀국했다. 그는 전 섭정대신이자 내전 중에 살해당한 레녹스 백작(단리 경의 아버지)의 셋째 아들인 존 스튜어트의 아들이었다.

당시 에스메 스튜어트는 서른일곱 살, 제임스 6세는 열세 살이었는데 에스메 스튜어트의 매력적인 모습이 어린 제임스 6세의 마음에 와 닿았던지 그를 신뢰하고 가까이했다. 에스메 스튜어트는 제임스 6세에게 프랑스 궁정에 대한 정보를 주며 왕의 총애를 받았다.

1580년 에스메 스튜어트는 국왕의 총애에 힘입어 레녹스 백작이 되고 그 이듬해 레녹스 공작이 되었다. 하지만 스코틀랜드의 귀족들은 제임스 6세가 레녹스 공작을 총애하는 것을 못마땅해 했다. 레녹스는 가톨릭에서 신교도로 개종하면서 제임스 6세에 대한 충성심을 보이지만 귀족들의 불만을 잠재울 수는 없었다. 이들은 레녹스 공작이 '왕을 육체적 정욕으로 끌어들이려고 했다'고 주장했다.

제임스 6세가 사람들이 많은 곳에서도 레녹스 공작의 목에 팔을 걸고 키스를 하는 장면이 목격되었다는 것이 그 이유다. 실제

두 사람은 동성애적 관계였다기보다 왕권을 위협하는 귀족들 사이에서 자신에게 힘이 되어줄 인물로 선택한 것으로 보이지만, 귀족들은 이를 용납하지 않았다.

귀족들이 계속 레녹스 추방을 요구했고 결국 레녹스는 스코틀랜드를 떠나야 했다.

로버트 카
제임스 1세의 눈에 들어오다

제임스 1세는 1589년 8월 덴마크 국왕 프레데리크 2세의 둘째 딸인 앤과 결혼을 하고 1594년 맏아들 헨리를 낳았다. 1600년에는 훗날 찰스 1세가 될 둘째 아들 찰스를 낳는다. 결혼 초반에는 그럭저럭 잘 지내던 제임스 1세와 앤 왕비, 그러나 두 사람은 성격이 맞지 않아 끊임없이 다툼을 벌이며 불행한 결혼 생활을 이어가면서 최악의 부부가 있다면 이들을 가리킨다고 할 정도가 되었다.

훗날 제임스 1세는 '결혼은 남자가 할 수 있는 가장 끔찍한 일'이라는 말을 할 정도로 결혼에 진저리를 냈다고 한다.

아내에게 애정을 가질 수 없었던 제임스 1세, 마음 둘 곳이 필요했을 터인데 그의 마음을 사로잡은 이는 여인이 아니라 미남 청년 로버트 카였다. 로버트 카는 제임스 1세가 스코틀랜드 국왕이던 시절부터 어린 급사로 일을 했다. 그리고 1607년 제임스 1세의 영국 국왕 즉위 4주년을 축하하는 마상 시합이 열렸는데, 열일곱 살이 된 청년 로버트 카가 왕에게 방패를 전달하는 일을 했는데 그는 말을 타고 달려오다 떨어져 다리가 부러지고 만다.

제임스 1세는 그 와중에도 그의 화사한 미모에 넋을 잃었다. 그래서 그를 다시 보고 싶은 마음에 경기가 끝난 후 로버트 카를 찾아 왕의 주치의 마예른이 그의 다리를 치료할 수 있도록 배려해 주기도 한다. 제임스 1세의 관심은 거기에 그치지 않았다. 라틴어를 가르쳐 준다는 핑계로 몇 주 동안 계속 로버트 카를 찾았던 것이다. 이를 계기로 로버트 카는 제임스의 총신이 되었다. 두 사람의 관계를 동성애였다고 확신할 수 있는 공식 기록은 없지만 서포크 백작 토머스 하워드는,

"왕은 그의 팔에 기대 볼을 꼬집고 그의 주름진 옷을 펴 주었다. 그리고 다른 이들에게 말을 건넬 때도 눈으로는 그를 보고 있었다."

라며 제임스 1세의 총애가 단순한 것이 아니었음을 짐작케 하는 발언을 하기도 했다.

로버트 카가 기사 작위를 받고 제임스 1세의 침실 시종이 되었으니 어떤 의미로든 제임스 1세가 로버트 카에게 빠져 있었음을 짐작할 수 있다.

그리고 로버트 카의 친구 토머스 오버베리는 그의 추천으로 왕의 식사 시중 자리를 꿰찰 수 있었다. 오버베리는 동성애 성향이 있었던 남자이자 옥스퍼드 퀸스 칼리지에서 문학사를 전공한

지식인으로 우연한 기회에 로버트 카와 인연을 맺었다. 오바베리 입장에서는 잘생기기만 할 뿐 가난하고 별 볼일 없는 로버트 카가 자신에게 도움이 될 것이라는 생각은 하지 못했는데, 그가 왕의 눈에 들면서 자신의 자리까지 마련해 주니 엄청난 행운이었다.

왕을 사로잡은 로버트 카는 오버베리가 왕에게 조언할 내용을 말해 주면 친밀함을 이용해 조언하는 역할을 맡았다.

영향력을 키워간 로버트 카는 1611년 로체스터 자작이 되었고 다시 영국 최고 기사 작위인 가터 훈작사가 되었고 왕의 옥새까지 맡게 된다. 사실 로버트 카가 혼자 국가의 중요 문서를 처리할 수 없었기에 오버베리가 많은 도움을 주었고, 오버베리는 자신의 뛰어난 능력을 과시하며 왕의 총신 위에 서 있는 우월감에 취하게 된다.

로버트 카를
사랑한 여인

그러는 사이 왕의 총신 로버트 카는 연애를 하게 되는데 문제는 그의 연인이 유부녀라는 것이었다. 시간을 조금 거슬러 올라가 헨리 8세 시대에 그의 다섯 번째 아내였던 캐서린 하워드, 비록 그녀는 간통을 한 혐의로 목이 베였지만 하워드 집안은 그래도 건재했다. 이 하워드 집안의 노퍽 공작의 둘째 아들이자 제 1

대 서포크 백작인 토마스 하워드에게 프란시스 하워드라는 딸이 있었다. 토마스 하워드 백작은 자신의 집안과 딸에게 어울리는 남자를 찾아 결혼을 시키는데, 엘리자베스 1세의 총애를 받던 로버트 데버룩스 제2대 에식스 백작의 아들인 로버트 데버룩스였다.

그런데 두 사람은 열두 살, 열네 살의 어린 나이에 결혼을 했기에 사실 결혼이 무엇인지, 결혼한 부부는 무엇을 해야 하는지 몰랐다. 결혼 후에도 아직 나이가 어리다는 이유로 부모님과 살게 된 프란시스, 남편과 떨어져 지내다 보니 남편의 존재까지 잊어버린 프란시스는 열다섯 살에 궁정에 나가면서 연애를 하게 된다.

하늘에서 내려온 작은 보석이라 불릴 만큼 아름다운 그녀와 처음 스캔들이 난 남자는 제임스 1세의 아들인 헨리 왕자였다. 그러나 두 사람의 관계는 그리 오래가지는 못했다. 프란시스가 곧 다른 남자에게 눈길을 돌렸기 때문인데, 그가 바로 로버트 카이다. 프란시스는 아름다운 남자 로버트 카를 보자마자 사랑에 빠지고 만다.

"아, 아름다운 저 남자를 가지고 싶다."

사랑에 빠진 프란시스는 어떻게든 로버트 카에게 접근하려 하는데 왕의 총신 로버트 카를 만나는 것조차 쉽지 않았다. 그리고 프란시스가 잠시 잊은 것이 있었으니 자신은 남편이 있는 유부녀라는 것이다. 남편 로버트 데버룩스가 이제 나이도 어리지 않으니 정상적인 부부처럼 함께 살아야 한다며 그녀를 데리러 온 것이다.

하지만 남편에게 애정을 느낄 수 없었던 프란시스는 그를 따라가지 않으려 버텼다. 이 때문에 두 사람은 만날 때마다 실랑이하며 싸웠다. 결국 로버트 데버룩스는 기한을 정해 주고, 그 기한 내 오지 않으면 강제로 데려가겠다는 말을 하고 떠나게 된다.

프란시스는 초조했다. 로버트 카의 마음도 사로잡아야 하고 꼴 보기 싫은 남편도 떼어놓아야 하는데 방도가 떠오르지 않는 것이다. 다행히 남편이 심한 병이 들어 꼼짝을 못한다는 소식을 듣고 기뻤던 프란시스는 젊고 매력적인 앤 터너 부인을 만나게 되었다. 프란시스는 인생사 경험이 많은 앤 터너 부인에게 자신의 사정을 털어놓고 조언을 구했다. 그러자 터너 부인은,

"사랑에 빠지는 마법의 약을 만드는 사람이랍니다."

하며 점성술사인 사이먼 포먼 박사를 소개해 주었다. 프란시스는 터너 부인의 말을 철썩 같이 믿고 사이먼 포먼 박사에게 사랑의 묘약을 받아 왔고, 하인을 매수해 로버트 카의 음식에 넣도록 시켰다. 그러나 사랑의 묘약인 줄 알았던 약을 탄 음식을 먹은 로버트 카는 배탈로 고통스러워했다고 한다.

사실 사랑의 묘약이 따로 필요하지도 않았던 것이 로버트 카도 아름다운 프란시스에게 마음을 빼앗겨 두 사람은 연애를 시작하는데, 로버트 카는 오버베리에게 연애편지를 대신 써 달라는 부탁을 했고 오버베리는 이 연애가 얼마나 오래 갈까 싶어 친구

의 부탁을 들어주었다.

프란시스는 로버트 카에게 푹 빠져 그와 함께하고 싶다는 열망에 가득 차 남편과의 결혼을 무효로 만들고 싶어 했다. 아직 남편과 동침을 하지 않았기에 혼인 무효는 가능할 것으로 생각한 것이다. 그래서 남편을 계속 피해 다니고 동침을 거부하다 사이먼 포먼 박사를 찾아가 혼인을 무효로 만들 약을 받아 왔다.

프란시스는 약을 남편 로버트 데버룩스의 음식에 탔고 남편은 원인을 알지 못한 병으로 시름시름 앓게 되었다. 그녀는 여기에 그치지 않고 사이먼 모먼에게 주술을 걸어 달라 부탁했으며 그가 알려 준 대로 남편을 닮은 밀랍 인형의 몸을 바늘로 찔렀고, 이불에는 성욕을 저해시킨다는 약을 뿌렸다고 한다.

이것이 효과가 있었던지 남편 로버트 데버룩스가 결연한 의지로 다시 프란시스를 찾아 밤을 보냈지만 두 사람 사이에는 아무 일도 일어나지 않았고, 프란시스는 곧 혼인이 무효화되어 로버트 카와 함께할 수 있으리라 기대하였다.

사태가 이쯤 되니 오버베리는 불안해졌다. 로버트 카와 프란시스가 결혼을 할 것이라고는 생각하지 못했는데, 이렇게 되면 결혼을 할 수도 있을 것 같았으며 로버트 카가 프란시스의 하워드 가문과 함께하게 되면 자신은 필요 없는 존재가 될 것이라는 생각을 한 것이다.

그래서 오버베리는,

"프란시스는 음탕한 여자야, 그리고 그녀의 어머니는 뚜쟁이라고."

하며 프란시스를 욕했고,

"유부녀와 결혼을 할 수 있을 것 같아? 상처 받기 전에 당장 헤어져."

라고 외쳤다. 마음이 가는 여인을 욕하는 친구라니 오버베리의 의도와는 달리 오버베리와 로버트 카의 사이가 벌어지고 두 사람은 자주 다투게 되었다. 로버트 카는,

'내가 이 친구를 너무 오래 옆에 두었군. 이제 헤어질 때가 된 거야.'

하며 생각했고, 프란시스 역시 자신을 욕하고 로버트 카와 자신을 떼어놓으려는 오버베리에게 앙심을 품었다.

극단적 성향의 프란시스는 오버베리에게 원한이 있던 데이비드 우드에게 접근해 돈을 주며 오버베리를 죽여 달라고 했지만 실패로 돌아갔다. 그러나 프란시스는 포기하지 않았다. 연인 로버트 카를 시켜 오버베리를 다른 나라의 특사로 가도록 명령을 내리는데, 오버베리는 이를 거절했고 결국 추밀원 모욕죄로 런던 탑에 갇히게 되었다.

프란시스는 곧 독약을 구입했고 그렇게 오버베리에게 독약이 든 스프가 전달된다. 독약이 든 스프를 먹은 오버베리는 구토와 설사에 시달렸지만 곧 회복되었고, 이후에도 한 번 더 독약을 먹었지만 어찌된 일인지 죽지 않고 살아남는다. 사실 오버베리는 건강 악화로 풀려나기 위해 구토제와 관장약을 먹고 있었는데,

이것이 그의 목숨을 살린 것이다.

그 사이 프란시스는 혼인 무효를 위해 처녀라는 것을 증명하는 검사를 받게 되는데, 베일로 얼굴을 가린 채 산파들의 검사에 응했던 것이다. 사실 그녀가 남편과 동침하지 않았다 하더라도 처녀로 예상하는 사람은 없었다. 그런데 이 예상을 깨고 산파들은 그녀가 처녀라고 판단했는데 많은 사람들이 그녀가 뇌물을 썼을 것이라 생각했다.

이제 곧 혼인은 무효가 되고 로버트 카와 혼일할 것이라 생각한 프란시스는 그 전에 오버베리를 처리하고 싶었다. 프란시스는 오버베리가 관장약을 먹는다는 정보를 입수하고 직접 만든 관장약을 오버베리에게 전달했다.

그리고 이 관장약을 먹은 오버베리는 고통스럽게 죽어가게 되는데 예상하는 것처럼 관장약에는 독이 들어 있었다. 결국 방해자는 사라지고 프란시스의 혼인 무효도 승인이 나자 프란시스와 로버트 카는 성대한 결혼식을 올리게 되었다.

사랑은
움직이는 것

여기서 잠시 잊고 있었던 인물이 있다. 로버트 카를 총애하고 옆에 두었던 제임스 1세, 그는 로버트 카가 프란시스와 사랑에 빠진 후 자신을 소원하게 대한 것을 무척 서운해 하고 있었다. 그러면서 제임스 1세와 로버트 카의 사이에는 균열이 생기게 되는데, 제임스의 마음을 대변하는 그의 편지가 남아 있다.

나는 몇 백 번을 너에게 떠나지 말라고 간청하면서도, 내 방에서 몸을 일으켜 나가려고 하는 너를, 그 꾸물거리며 나가는 너의 등을, 아주 매정한 척하면서 못 본 체하고 있었다. 요즘 네가 예전의 그 아름답고 좋은 점들을 잃어버리고 어떻게 변해 버렸는가는 아마 자신이 더 잘 알 것이다.

만일 내가 왕이 아니고 일개 평민이었다면 어떻게 되었을까? 신이 주신 너의 영혼과 생명을 제외하고는 네가 가진 모든 것은 모두 내가 준 것임을 명심해라. 나는 너에게 마음으로부터 나를 섬기고, 나를 조종하려 들지 말 것을 누차 이야기했었다.

내가 너에게 마음 편하게 대할 수 없다면 진심이 아닐 것이다. 네가 단지 두려움 때문에 내 곁에 머물러 있는 것을 발견할 때마다 사랑에서 나오는 횡포는 갑자기 증오의 횡포가 되어 버린다. 내가 얼마나 관대하게 끝없이 너를 사랑하는지 신만이 아실 것이다.

신만이 아는 그 사랑은 곧 다른 이에게 옮겨 가는데, 제임스 1세는 또 다른 잘생긴 청년 조지 빌리어스에게 빠져 버리게 된다.

1614년 8월 어느 날 제임스 1세는 하루 동안의 사냥 끝에 친구의 시골 사유지를 방문하였다. 당시 제임스는 흠뻑 젖어 있었고 총신 로버트 카는 그즈음 까다롭게 굴거나 짜증이 늘었는데 이날도 짜증스런 표정을 짓고 있었다.

그런데 우연히 조지 빌리어스가 그곳을 오게 되었고 제임스 1세는 밤색의 곱슬머리에 검푸른 눈을 가진 스물두 살의 이 멋진 청년을 눈여겨보게 된다. 조지는 완벽한 매너로 왕을 대했지만 다른 신하들과 같은 비굴함은 없었다.

잘생긴 청년 조지 빌리어스는 시골 마을에서 자랐는데 말을 아주 잘 탔다. 시골 출신에 할 줄 아는 것은 아무 것도 없는 조지 빌리어스는 시골에서 양을 치며 일생을 보낼 운명이었다. 그런데 그의 야심만만한 어머니 메리 보몬트가 영국의 왕가 중 하나인 플랜테저넷 가문과 먼 친척으로 얽혀 있어 그 미약한 연줄을 이용해 조지를 프랑스에 보내 매너, 대화술, 정치, 문화 등을 배울 수 있게 했다.

조지는 그렇게 프랑스에서 공부를 하고 돌아왔고 빛나는 외모와 함께 매너와 재치를 갖추고 있었다. 조지의 어머니는 잘생긴 청년을 곁에 두는 제임스 1세의 성향을 알고 있었고 그녀의 아들을 제임스 1세에게 소개시키기 위해 고군분투하고 있었는데, 운 좋게도 제임스 1세는 조지의 싱그러운 미소에 반하게 된다.

그 사이 오버베리가 독살당했다는 소문이 궁정에 퍼지기 시작했다. 오버베리에게 관장약을 전해 주었던 월리엄 리브라는 약재상이 사실은 관장약이 아니었음을 폭로한 것이다. 결국 관련자들이 체포되어 재판을 받게 되는데, 프란시스를 사이먼 포먼 박사에게 이끌고 독약을 넣은 음식을 런던탑에 있는 오버베리에게 전달하는 역할을 했던 터너 부인이 사형에 처해진다. 런던탑의 경비 거베이스 델웨스 경, 약재상 프랭클린도 사형을 당했다.

그리고 프란시스와 로버트 카가 체포되어 재판을 받게 되는데, 이때 프란시스의 전남편 로버트 데버룩스가 증인으로 나와 프란시스의 악독한 행위를 폭로했다. 프란시스는 자신의 범행을 인정하고 울면서 제임스 1세에게 자비를 베풀어 달라 읍소했고, 로버트 카는 프란시스가 무슨 짓을 했는지 전혀 몰랐다며 무죄를 주장했다.

하지만 두 사람은 모두 유죄로 사형 선고를 받게 되어 죽을 날을 기다리고 있었다. 한때 자신이 총애했던 로버트 카를 죽이는 것만은 할 수 없었던 제임스 1세가 이들 부부의 사형 선고를 물리고 런던탑에서 6년간 유폐시키는 형을 내렸다.

"내가 얼마나 관대하게 끝없이 너를 사랑하는지 신만이 아실 것이다."

제임스 1세는 이렇게 말을 하고 침실에서 서럽게 눈물을 흘렸다 하니 보상받지 못할 그의 마음이 큰 상처로 남았으리라는 짐작을 해 본다.

로버트 카와 프란시스는 이후 옥스포드셔의 로더필드 그레이스에서 남은 생을 보내게 되는데, 권력의 중심에서 찬란하게 빛나던 시절을 회상하며 외롭게 늙어가야 했다. 프란시스의 외모도 아름다움을 잃었고 자궁암으로 10년간 고통받다 사망했다고한다.

조지 빌리어스는 1615년부터 1625년까지 제임스 1세의 총애를 받으며 '달콤한 아내'라는 별칭으로 불렸다.

제임스 1세는 에너지가 넘치는 조지를 가까이 두었고, 조지로 인해 로버트 카에게 상처 받은 마음을 치유 받고 행복해졌다. 그리고 로버트 카에게 그랬던 것처럼 조지에게 애정이 듬뿍 담긴 편지를 보냈고, 사람들이 보는 곳에서도 거리낌 없이 그를 껴안거나 스킨십을 하며 총애하는 모습을 보였다. 그 대가로 제임스 1세는 조지에게 버킹엄셔 와들의 왕실 수렵지에 위치한 그의 첫 토지 보조금을 주었는데 이는 8만 파운드의 가치가 있었다.

조지는 빌리어스 자작이 되었고, 이후 버킹엄 백작으로 신분 상승을 하게 되어 그의 어머니는 백작 부인이 되었다. 조지는 왕의 말 사부로 임명되었고, 기병, 수송, 스포츠 등 왕관을 위한 모든 장비를 책임지게 되었다. 그리고 마침내 조지 빌리어스는 공작 작위를 받아 버킹엄 공작이 되었다.

영국의 역사학자 존 로드 캠벨은 조지는 '겉으로는 왕의 신하였지만 실제로 왕과 왕국을 통치했다'라는 말로 당시 조지의 권력을 표현하고 있다. 제임스 1세는 조지 빌리어스를 총애하는 것을 두고 비난하는 목소리가 커지자,

"나는 하나님도 아니고 천사도 아니고 다른 사람들과 똑같은

사람이다. 예수 그리스도에게는 요한이 있듯이 나에게는 조지가 있다."

하며 자신과 조지의 관계를 예수와 요한의 관계로 비유하는 말을 하기도 했다.

1625년 3월 제임스 1세가 세상을 떠났을 때 조지 빌리어스는 외교 임무를 맡고 프랑스에 머물고 있었는데, 왕의 죽음을 전해 듣고 비통해 하며 눈물을 흘렸다고 한다. 조지 빌리어스는 제임스 1세와 함께한 10년 동안 권력을 독식해 많은 지탄을 많았는데, 제임스 1세의 뒤를 이어 국왕이 된 찰스 1세 재위 기간에도 여러 실책을 범하며 무능함을 보였지만 찰스 1세의 비호를 받으며 권세를 이어갔다. 그러나 영국 정치계에 조지 빌리어스 즉 버킹엄 공작이 존재하는 것은 영국의 큰 재앙과도 같았으며, 결국 그는 육군 중위 펠턴의 칼에 찔려 암살당하게 되는데, 펠턴은 조지 빌리어스를 죽이는 것이 국가에 큰 봉사를 하는 길이라 생각했다.

조지 빌리어스의 사망 소식을 들은 런던 시민들은 거리로 뛰어나와 환호했을 정도라고 하니, 조지는 왕의 마음은 훔쳤지만 대중의 마음을 사로잡지는 못했던 것 같다.

chapter 12

조지 1세,
아내를 영원히 감금시키다

독일에서 태어난
조지 1세

영국 국왕 조지 1세는 브라운슈바이크-뤼네부르크 공작이며 하노버 선제후 에른스트(독일식으로 부르면 에른스트이다) 아우구스트와 팔츠의 조피 사이에서 장남으로 태어났으며 이름은 브라운슈바이크-뤼네부르크의 게오르크 루트비히이다. 훗날 영국의 국왕이 되지만 영국 태생이 아니라 독일 출생이다. 우리는 그의 긴 이름 대신 조지로 부르도록 하겠다.

그의 아버지인 에른스트 아우구스트는 담력이 있는 인물이었지만 냉정하고 내성적인 편이었고, 그가 관심을 가지는 것은 말과 여성들이었다. 그의 어머니 조피는 보헤미아의 겨울 왕과 왕비로 불리는 팔츠의 프레드릭 5세와 엘리자베스 스튜어트의 딸로 5개 국어를 구사할 수 있을 정도로 교양 있고 총명한 여성이었으며 신학, 철학, 역사 등 폭넓은 분야에 지식을 가진 지성인이었다고 한다.

장남이 아니었던 에른스트 아우구스트가 하노버의 선제후가 될 수 있었던 것은 형이 결혼을 포기했기 때문이다. 브라운슈바이크-뤼네부르크 공작령은 장자 상속제를 하지 않고 분할 상속제를 하고 있었는데 영지가 작아지는 것이 염려되었다. 영지가 작아지면 세력도 약해지기 때문이었다. 16세기 중반에서 16세기 말까지 뤼네부르크 공작령을 통치했던 빌헬름의 열다섯 명의 자녀 중 아들이 일곱 명이었다. 이 일곱 명의 아들에게 분할 상속을 한다면 영지가 작아질 것이 뻔했기 때문에 맏아들이 영지를 통치하는 것으로 합의를 보게 되었다.

그런데 1611년 그가 자식 없이 사망을 하면서 막내 게오르크가 신분에 맞는 혼인을 하고 후계자가 되었다. 게오르크는 네 명의 아들을 낳았는데 그중 장남 크리스티안 루트비히가 후계자가 되어야 했지만 그가 또 아들 없이 사망하면서 둘째 아들 게오르크 빌헬름에게 후계자의 자리가 넘어가게 되었다.

그런데 후계자가 되는 조건이 팔츠 선제후의 딸이자 잉글랜드와 스코틀랜드 국왕의 외손녀인 팔츠의 조피와 결혼을 하는 것이었다. 사랑 없는 결혼을 할 수 없다고 생각한 게오르크 빌헬름은 결혼을 하지 않는 대신 후계자 자리를 막냇동생 에른스트 아우구스트에게 넘겨 자신은 작은 영지인 첼레만을 가지게 되었고 동생 에른스트 아우구스트는 팔츠의 조피와 결혼을 해 뤼네부르크 영지를 받고 하노버의 공작이 되었다.

돼지코와
결혼하지 않을 테야

브라운슈바이크-뤼네부르크 공작 영지 안에는 하노버, 칼렌

버그, 첼레 등이 있었고, 이 영지를 다스리던 브라운슈바이크–뤼네부르크 공작은 신성 로마 제국 황제에 의해 하노버의 선제후가 되는 것이다. 그런데 결혼을 하지 않겠다는 맹세를 하며 동생에게 결혼할 여인과 후계자 자리를 넘긴 게오르크 빌헬름은 사랑하는 여인을 만나면서 그 맹세를 깨게 된다.

게오르크 빌헬름은 프랑스 하위 귀족의 딸이며 투아르 공작 부인의 시녀인 엘레오노르 돌르뢰즈를 한눈에 사랑하게 되고, 엘레오노르 돌르뢰즈는 게오르크 빌헬름의 정부가 되었다.

사랑하는 여인을 정부로만 둘 수 없었던 게오르크 빌헬름은 1665년 엘레오노르 돌르뢰즈와 정식으로 결혼하게 되는데, 사실 신분상 차이가 있던 엘레오노르와 공작 집안의 아들 게오르크 빌헬름의 결혼은 귀천상혼으로 두 사람 사이에서 태어난 자녀는 아버지의 신분을 상속받을 수 없었고 사생아 취급을 받았다. 두 사람은 결혼을 하고 일 년 후 딸 조피 도로테아를 낳게 되는데 딸의 신분 때문에 고민을 할 수밖에 없었다.

게오르크 빌헬름은 조피 도로테아가 열 살이 되었을 때 동생 에른스트 아우구스트에게 그의 아들 조지와 자신의 딸 조피를 결혼시켜 브라운슈바이크–뤼네부르크 영지를 통일시키는 것이 어떠냐는 제안을 한다. 다른 형제들에게는 아들이 태어나지 않았기에 조지가 후계자가 될 것이 확실했으므로 이런 제안을 한 것이다. 하지만 에른스트 아우구스트는 신분상 서녀인 조피 도로테아를 하노버 선제후가 될 자신의 아들과 결혼시키고 싶지 않았다.

그러자 게오르크 빌헬름은 자신은 정식 결혼을 한 것이므로 딸 조피 도로테아는 사생아가 아니라 적법한 후계자라는 선언을 해 버린다. 상속녀가 된 조피 도로테아에게 많은 청혼이 들어오게 되는데 조피 도로테아는 그중 볼펜뷔텔 공작과의 결혼을 기대했다.

조피 도로테아가 그와 결혼할 경우 게오르크 빌헬름이 가진 첼레 영지를 비롯한 막대한 재산은 볼펜뷔텔 공작에게 넘어가는 것이다. 이를 두고 볼 수 없었던 조지의 어머니인 팔츠의 조피는 조피 도로테아를 며느리로 맞을 결심을 하게 된다.

하지만 조지와 조피 도로테아는 결혼 전부터 사이가 좋지 않았다. 조피는 어릴 때부터 알고 지낸 사촌 조지가 거만하게 구는 것을 싫어했고, 조지도 조피의 어머니가 신분이 낮을 것을 비하하면서 사생아 취급을 했던 것이다.

조피 도로테아는 약혼자 조지의 초상화를 받자 벽에다 집어 던지며 '나는 돼지코와 결혼하지 않겠다!'고 외치며 반발했다. 외모 비하의 말이라기보다 조지의 거만하고 오만한 성격을 대변하는 말이었을 것이다. 그리고 시어머니가 될 팔츠의 조피의 선물 역시 벽에 던져 버리며 결혼을 하지 않겠다고 버텼다.

아버지의 강요로 결혼을 승낙하게 된 조피 도로테아는 시어머니 조피와의 첫 만남에서 어머니의 품에서 기절했다. 그리고 미래의 남편에게 선물을 받았을 때 다시 기절했다. 시어머니 조피 역시 결혼을 거부한 조피 도로테아가 곱지 않았고, 그녀의 어머니인 엘레오노르의 신분이 낮은 것도 못마땅했다.

팔츠의 조피는 그녀의 조카 엘리자베스 샬롯에게 '내 아들이 조피와 결혼한 것은 오로지 금전적인 이유였다'는 말을 하기도 했다. 조카에게 보낸 편지를 한 번 보자.

> 아름다운 아내를 생각하지 않더라도 일 년에 100만 탈러는 엄청난 돈이 분명해. 조지는 지금까지 살아오면서 머리 둘레에 두꺼운 가죽을 감고 있는 것처럼 고집스러워서 그 안에 무엇이 들어 있는지 알 수가 없어. 그는 이 결혼에 대해 크게 신경을 쓰지 않는 것처럼 보이지만, 일 년에 100만 탈러라는 금액은 다른 사람들처럼 그를 유혹했어.

이 결혼이 오로지 돈 때문에 성사된 것 같이 글을 쓰지 않았는가?

불행한 결혼 생활

1682년 11월 22일 셀레성 예배당에서 열여섯 살의 조피 도로테아는 스물두 살인 사촌 조지와 결혼식을 올렸다. 그러나 시작부터 삐걱거린 두 사람의 결혼은 불행하고 서로에게 상처를 주는 결혼 생활을 하게 되었다. 두 사람은 하노버의 리네 궁전에서 신혼 생활을 시작하게 되었는데, 팔츠의 조피는 며느리를 싫어하는 감정을 감추지 않았고 며느리를 경멸했다.

조피는 하노버 궁전에서 하는 행동이 예의에 어긋난다는 이유로 자주 혼이 나야 했다. 그럴 때면 조피 도로테아와 조지는 격렬한 말다툼을 벌였다. 조피는 남편이 자신을 지지해 주길 원했지만 조지는 어머니의 편을 들며 아내를 몰아붙였다.

조피 도로테아는 아름다운 여인이었지만 그 아름다움이 조지에게 닿지 않았던지 조지는 조피를 냉담하게 대했다. 이미 조지는 결혼 전부터 여자 문제가 복잡했는데 결혼 후에도 다른 여자들을 만나고 다녔고 이는 조피 도로테아에게 큰 상처가 되었다.

두 사람이 결혼한 다음 해인 1683년에 아들 조지 아우구스투스(미래의 조지 2세)가 태어났지만 두 사람의 관계는 나아지지 않았다.

조지는 엄마의 말동무인 에렌가드 멜루지네 폰 데어 슐렌부르크라는 여성과 바람을 피우며 조피 도로테아를 노골적으로 무시했다. 이때 조피 도로테아는 둘째를 임신 중이었다. 조피 도로테아의 부모는 사랑의 결실로 결혼을 한 것이어서 부부 금실이 좋았으며 아버지가 정부를 두지 않았기 때문에 남편이 바람을 피우거나 정부를 두는 것을 이해할 수 없었다.

조피가 남편에게 왜 바람을 피우냐며 화를 내자 조지는 더 크게 화를 내며 임신한 조피의 목을 조르고 폭행했다. 시녀들은 혹시라도 유산될까봐 조지를 간신히 말리고 조피를 침대로 옮겨 진정시켰다.

1686년에 조피는 딸을 낳아 자신과 같은 조피 도로테아라는 이름을 지어 주었는데, 이후에도 두 사람의 결혼 생활은 회복되지 못했다. 조지는 계속 불륜을 저지르고 시어머니는 그 문제에 대해 말하지 못하도록 종용하고 괴롭히기까지 하니 조피는 우울한 나날을 보내야 했다.

조피 도로테아를
사로잡은 남자

불행하게 방치된 조피 도로테아에게 남편이 아닌 다른 남자가 눈에 들어왔다. 그는 스웨덴 백작인 필립 크리스토프 폰 쾨히스마르크였는데, 큰 키에 크고 푸른 눈을 가진 잘생긴 남자였다.

두 사람은 조피가 열여섯 살 때 결혼하고 얼마 지나지 않아 셀레 성에서 만난 적이 있었다. 조피는 결혼을 한 상태였지만 남편에게 상처를 받은 지라 필립 백작에게 풋풋한 연애 감정을 느꼈다.

필립 백작 역시 아름다운 조피에게 끌렸는데, 이들을 응원해 준 것은 뜻밖에 조피의 시동생들이었다. 늠름한 필립 백작의 모습을 좋아했던 이들은 형이 형수를 함부로 대하고 정부를 들이는 것을 보고 안쓰러웠던지 저녁 무렵이면 조피 도로테아의 살롱에 필립 백작을 데려와 함께할 수 있는 시간을 만들어 주기도 했다.

이때의 두 사람은 아주 순수한 사이로 호감만을 표현했는데, 1690년 필립 백작이 펠로폰네소스 반도로 군사 원정에 참가하기 위해 떠나야 했다. 두 사람은 창문에 '잊지 마세요'라는 글귀와 함께 서로의 이름을 남기며 아쉬운 이별을 했다. 그렇게 떠났던 필립 백작이 다시 하노버로 돌아오면서 조피에게 러브레터를 보낸 것이다.

처음에 조피는 점잖게 거절하려고 했지만 거리낌없이 다른 여인들을 만나고 다니는 남편을 보며 필립에게 답장을 보내면서 두 사람의 비밀 연애가 시작되었다. 두 사람은 몇 년간 연애하면서 깊은 관계로 발전하게 되었다.

조피 도로테아는 커튼 안간에 비밀편지를 넣어 꿰내거나 트럼프 카드 상자에 몰래 편지를 숨겨 두었고, 믿을 만한 시녀에게 시켜 모자나 장갑에 편지를 숨겨 필립 백작에게 편지를 전달했다. 필립 백작이 다시 그 시녀를 통해 조피에게 편지를 보냈는데, '나는 당신의 무릎을 내 가슴에 꼭 안고 싶습니다'라는 문장으로 절절한 마음을 표현했다. 그리고 두 사람의 편지 내용은 점점 더 농밀해졌다.

주고받는 편지만으로는 그리움을 달랠 수 없었던 두 사람은 비밀리에 만남을 가졌는데, 시녀의 방에서 몰래 만나거나 늦은 밤 정원에서 밀회의 시간을 가지기도 했다.

필립 백작은 조피에 대한 뜨거운 사랑을 감추지 못하고 '사랑하는 이여, 수많은 사람들 앞에서 들키지 않고 사랑을 주고받을 수 있는 것은 정말 큰 기쁨이라오'라고 하며 이 비밀 연애에 대한 짜릿함을 표현하고 사랑의 맹세를 위한 혈서를 쓰기도 했다.

두 사람의 이 비밀스러운 애정 행각을 발견한 것은 조피 도로테아의 시아버지인 하노버의 선제후 에른스트 아우구스트였다. 두 사람이 주고받은 비밀 연애편지를 입수하게 된 것이다. 에른스트 아우구스트는 며느리가 부당한 대우를 받는 것을 알고 있었고, 아들에게 아내를 챙길 것을 조언한 적도 있었다.

하지만 며느리의 불륜은 용납할 수 없는 일이었다. 그는 필립 백작을 프랑스의 루이 14세와의 전투에 보내 버리고 하노버에 오는 것을 금지한다.

하지만 조피를 포기할 수 없었던 필립 백작은 지위를 모두 버리고 엿새 동안 말을 달려 하노버에 도착했다. 그리고 도착한 다음 날 그는 하인리히 원수에게 자신의 임무 위반을 자백하고 하노버에서 휴가를 보낼 수 있게 해 달라고 간청했다. 하인리히는 잠시의 시간을 주면서 '이 문제를 해결하거나 나라를 떠나야 할 것'이라 덧붙였다. 하지만 에른스트 아우구스트는 필립 백작을 하노버에서 추방하는 것으로 대응했다.

그런 상황에서 조지의 정부는 둘째 딸을 낳았고 조지가 다정하게 정부의 손을 잡고 있는 것을 목격한 조피는 분노를 표현하는데, 이번에도 조지는 조피의 머리를 쥐어뜯고 목을 조르며 폭행을 했다. 시종들이 간신히 그를 그녀에게서 떼어냈지만 조피의 목에는 보라색 멍 자국이 남았다.

더 이상 참을 수 없다고 생각한 조피는 필립 백작과 함께 도망을 결심했다. 그러나 에른스트 아우구스트의 정부인 플라텐 백작

부인이 이 계획을 눈치채고 에른스트 아우구스트에게 보고했다.

1694년 필립 백작이 흔적도 없이 사라졌다. 그가 행방불명될 당시 시종에게 15만 탈러에 해당하는 거액이 지급되었는데, 그 큰 금액을 아무 이유 없이 지급했을 리는 없었다. 당시에는 밝혀낼 수 없었지만 에른스트 아우구스트가 그를 살해한 것으로 추정하고 있다.

에른스트 아우구스트는 그의 경호원들에게 필립 백작을 체포하도록 시켰고 필립 백작은 죽임을 당했다는 것이다. 경비원 몇 명과 플래텐 백작 부인은 임종 직전 당시 그의 죽음에 관여했음을 자백했다고 한다. 필립 백작의 시신은 강에 던져졌다고도 하고, 성의 회랑 아래 묻혔다는 말도 있었다.

수 세기 후 성의 바닥에서 오래전 사망한 것으로 보이는 사람의 뼈가 발견이 되었으며 그가 필립 백작이 아닐까 짐작되지만 그의 신원을 확인할 방법이 없었다.

조피 도로테아
감금되다

필립 백작이 실종된 이후 조피 도로테아와 그의 관계를 알게 된 조지는 자신의 불륜은 전혀 돌아보지 않고 아내를 다그치며 폭행했고 그녀를 가택 연금시켜 버렸다. 양가의 부모들은 이 문제를 해결하기 위한 논쟁을 벌이게 되는데, 이혼을 하는 것은 기정사실이었지만 불륜 문제를 내세우면 사라진 필립 백작의 문제가 거론되어 곤란해질 수도 있는 상황이었기에 조용히 이혼에 합의하기로 했다.

1694년 조피 도로테아는 이혼을 당하게 되는데 당시 그녀의 나이는 스물여덟이었다. 그녀는 이혼 수속 중 다음과 같은 말을 했다고 한다.

"나는 오래전부터 남편과 함께 살고 싶지 않았고 남편이 요구하는 이혼 역시 내가 바라는 것이었다."

조피 도로테아는 이혼에 합의했으니 자유의 몸이 될 줄 알았지만, 남편과 신성한 결혼 서약을 저버리고 도덕적으로 용납할 수 없는 죄를 지었다는 명목으로 아덴 성에 감금되었다. 조피는 재혼하는 것이 금지되고 아이들은 시어머니가 양육을 하게 되었다. 조피는 아이들을 만날 수 없을 뿐 아니라 편지도 주고받을 수 없었다.

당시 열한 살이었던 아들 조지(훗날 조지 2세)와 일곱 살이던 그의 여동생 조피 도로테아는 어머니와 영원히 헤어졌다. 두 사람의 아버지 조지는 자신의 말이 법이며 아이들은 자신에게 완전히 복종해야 한다고 생각했는데, 아이들의 어머니인 조피 도로테아의 이름을 말하거나 어머니에 대해 이야기하는 것을 금지시켰다. 조피 도로테아는 그녀의 아이들에게 애틋하게 기억되었고, 어린 아들 조지는 어머니와 헤어지게 만든 아버지를 몹시 원망했다. 이 원망은 훗날 아버지와의 관계 파탄으로 이어지며 뼈아픈 소용돌이를 일으키게 만들었다.

조피가 만날 수 있는 유일한 사람은 그녀의 어머니 엘레오노르뿐이었고, 어머니 엘레오노르는 조피가 감금 상태에서 벗어나도록 노력을 했지만 루이 14세와 윌리엄 3세와의 협상은 성공하지 못했다. 1700년 4월부터 9월까지 프랑스가 브라운슈바이크 공국을 침략하자 조지는 조피 도로테아가 셸레 성에 사는 것을 한시적으로 허락했다.

하지만 위험한 시기가 지나자 조피가 딸을 만나고 싶어 하는 것을 냉정히 거부하고 그녀를 다시 알덴 성으로 보냈다. 1705년 장인 게오르크 빌헬름이 사망한 후, 조지는 뤼네부르크 공국을 물려받았다. 그리고 영국의 국왕이 되는 행운도 함께 거머쥐게 된다.

정부들을 끼고
영국에 간 조지 1세

영국의 앤 여왕이 후사 없이 사망하면서 영국의 스튜어트 왕조가 막을 내리고, 제임스 1세의 증손이며 방계 왕족 중 가장 가까운 육촌인 조지가 쉰넷의 나이로 영국의 국왕이 되어 조지 1세로 등극하게 되었다. 영국에 하노버 왕조가 시작된 것이다.

1715년 조지 1세는 하노버를 떠나 영국으로 향하게 되는데, 독일인 요리사 열여덟 명과 두 명의 정부를 대동했다. 사실 이때 조피 도로테아도 영국의 왕비로 영국에 입성해야 하는 것이 맞지만 조지는 조피를 그대로 알덴 성에 감금해 두었다. 조지가 대동한 두 명의 정부는 다른 이들이 보기에는 미녀의 기준에는 한참 못 미치는 여인들이었다고 한다.

조피 도로테아와 결혼하고 얼마 지나지 않았을 때부터 조지의 정부가 되었던 슐렌베르크 백작 부인 에르멘가르다 멜루시나는 키가 크고 비쩍 마른 몸에 천연두를 앓아 머리카락이 거의 없었기에 촌스러운 가발을 쓰고 있었고 키에 맞지 않는 짧은 드레스를 입고 있었다. 또 한 명은 조그맣고 뚱뚱한 소피아 샤를로테 키엘만스게였다. 샤를로테 키엘만스게의 어머니가 조지 1세의 아버지 에른스트 아우구스트의 정부였다고 한다.

두 사람은 종종 영국 왕실에서 놀림감이 되곤 했는데, 슐렌베르크 백작 부인은 '꺽다리', 샤를로테 키엘만스게는 '코끼리 요새'라는 별명이 붙었다. 샤를로테 키엘만스게에 대해 '데굴데굴 구르는 검고 큰 눈이 불쾌했고, 그 위로 우뚝 솟은 아치형 눈썹, 한없이 펼쳐져 있는 진홍색 두 뺨, 대양이 범람하듯 넘실대는 목은 몸과 구별이 안 되고 코르셋으로 조일 수 있는 부분이 한 군데도 없었다'라는 외모 비하의 평이 있다.

조지 1세를 향해서는 '정부를 고르는 폐하의 독특한 취향 때문에 적당한 나이에 이르러 폐하의 총애를 받고 싶어 하는 모든 여인들이 우화에 나오는 개구리가 황소를 흉내 내듯 최대한 몸집을 부풀리고 있다. 성공하는 여자들도 있지만, 개중에는 몸이 터져 버리는 사람들도 있다'며 그의 독특한 여성 취향을 비꼬기도 했다.

조지 1세는 영어를 제대로 배운 적이 없어서 주로 프랑스어와 그의 모국인 독일어로 정부 업무를 수행했다. 그리고 하노버를 너무 자주 방문하는 문제와 이제 전 부인이라고 해야 할 조피 도로테아에 대한 소문까지 돌아 영국 국민들과 귀족들은 외국에서 온 국왕을 경멸하기도 했다.

영어를 모르는 외국인에 불과했던 조지 1세는 영국 왕실의 움직임을 전혀 알 수 없었고 왕으로서 무엇을 해야 할지도 알 수 없었다. 내성적인 성격의 조지는 공식적인 민찬도 베풀지 않고 왕궁 내의 식당에서 홀로 식사를 하며 칩거하다시피 생활했다. 조지 1세가 영국 내정에 관심을 갖지 않다보니 영국은 의원 내각제가 자연스럽게 확립되었다.

1722년 조피 도로테아의 어머니 엘레오노르가 사망하자 조피 도로테아는 어머니의 재산을 상속받아 자식들에게 물려주었지만, 조지는 유언장을 파기하고 조피의 재산을 차지해 버렸다. 한편 프로이센의 왕비가 된 딸 조피 도로테아는 늘 감금되어 있는 어머니를 생각하며 마음 아파했고 왕비가 된 후에야 서로 연락을 취할 수 있었다.

1725년 가을 딸 조피 도로테아는 하노버를 방문하여 어머니를 만나려는 노력을 했다. 하지만 딸 조피 도로테아의 남편 프리드리히가 이를 막았기 때문에 어머니를 만날 수 없었다. 딸 조피 도로테아도 어머니 조피처럼 불행한 결혼 생활을 하고 있었다. 결국 두 여성은 서로를 만날 수 있는 마지막 기회를 놓쳤다.

조피 도로테아는 33년 동안 감금되어 있다가 1726년 11월 13일, 간 기능 부전으로 예순에 사망했다. 그녀는 사망 후 스타트키르헤 성당의 부모 옆에 묻혔다. 조지 1세는 아내의 죽음 소식을 듣고도 하노버나 영국에서 애도하는 것을 거부했고, 그의 딸 조피 도로테아와 프로이센 궁정 사람들이 왕비의 어머니를 기리기 위해 검은 옷을 입기로 결정했다는 소식을 듣고 분노했다.

조피 도로테아는 죽기 전 전남편인 조지 1세에게 죽은 뒤에도 널 저주하겠다는 내용의 편지를 보냈다. 그런데 조피의 저주가 먹혔던 것일까? 조지 1세는 조피가 사망하고 몇 달 뒤에 뇌졸중으로 사망했다. 영국 신문은 다음과 같은 기사를 내보내며 조지 1세의 죽음을 환영하는 분위기였다.

악마가 드디어 왕의 목을 쥐었다.

조피 도로테아는 죽기 전 전남편인 조지 1세에게 죽은 뒤에도 널 저주하겠다는 내용의 편지를 보냈다. 그런데 조피의 저주가 먹혔던 것일까? 조지 1세는 조피가 사망하고 몇 달 뒤에 뇌졸중으로 사망했다. 영국 신문은 다음과 같은 기사를 내보내며 조지 1세의 죽음을 환영하는 분위기였다.

악마가 드디어 왕의 목을 쥐었다.

chapter 13

호색 왕비
마리아 루이사

멍청한 왕자와
자유분방한 공주의 결혼

1700년 카를로스 2세가 후계 없이 사망하면서 스페인 합스부르크 왕조가 막을 내리고, 프랑스 국왕 루이 15세의 증손자 펠리페 5세가 즉위하면서 부르봉 왕조가 시작되었다. 펠리페 5세의 할머니가 카를로스 2세의 누이인 오스트리아의 마리아 테레사였기에 스페인 왕위를 계승할 수 있었던 것이다.

펠리페 5세는 40년이 넘는 기간 스페인을 통치하게 되는데 마지막 7개월 동안 정신적으로 문제가 생겼을 때를 제외하면 비교적 스페인을 잘 이끌었고 뒤이어 페르난도 6세, 카를로스 3세를 거치면서 발전을 거듭했다. 이대로라면 스페인의 옛 영광을 되찾을 수 있지 않을까 하는 희망도 품게 되는데, 이때 스페인이라는 배가 만난 암초가 바로 카를로스 4세였다.

1748년 11월 11일 카를로스 4세는 이탈리아 나폴리에서 카를로스 3세와 마리아 아말리아 사이에서 태어났다. 어린 시절을 이탈리아에서 보낸 카를로스는 예술을 사랑했다. 음악과 미술에 조예가 깊어 스페인 국왕이 된 후 프란시스코 고야를 궁정 화가로 임명하기도 했다.

체격이 좋고 선해 보이는 큰 눈 때문에 유약한 인상의 카를로스는 어린 시절부터 좀 둔하고 모자란 모습을 보였다. 아버지 카를로스 3세는 아들이 나라를 이끌기에 부족한 면이 많이 보여서 걱정을 많이 했고 아들을 볼 때마다 한탄을 했다. 그리고 "너는 바보 같은 녀석이다"라고 하며 아들을 힐난하는 말을 종종 하곤 했다.

자유분방한 성격의 카를로스는 왕실 마구간에서 하인들과 웃고 농담하며 어울렸고 때로는 하인들과 레온 지방식 레슬링을 즐겼는데, 만나는 이들에게 갑자기 레슬링을 제안해 당황스럽게 만들기도 했다. 하지만 변덕이 심해서 하인들과 잘 지내다가도 갑자기 손과 신발에 입을 맞추게 하여 왕자의 권위를 세우기도 했다.

어느 날 연회가 열리는 중 카를로스 왕자가 아버지 카를로스 3세에게 물었다.

"아버지 이해가 안 되는 것이 한 가지 있습니다. 만약에 모든 왕이 신의 뜻에 따라 선택되었다면 어떻게 나쁘고 멍청한 왕이 있을 수 있는 건가요? 모두 현명하고 좋은 왕만 있어야 하는 것이 아닐까요?"

카를로스 3세가 아들을 쓱 돌아보고는,

"그러게 말이다. 그런데 그 나쁘고 멍청한 왕이 될 이가 바로 너란다."

하며 신랄하게 말했다. 아들을 비하하는 아버지의 태도에 문제가 있어 보이긴 하지만 역사를 돌이켜 보면 그것은 예언이었다.

이제 카를로스와 혼인을 해 스페인을 침몰시킨 마리아 루이사에 대해 알아보자.

마리아 루이사 데 파르마는 1751년 스페인 국왕 카를로스 3세의 동생이며 시칠리아 왕인 돈 필리프와 루이 15세의 딸 루이사 사이에서 넷째 딸로 태어났다. 파르마 공국의 콜로노 궁전에서 나고 자란 마리아 루이사, 당시 파르마 왕궁은 모든 문화와 예법이 프랑스식이었고 언어도 이탈리아어보다 프랑스어가 더 확산되어 있어서 프랑스식 교육을 받으며 자유분방하게 어린 시절을 보냈다.

1759년 마리아 루이사의 어머니가 세상을 떠났고, 마리아 루이사는 외할아버지 루이 15세가 있는 궁정에서 교육을 받기 위해 프랑스로 떠나게 되었다. 프랑스에서 철학자 에티엔 보노 드 콘딜락과 같은 훌륭한 선생님에게 교육을 받았지만, 학문에는 그다지 관심이 없었고 가볍고 충동적인 성격도 고쳐지진 않았다.

어린 시절의 마리아 루이사는 꽤 매력적인 외모를 가졌고 성격이 강하고 다른 사람을 지배하거나 조종하는 것을 즐겼는데, 이런 모습은 개인적으로나 정치적으로나 많은 이들에게 흥미롭게 보였다.

1765년 열네 살이 된 마리아 루이사는 사촌인 스페인 왕자 카를로스와 결혼을 하게 되었다. 사실 유럽 왕가는 근친 혼인을 하고 있어 사촌과의 결혼은 흔한 일이었다. 카를로스는 열두 살 때

어머니를 여의고 쓸쓸한 소년 시절을 보내다 아내를 맞으면서 마리아 루이사에게 애정을 느꼈지만 좀처럼 마음을 표현하지 못하고 아내 곁을 맴돌았다.

아들의 이런 모습을 한심하게 본 카를로스 4세가,

"넌 정말 바보로구나. 공주 따위가 뭐라고. 결국은 창녀와 조금도 다를 바 없지 않느냐."

라고 말했는데, 자신이 짝사랑하는 아내를 창녀에 비유하는 것에 당시 카를로스는 마음이 언짢았겠지만 결론적으로 보면 틀린 말도 아니었다.

마리아 루이사를
사로잡은 남자

카를로스 3세의 왕비 마리아는 카를로스 왕자가 결혼하기 5년 전 사망을 했다. 그래서 마리아 루이사는 궁중의 최고 여인으로서의 역할을 하게 되었다. 그녀는 외교 사절을 접견하거나 신하를 임명하고 해임하는 자리에 시아버지인 카를로스 3세 옆에 있었다. 그러다 보니 남편 카를로스의 존재감은 작아질 수밖에 없었는데 카를로스는 불만을 가지기는커녕 오히려 자신이 절대 할 수 없는 국무를 똑똑한 아내가 다 처리를 해 주는 것을 고마워하고 기뻐했다.

사실 카를로스는 정치나 사교에 아무 관심이 없었고 사냥과

장식물 세공, 소총 만들기를 취미로 즐기고 있었다. 특히 사냥을 매우 좋아해서 국왕이 된 이후에도 거의 매일 사냥을 하곤 했다. 훗날 스페인을 방문한 나폴레옹이 카를로스에게 정치 수행을 어떻게 하는지 질문했다. 이에 카를로스는,

"아침식사가 끝나면 침실에서 나와 미사에 참석합니다. 그리고 오후 1시까지 사냥을 하지요. 점심 먹고 다시 사냥터로 가서 저녁식사 때까지 사냥을 합니다. 밤에는 고도이로부터 국무 보고를 받고, 그런 후 침실로 들어가 잠을 자고 다음 날 아침이 되면 또 사냥을 나갑니다."

라고 답하며 그가 사냥을 얼마나 즐기는지와 얼마나 무능한 국왕인지 증명하게 된다. 그런 와중에도 아내에게는 충실했던지 마리아 루이사는 거의 일 년마다 임신을 해서 결국 열 명의 자식을 낳게 되었다. 카를로스는 사냥을 즐긴 만큼 근육질 다리와 건강하고 늠름한 체격에 체력도 좋아서 스스로 그것을 아주 자랑스럽게 생각했다.

가끔 밤에 변장을 하고 마드리드 뒷골목으로 나가기도 했는데, 워낙 힘이 좋다 보니 강도의 습격을 당해도 물리치고 도망을 칠 수 있었다고 한다.

마리아 루이사는 이런 남편의 상태를 일찌감치 파악해 버렸기에 모자란 남편보다는 다른 사람에게 더 관심을 가지게 되었다. 폐쇄적이고 엄격한 스페인 궁정은 마리아 루이사에게도 궁정 여인으로서 엄격한 예절을 지킬 것을 강요했다. 하지만 마리아 루

이사는 자유로운 성품을 숨기지 못했고 베르사유 스타일의 호화로운 파티를 열었으며 젊고 잘생긴 귀족들을 발견하면 은근히 추파를 던지기도 했다.

며느리의 이런 모습을 눈치챈 시아버지 카를로스 3세는 불편한 심기를 숨기지 않았는데, 그럼에도 마리아 루이사는 자신의 욕망을 감출 수 없었다. 마리아 루이사는 안달루시아에 있는 몬티호가의 테바 백작과 바람을 피우기 시작했지만 금방 싫증을 내고 그를 추방해 버렸다. 그리고 이어서 펜테스 백작, 랑카스트레 백작, 오르티스 백작 등 상대를 계속 바꾸어 가며 욕망에 충실한 모습을 보였다.

시아버지 카를로스 3세가 며느리의 부도덕함을 꾸짖으려고 하자 마리아 루이사가 먼저 선수를 쳐서 자신은 그저 왕세자비로서 귀족들을 살폈을 뿐이라며 자신의 결백을 주장했다. 그리고 아들인 카를로스까지 내 부인이 그럴 리 없다고 말하니 카를로스 3세도 더 이상 손을 쓸 수 없었다.

시간은 흘러 1785년 궁정에 한 청년이 등장을 하면서 궁정 안 여인들은 술렁이게 된다. 그리고 마리아 루이사 역시 이 청년을 보며 설렘을 느끼고 되는데 그는 바로 마누엘 데 고도이다.

그는 별 볼일 없는 하급 귀족 나부랭이로 근위병이 되어 궁정에 출입하게 된 것인데, 당시 열일곱 살의 꽃다운 나이였던 고도이는 눈부신 외모로 마리아 루이사를 비롯해 궁정 안 모든 여인들을 사로잡은 것이다.

당시 삼십 대였던 마리아 루이사는 어리고 잘생긴 청년 고도이와 은밀히 만나기 시작했고 곧 사랑에 빠져 버렸다. 그리고 남은 평생을 고도이와 함께하게 된다.

고도이가 잘생기기만 한 남자였다면 싫증을 잘 내는 마리아 루이사에게 이렇게 오랫동안 사랑받지 못했을 것이다. 그런데 고도이는 여자를 쥐락펴락할 줄 아는 남자였다. 궁정 안 모든 사람들은 마리아 루이사에게 굽실거리고 그녀의 비위를 맞추려 했는데 고도이는 오히려 마리아 루이사를 거칠게 대한 것이다. 말을 함부로 하고, 거칠게 때리기도 하고, 마리아 루이사를 지배하려 했다. '나를 이렇게 대하는 남자는 네가 처음이야'는 불문율이었던지 마리아 루이사도 고도이의 이런 모습에 쾌감을 느끼며 점점 더 빠져 들었던 것이다.

드디어 원하는 남자를 만났다고 생각한 마리아 루이사는 시아버지에게 들키지 않으려고 비밀 계단을 이용해 조심스럽게 밀회를 즐겼다. 마리아 루이사가 고도이에게 푹 빠졌음을 알 수 있는 것이, 두 사람이 만난 지 5년이 지난 뒤인 1790년에 고도이는 대좌가 되었고 그 다음해에는 중장이 되어 왕실의 비밀 회담에 참석할 수 있었다. 그리고 알쿠디아 후작 작위를 받았으며 1792년에는 총리대신이 되었다. 겨우 스물다섯 살의 나이에 말이다. 종국에는 공작 작위를 받아 알쿠디아 공작이 되었는데 이런 말도 안 되는 출세는 모두 마리아 루이사 덕분이었다.

왕과 왕비를
다 사로잡은 비법은?

1788년 카를로스 3세가 사망을 하고 카를로스 왕자가 마흔의 나이로 카를로스 4세로 등극했다. 이제 눈치 볼 사람이 없어진 마리아 루이사는 그 누구도 의식하지 않고 마음껏 고도이와의 사랑을 즐기게 된다. 카를로스 4세는 아내의 외도 상대인 것도 모르고 고도이를 무척 마음에 들어 하며 가까이했다고 한다.

고도이는 국정 운영 능력은 없었지만 사람의 마음을 사는 방법을 잘 알고 있어, 카를로스 4세에게 아첨하며 그의 마음을 휘어잡았던 것이다. 그런데 카를로스 4세는 정말 아내의 불륜을 몰랐을까?

마리아 루이사는 고도이를 만나면서 동시에 마요라는 다른 남자를 만나 바람을 피우기도 했는데, 원래 가난했던 마요는 왕비의 지원을 받아 돈 씀씀이가 커졌다. 카를로스 4세는 어느 날부터 돈을 펑펑 쓰는 마요를 보고 의아해 하며 물었다.

"마요가 유산이라도 받은 걸까? 저렇게 새롭고 멋진 마차와 말들을 장만했네. 돈이 어디선 나는 거지?"

옆에 있던 고도이는 왕비가 자신을 두고 마요를 만나는 것에 기분이 좋지 않았던지라 마리아 루이사를 노려보면서 말했다.

"마요는 동전 한 푼 없습니다. 그저 나이 들고 못생긴 여자가 남편의 돈을 훔쳐 그의 정부에게 가져다주도록 만들 수 있을 뿐이죠."

이 말을 들은 카를로스 4세는 크게 웃었는데 왕비가 인상을 찌푸리자,

"고도이가 항상 농담하는 것을 모르십니까?"

라고 카를로스 4세가 대꾸하기도 하였다.

1802년 나폴레옹이 카를로스 4세에게 왕비와 고도이가 불륜 사이이며 고도이가 왕의 권력을 행사하고 있다는 편지를 보낸 적이 있는데, 이 편지는 고도이의 손에 먼저 들어가게 되었다. 고도이는 편지를 읽고 다시 카를로스 4세에게 넘겨주는데 카를로스 4세는 편지를 읽고도 아무런 조치를 취하지 않았다고 한다.

처음에는 아내의 불륜을 몰랐다 하더라도 차츰 주위에서 말해주는 이들이 많았음에도 눈 감은 카를로스 4세, 그는 복잡한 정치를 마리아 루이스와 고도이에게 미루기 위해 모른 척 한 것이 아닌가 하는 생각이 들기도 한다.

마리아 루이사는 젊었을 때 아름다운 공주였지만 이때쯤에는 모습이 많이 달라져 있었다. 여러 번의 출산으로 피부도 거칠어지고 치아도 대부분 빠져서 진주로 틀니를 해 넣은 상태였다. 19세기 스페인의 거장 고야가 그린 카를로스 4세의 가족이라는 작품이 있다. 카를로스 4세와 그 일가를 그린 그림으로 왕과 왕비의 초상을 그린 작품은 많지만 왕실 일가를 전부 그린 그림은 이것이 처음이라고 한다.

그림 속의 카를로스 4세는 화려한 정장 차림에 많은 훈장을 달

고 파란색과 흰색 띠를 두르고 있다. 그런데 그림을 살펴보면 국왕이 중심에 오는 구도가 아니라 왕비 마리아 루이사가 그 중심에 있고 왕은 오른쪽에 다른 가족들과 함께 그려져 있다. 스페인 왕가의 권력 구조를 잘 보여 주는 그림이라 하겠다.

카를로스 4세는 불쾌한 얼굴에 배가 불룩하고 뭔가 유약해 보이는 모습으로 그려져 있고, 마리아 루이사는 화려한 의상과 보석으로 치장하고 턱을 오만하게 들며 위엄을 보이고자 하지만, 매부리코에 툭 튀어나온 눈, 처진 피부 등으로 못생긴 듯한 모습이 강조되어 있다. 화가의 의도가 있었다고 볼 수 있지만 당시 마리아 루이스가 더 이상 아름답지 않았음을 보여 주고 있다.

고도이 역시 서른을 넘기면서 살이 찌고 청년기의 그 풋풋함은 사라지게 되는데, 그래도 건장한 모습은 꽤 매력적으로 보였고 그에 대한 왕비의 사랑 역시 변함이 없었다. 고도이는 여전히 여자들에게 인기가 많아서 집무실 앞에는 그를 한번 만나 보려는 귀부인들이 몰려들었다.

〈옷 벗은 마야〉 그림의 모델로 알려진 알바 공작 부인도 고도이와 바람을 피운 여인 중 한명이었는데, 고도이는 〈옷 벗은 마야〉, 〈옷 입은 마야〉 두 그림 다 소장을 했으며 평소에는 〈옷 입은 마야〉를 걸어 놓고 혼자 있을 때는 〈옷 벗은 마야〉를 보며 흐뭇해했다는 이야기가 있다. 마리아 루이사와 대적하기도 했던 알바 공작 부인은 마흔 살에 사망했는데, 왕비에 의해 독살되었다는 소문이 돌기도 했다.

어느 날 고도이가 집무실에서 시녀와 정사를 나누고 있었는데 왕비가 집무실로 쳐들어와 분노를 표하자 고도이가 그녀에게 도리어 화를 냈다고 한다. 고도이가 사람들 앞에서도 왕비를 때렸다고 하니 그가 왕비를 얼마나 함부로 대했는지 알 수 있다.

고도이와 마리아 루이사는 국사를 자신들 입맛대로 처리하고 쾌락과 부와 지위를 마음껏 누렸다. 고야가 그린 카를로스 4세의 가족 그림 속 마리아 루이사 왼쪽에 있는 공주 도냐 마리아 이사벨라, 오른쪽에 있는 왕자 돈 프란시스코 파울라 안토니오는 고도이와 마리아 루이사 사이에서 태어난 아이들이라고 한다. 왕비가 이 두 아이들의 손을 잡고 있는 것 역시 그런 이유에서라고 한다.

두 사람의 행동은 신하들과 자식들에게 모두 불만을 가지게 만드는데, 궁정에서 이들의 관계를 모르는 사람이 없었고 사람들은 '지상의 삼위일체'라고 비꼬았다. 이들의 소문을 들은 서민들은 사창가의 포주와 창녀와 기둥서방이라고 비난했다. 특히 왕세자 페르난도는 능력 없는 아버지와 애인에게 끌려다니는 어머니를 증오했다.

상황이 이쯤 되자 소문을 잠재울 필요성을 느낀 마리아 루이사는 고도이의 아내감을 물색했고 그렇게 선택된 것이 카를로스 3세의 조카인 열여덟 살의 마리아 테레사 데 불본이었다. 마리아 테레사의 아버지 루이스는 추기경이었지만, 성직자의 길을 그만두고 신분이 낮은 여성과 연애결혼을 했기 때문에 마리아 테레사는 평탄치 못한 삶을 살았다. 그리고 이때는 이미 부모가 모두 세상을 떠난 후라 수도원에 거의 감금되다시피 생활하고 있었는데, 스페인 최고의 권력자 고도이와의 결혼은 곧 신데렐라가 되는 길이라 생각했다.

1798년 두 사람은 결혼을 하게 되고 2년 후 마리아는 국왕으로부터 친촌 백작 부인으로 임명받았다. 고도이는 결혼 후 얼마 동안은 잠잠하더니 곧 옛 버릇이 도지며 다른 여자들에게 눈을 돌리게 된다. 마리아 테레사는 딸을 낳았지만 남편의 무심함에 지쳐갔다. 불행하고 무력한 결혼 생활을 끝내기 위해 딸을 데리고 떠날 계획까지 세우지만 마리아 루이사에게 들켜 무산되고 만다.

고도이는 페피타 투도라는 안달루시아 여인에게 푹 빠져 왕실 비용으로 페피타에게 큰 저택을 지어 주고 매일 그곳에서 출퇴근을 했기에 두 사람이 비밀 결혼을 했다는 소문까지 나돌았으니, 마리아 루이사는 질투심에 미칠 지경이 되기도 했다.

카를로스 4세
왕가의 몰락

당시 유럽은 새로운 혁명의 물결이 일고 있었다. 1789년 프랑스 혁명이 발발하고 카를로스와 마리아 루이사의 친척인 루이 16세가 혁명군에게 체포되었다는 소식은 매우 충격적이었다. 결국 1793년 1월 30일 루이 16세가 단두대의 이슬로 사라졌다는 소식이 스페인에 전해졌고 카를로스 4세는 충격으로 멍하니 서 있고,

마리아 루이사는 쓰러져 기절을 하고 말았다.

스페인 역시 왕실의 이런 문란함에 불만을 느낀 국민들의 반발이 점점 커져갔고, 혁명의 움직임이 일어 반왕당파와 인민들이 들고 일어나 마리아 루이사와 고도이의 부정을 공공연하게 비난하기 시작했다. 고도이의 형편없는 국정 운영 능력에 국가 재정이 파탄날 지경에 이르자 결국 약한 농민들에게 세금을 더 거둬들일 수밖에 없었다. 그러니 전염병과 기근으로 고통받던 농민들은 여기저기서 폭동을 일으켰다.

그런 와중 고도이는 카를로스 4세의 대리인으로 나서 나폴레옹과 퐁텐블로 비밀 협약에 서명을 하는데, 이 협약의 핵심은 나폴레옹 군이 대륙 봉쇄령을 어긴 영국의 동맹국 포르투갈을 치러 가는데 프랑스 군대가 스페인을 지날 수 있게 해 주겠다는 것이었다.

이 협약을 한 이유는 나폴레옹이 포르투갈을 점령하면 3등분을 하여 스페인과 프랑스가 나누어 가지고 3분의 1은 고도이와 그 가족에게 넘겨준다는 약속을 했기 때문인데, 반대로 프랑스 군대가 스페인을 집어삼킬 수 있다는 생각은 하지 않은 것일까?

결국 우려했던 일이 일어나고 마는데, 1807년 말 나폴레옹은 스페인 영토를 통과해 리스본을 점령한 후 1808년 2월 북쪽과 남쪽에서 스페인으로 침입해 들어와 팜플로나와 바르셀로나에 진주해 버린다. 당시 아란후에스 별궁에 머물던 고도이와 마리아 루이사는 아무런 대책을 세우지 못하고 왕실 재물을 챙겨서 해외로 망명하려고 했다.

그즈음 항구 도시 카디스와 세비야에 주둔하고 있던 스페인군이 이미 전함 준비를 하라는 명령을 받았다는 소문이 파다하게 퍼졌다. 왕과 왕비, 고도이가 아란후에스에서 세비아로 이동해 카디스 항에서 배를 타고 미국으로 향한다는 소문이었다.

시민들은 당연히 분노했고 3월 17일 폭발해 버리고 말았다. 시민들은 무기를 들고 고도이의 저택으로 쳐들어가게 되는데, 고도이는 보이지 않고 아기를 안은 고도이 부인이 벌벌 떨고 있었다. 그리고 어디를 뒤져봐도 고도이는 보이지 않았다.

"스페인의 적, 고도이를 찾아라."

분노한 시민들은 저택을 샅샅이 뒤졌지만 고도이를 찾을 수 없었다. 하지만 이틀 뒤 제 발로 나온 고도이를 발견했다. 고도이는 이들이 자택으로 쳐들어오는 소리를 듣고 융단을 몸에 감고 별궁 헛간의 지붕 뒤에 숨어 있었는데 배가 고파 먹을 것을 찾으러 나왔다가 발각된 것이다.

군중들은 고도이를 마구 때리고 발로 걷어차기 시작했다. 겨우 목숨만 건져 정원으로 끌려 나온 고도이는 온 몸을 얻어맞아 피투성이였고 옷도 다 찢겨 있었다. 고도이가 잡힌 후 카를로스 4세는 건강상의 이유로 아들 페르난도에게 왕위를 양위한다는 정식 포고문을 작성하는데, 이는 고도이를 살리기 위한 행동이었다.

마드리드까지 차지한 나폴레옹은 스페인을 그냥 프랑스의 속국으로 만들려는 생각을 하고 있었고, 국왕이 된 지 얼마 되지 않은 페르난도 7세를 프랑스의 국경 도시 바욘으로 초대해 저녁식사를 하는 자리에서 국왕 자리를 내놓으라 협박했다. 아무 힘없는 페르난도는 단 며칠 만에 퇴위할 수밖에 없었다. 결국 스페인 왕위는 자동적으로 나폴레옹의 것이 되었다.

분노한 군중들은 5월 2일 폭동을 일으켰는데, 이때 150명의 프랑스군이 죽고 300명 이상의 스페인 국민이 처형되었다. 이날의 모습은 고야의 〈1808년 5월 3일〉이라는 작품에 담겨 있다.

6월 6일 차기 스페인 왕으로 결정이 된 나폴레옹의 형 조제프 보나파르트가 급히 바욘에 도착했고, 그는 스페인 왕 호세 1세로 즉위했다.

망명 생활 중
사망하다

고도이와 나폴레옹의 부관은 카를로스 4세와 마리아 루이사의 거취 문제를 협상하게 되는데, 카를로스 4세, 마리아 루이사, 고도이는 나폴레옹과 맺은 바욘 협약으로 연금을 지원 받으며 프랑스에서 살게 되었다. 마이라 루이사와 고도이의 아들로 알려진 돈 프란시스코, 고도이의 애인 페피타와 그 아들, 하인들과 시녀들까지 총 200명이 넘는 사람들이 프랑스 망명길에 올랐다.

고도이의 본처는 스페인에 남게 되어 결국 고도이와 만나지 못했다. 카를로스 4세는 프랑스 파리에서 동북쪽으로 80킬로미터 떨어진 콩피에뉴로 가서 살라는 제의를 받는데 통풍 때문에 추운 곳이 싫다고 거부했다. 결국 이들은 프랑스 남부 니스의 궁전에서 망명 생활을 시작했다.

마리아 루이사도 망명길에 오를 당시 쉰일곱으로 적지 않은 나이였다. 고도이와는 망명 생활 중에도 함께였으니 20년 넘게 함께한 것이다. 질투심에 불타 소란을 피울 힘도 의지도 사라진 마리아 루이사는 고도이의 애인이 낳은 아이도 사랑하는 모습을 보이며 망명 후 오히려 평화를 되찾은 듯한 모습을 보였다. 카를로스 역시 여전히 고도이를 신뢰하고 가까이하고 있었으니 지상 최고의 삼위일체는 망명길에 오르면서 더 완전해진 것 같다.

카를로스는 망명 생활에 잘 적응하지 못했고, 약속한 연금이 제대로 나오지 않아 가지고 있던 보석을 팔아 연명해야 했다. 이들은 프로방스, 마르세유, 로마 등지를 떠돌게 되었다. 그러는 동안 반反스페인을 내세운 영국이 카를로스를 탈출시켜 스페인 왕좌에 복위시키려는 계획을 세웠지만, 카를로스가 이를 거절한다. 무조건 고도이와 함께여야 한다는 카를로스의 의견을 영국이 받아들이지 않았기 때문이다.

스페인에서는 프랑스에 저항하는 게릴라전이 스페인 전역에 걸쳐서 거세게 일어났으며 독립전쟁의 시발점이 되었다. 이후 영국군의 도움을 받은 스페인 게릴라들의 활동은 끊임없이 프랑스군을 괴롭혔고 끝내 프랑스는 1813년에 스페인에서 철수했으며 호세 1세가 폐위되면서 페르난도 7세가 복위되었다.

1819년 1월 2일 로마에 머물던 마리아 루이사는 감기에 걸려 끝내 일어나지 못하고 사망하고 만다. 그녀의 시신은 바티칸 궁 지하에 안치되었는데, 그녀는 사망 전에 가톨릭 신부 후안 데 알마라스에게 충격적인 고백을 했다.

"제 자식 중 누구도 카를로스 4세의 자식이 아닙니다. 부르봉 왕가는 스페인에서 사라질 것입니다."

페르난도 7세는 어머니의 고백이 폭로되는 것을 막기 위해 신부를 평생 발렌시아 지방의 페니스클라에 있는 요새 독방에 가두었다고 한다.

마리아 루이사가 사망했을 때 카를로스는 나폴리에 머물고 있었는데 통풍이 악화되어 움직이지 못해 장례식에 가지 못했다. 그리고 며칠 후 고열로 쓰러진 카를로스 4세가 1월 19일 죽음을 맞았다. 카를로스의 최후를 지켜본 것은 고도이뿐이었다.

고도이의 아내는 추기경으로 있던 오빠의 도움으로 파리에 정착해 여생을 살다가 1828년 11월 자궁암으로 사망했다. 그녀의 사망 소식을 들은 고도이는 곧바로 애인 페피타와 정식으로 재혼하고 4년 후 파리로 이주했다. 그리고 1851년 10월 4일 여든넷의 나이로 사망했으니 당시 기준으로 매우 장수한 것이다.

능력 없고 우둔한 왕과 탐욕스러운 왕비, 그들에게 기대 권력을 차지한 남자가 보여준 왕실의 무능과 타락, 부패는 반면교사로 삼을 역사의 부끄러운 단면이다.

—

제 자식 중 누구도
카를로스 4세의 자식이 아닙니다.
부르봉 왕가는
스페인에서 사라질 것입니다.

chapter 014

후아나 1세와
펠리페의 미친 사랑

이사벨 여왕의
딸 후아나

스페인 최고의 국왕으로 추앙받고 있는 여왕, 이사벨 1세가 스페인 왕국을 통일하기 전 스페인은 카스티야, 아라곤, 그라나다 왕국 등으로 분열되어 있었다. 카스티야의 공주로 태어난 이사벨은 어린 나이에 아버지를 잃고 이복 오빠 엔리케 4세에 의해 궁에서 추방되는 등 온갖 어려움을 겪게 되지만, 1474년 결국 카스티야 왕국의 여왕으로 등극하게 된다.

그리고 그녀가 선택한 남편 페르난도는 아라곤 왕국의 국왕 페르난도 2세가 되어 이사벨은 두 왕국을 공동 통치하게 되었고, 1480년 그라나다 왕국을 공격해 13년 만에 항복을 받아내며 분열된 스페인을 통일시켰다.

이사벨 여왕은 1남 4녀를 두었는데, 1479년 11월 6일 셋째 딸 후아나가 태어났다. 후아나는 푸른 눈과 갈색에 가까운 짙은 금발을 가진 미모로 카스티야 궁정의 자랑거리였으며, 소녀 시절 무척 영특하였고 이베리아어, 프랑스어, 라틴어에 능통했다. 또한 노래도 잘하고 춤도 잘 췄으며 왕실 예절에도 정통했고, 종교에도 깊은 지식을 가지고 있었다고 한다. 그녀의 어머니 이사벨 여왕은 자식 교육을 할 때 사사로운 감정을 배제하고 개인의 이익이 아닌 국익을 우선으로 해야 한다고 강조했다.

"우리는 여왕이 되기 위해 태어났기 때문에 개인적 이익을 추구하는 사치는 허락될 수 없다."

그녀는 냉정하게 말하며 후아나를 단호하게 교육시켰는데, 후아나는 어머니와는 성향이 많이 달랐고 감정적이어서 이런 어머니의 교육이 통하지는 않았던 것 같다.

이사벨 여왕은 국가의 이익에 따라 자녀들을 결혼시켰다. 큰딸 이사벨은 포르투갈 왕위 계승자 알폰소 왕자와 결혼했지만 알폰소가 사망하면서 다시 알폰소의 동생 마누엘 1세와 결혼했다. 시동생과 재혼을 한 것이다. 그런데 이사벨이 일찍 사망하면서 마누엘 1세는 이사벨 여왕의 넷째 딸 마리아와 재혼을 했다. 처제와 결혼을 한 것이다. 이후 마리아가 사망하고 마누엘 1세는 한 번 더 결혼을 하게 되는데, 세 번째 부인이 되는 사람이 바로 이사벨 여왕의 손녀 그러니까 후아나의 딸 엘레노어이다.

유럽 왕가의 근친혼은 지금의 상식으로는 이해할 수 없지만 왕권을 지키고자 하는 왕가는 계속해서 근친혼을 자행했다. 이사벨 여왕의 넷째 딸 카탈리나는 영국의 헨리 8세와 결혼하게 되는데, 그녀가 바로 헨리 8세의 첫 번째 아내로 '아라곤의 캐서린'이라고 불렸다. 그녀는 헨리 8세가 시녀 앤 불린과 사랑에 빠지면서 이혼을 강요당하게 된다.

그리고 장남인 후안과 셋째 딸 후아나는 신성 로마 제국의 막시밀리언 황제의 딸 마르그리트 공주, 펠리페 왕자와 각각 혼인을 하게 되어 두 집안은 겹사돈이 되었다. 신성 로마 제국의 합스부르크 가문의 핏줄이 스페인의 왕가에 흐르는 시작점이 된 것이다.

후아나
펠리페에게 반하다

후아나는 열여섯이 될 무렵 아직 소녀의 모습이 가시지 않았지만 부모의 뜻을 따라 오늘날의 벨기에 지역에 해당하는 플랑드르 지역으로 가는 배에 올랐다. 1,500여 명의 수행원과 120척의 선박들을 대동해 얼굴도 보지 못한 남편을 만나 결혼을 하러 가는 길이었다.

두 사람은 수도원에서 첫 만남을 가졌는데 정략결혼임에도 서로에게 첫눈에 반하게 된다. 후아나와 결혼을 하는 필리프(프랑스식으로 부르면 필리프이다) 스페인 발음으로 펠리페는, 미녀였던 어머니를 닮아 훌륭한 외모를 지니고 있었고, 후아나 역시 금발의 아름다운 소녀였기에 서로에게 호감을 가지게 된 것이다. 두 사람은 첫 만남 후 같은 날 오후에 바로 결혼식을 하도록 주교에게 요구해 그날 첫날밤을 보냈다고 한다.

이들은 달콤한 신혼 생활을 보내고 있었지만 사실 주변 상황은 달콤하지 않았다. 당시 신성 로마 제국의 막시밀리언 황제와 프랑스 국왕 루이 12세 그리고 스페인의 이사벨 여왕은 세력 팽창을 위해 서로를 견제하고 각축전을 벌이고 있는 상황이었다. 이사벨 여왕은 딸 후아나가 펠리페를 사로잡아 스페인 편에 서게 만들기를 원했다. 하지만 사랑에 빠진 이 어린 소녀는 남편을 정치적으로 설득할 생각은 전혀 하지 못했고, 첫 만남의 뜨거움이 식어가는 남편을 보며 초조해 하고 있을 뿐이었다.

두 사람 사이의 첫딸 엘레노어가 태어난 후 펠리페의 태도가 달라졌다. 펠리페는 열정적이며 독점욕이 강한 아내에게 싫증을 내며 점점 멀어져 갔다. 펠리페는 쾌락주의자에 복잡한 것과 간섭 받는 것을 싫어하는 성격에 여자를 배려할 줄도 몰랐다.

반면 후아나는 외할머니로부터 물려받은 우울증이 있는데다가 집착이 강하고 질투가 심하며 자주 신경질을 냈는데, 펠리페는 그걸 견디지 못했던 것이다. 두 사람은 자주 싸웠고, 싸울 때마다 펠리페는 후아나가 있는 침실에 발을 들여놓지 않았다. 홀로 남은 후아나는 밤새도록 펑펑 울면서 벽에 머리를 찧어댔다고 한다.

한편 이사벨 여왕은 자식들이 자신보다 먼저 사망하는 불행을 겪게 된다. 1497년 후아나의 오빠 후안이 결혼한 지 6개월 만에 열아홉 살의 어린 나이로 죽음을 맞았다. 여왕은 죽은 아들을 톨레도 대성당에 묻으며,

"내가 죽더라도 하늘나라에서 아들을 내려다볼 수 있도록 톨레도는 영원히 변화를 주지 말라."

하며 신신당부했다고 한다.

후안과 결혼한 마르그리트 공주도 참 기구한 운명의 여인이었다. 프랑스의 왕세자 샤를과 약혼을 한 상태로 프랑스에 머물렀는데, 샤를이 브로타뉴 공작령을 얻기 위해 마르그리트 공주와 파혼을 해서 후안과 결혼했다. 이렇게 상처 받은 마르그리트 공주는 바다 건너 스페인까지 시집을 갔지만 남편이 6개월 만에 죽은 것이다. 이때 마르그리트 공주는 임신 중이었는데 남편이 죽고 두 달 후 딸을 사산하고 만다. 이사벨 여왕의 불행은 여기서 멈추지 않았다. 1498년 큰딸 이사벨은 아이를 낳다가 사망했고, 그 이듬해 그녀가 낳은 어린 아들 미겔도 갑작스런 죽음을 맞게 되었다.

왕위 계승자가 된
후아나

이사벨 여왕의 맏딸과 맏아들이 모두 사망을 하면서 셋째 딸 후아나가 왕위 계승자가 되었다. 1501년 후아나와 펠리페는 첫딸 엘레노어와 1500년에 태어난 아들 카를을 네덜란드에 남기고 스페인으로 가게 되었다.

펠리페는 스페인을 싫어했다. 이사벨 여왕을 비롯해 모든 스페인 사람들이 독실한 가톨릭 신자인데다 금욕적인 모습을 보이는 것이 펠리페에게는 답답하게 보였던 것이다. 그는 '스페인의 여인들은 참으로 진실하고 도덕적이구나. 이렇게 정절을 지키는 아가씨들만 가득하다니, 아름답고 유혹적인 플랑드르의 여인들이 그립구나'라고 생각하며 한숨을 내쉬었다.

하지만 그 역시 야망은 있는 남자였기에 꾹 참고 기다렸다. 후아나가 왕위 계승자로 인정을 받은 후 후아나의 남편으로서의 권리를 스페인 의회인 코르테스에서 인정을 받는 절차가 남았기에 인내를 갖고 기다렸던 것이다. 마침내 코르테스가 펠리페를 인정하자 만족한 그는 곧바로 함께 온 친구들과 같이 귀국할 준비를 했다.

'긴박한 정무' 관계로 지체 없이 귀국하라는 지시가 있어 곧바로 가야 할 것 같다는 사위의 보고를 받는 이사벨 여왕과 페르난도 국왕, 당시는 페르난도 국왕과 프랑스 사이에 적대 관계가 재발된 상태였다. 때문에 페르난도는 자신의 사위가 적의 나라를 통해서 가는 것을 허용하고 싶지 않았다. 게다가 후아나는 임신 중이었기에 이사벨 여왕은 임신한 몸을 이끌고 길고 힘든 여행을 하는 것은 불가능하다며 귀국을 미루는 것이 좋겠다는 조언을 했다.

그리고 의회에서조차 '자국의 백성들이 싸우고 있는 적국을 통해서 여행하는 것은 결코 있을 수 없는 일이므로 스페인에 머물러 있는 것이 좋겠다'는 청원서를 제출했다. 하지만 펠리페는 결정을 바꾸지 않았고, 임신한 아내인 후아나를 홀로 남겨두고 혼자서 자신의 영지이자 환락의 땅인 플랑드르로 돌아가기로 한다.

이런 남편의 결정에 후아나는 울고불고 사정을 했지만, 펠리페는 냉정히 뿌리치며 1502년 12월 19일 마드리드를 떠났고 프랑스의 리옹 등에서 열렬한 환영을 받았으며, 이후 오스트리아의 인스부르크에 도착하여 아버지 신성 로마 제국 황제 막시밀리안과 상봉의 기쁨을 나누었다.

집착으로
미쳐가는 후아나

펠리페가 떠난 후 후아나는 남편에게 버림받은 기분으로 깊은 슬픔에 잠겨 잠도 못자고 음식도 먹지 못하는 힘든 하루하루를 보냈다. 그런 와중 펠리페는 후아나가 부모에게 영향을 받아 스페인에서 정치적으로 자신을 배제할 것을 염려해 그녀에게 플랑드르로 오라는 편지를 보냈다. 후아나는 당장 펠리페에게 달려가려 했지만 어머니 이사벨 여왕이 간곡히 만류했다.

"혹독한 겨울 날씨에 만삭의 몸으로 어떻게 배를 타려 하느냐?"

그럼에도 후아나가 막무가내로 남편에게 가겠다고 고집을 부렸고, 이사벨 여왕은 결국 이 고집불통의 딸을 메디나 델 캄포 근교의 라모타 성에 감금해 버렸다. 히스테리가 극에 달한 후아나는 밤새 소리를 지르고 주위 사람들에게 욕하고 매질을 하였으며 비명을 질러댔다. 이때 의사들은 군영에 있는 페르난도 국왕에게 편지를 보내기도 했다.

공주님은 잠을 잘 자지 못하고 잘 먹지 못하며 어떤 때는 전혀 먹지 아니 합니다. 그뿐만 아니라 큰 슬픔에 잠겨 있고 여윈 상태이며 말을 전혀 하지 않으려고 합니다. 이와 같은 상태는 오직 사랑과 위로의 말 또는 두려움을 통해서만이 치유될 수 있는 것입니다. 그런데 당부나 따뜻한 말을 듣지 않으려고 합니다. 말을 건네려는 시도를 하면 불같이 화를 내기에 누구도 감히 하려고 하지도 않습니다.

후아나는 감금 생활 동안 더욱더 병적인 모습을 보였고 후아나가 지르는 비명 소리가 성 밖으로 울러 퍼져 이때부터 백성들은 후아나를 '미친 후아나' 즉 '후아나 라 로카'라고 부르기 시작했다. 후아나의 우울증과 히스테리가 심해지자 이사벨은 할 수 없이 후아나가 플랑드르로 가는 것을 허락하는데, 후아나는 태어난 지 얼마 되지 않은 둘째 아들 페르디난트를 스페인에 남겨둔 채 혼자 플랑드르로 향했다.

그리고 도착한 그곳에서 충격적인 장면을 보게 되었다. 남편 펠리페가 뭇 여성들과 바람피우는 모습을 목격한 것이다. 당시 펠리페의 모습을 본 사람들은 '펠리페는 연회에서 연회로, 여자에서 여자로 옮겨 다니기에 바빴다'고 말한 것으로 봐서 펠리페는 자유연애를 마음껏 즐기고 있었음을 알 수 있다.

후아나는 남편 펠리페가 아름답고 사랑스런 귀족 출신의 여인을 사귀고 있다는 사실을 알게 되었을 때 격분하여 그녀에게 달려들어 머리카락을 뽑고 얼굴을 할퀴었다. 이 모습을 본 펠리페가 후아나에게 심한 질책의 말과 함께 흥분한 후아나를 때리기까지 했다. 그리고 사람들이 지켜보는 가운데 더 이상 아내와 할 일이 없을 것이라는 말까지 내뱉었다. 이런 남편의 태도에 충격을 받은 후아나는 이성을 잃고 더욱 흥분하는 모습을 보이기도 했다.

또 한 번은 펠리페의 정부로 알려진 여자가 옷 속에 연애편지를 감추는 것을 보게 된 후아나는 그녀에게서 편지를 빼앗았는데, 다른 여자가 편지를 빼앗아 삼켜 버리자 미친 듯이 화를 내며 그 여자의 머리카락을 가위로 잘라 버리고 여자의 얼굴까지 찔러 버렸다.

아내의 이런 행동에 놀란 펠리페가 소리치자 후아나는 자신의 편이 되어 주지 않는다며 침대에 쓰러져 엉엉 울기도 했다. 후아나는 이후에도 감정을 조절하지 못하고 스페인에서 데려온 모리스코 노예들의 얼굴을 도려내기도 하는데, 이것을 본 펠리페가 질겁하며 후아나를 방에 감금했다.

후아나는 식음을 전폐하고 막대기로 바닥을 두드리거나 어두운 방에 꼼짝없이 웅크리고 앉아 웅얼웅얼 노래를 부르기도 했다. 후아나의 이런 행동은 재무상에 의해 모두 기록되는데 펠리페의 지시에 의한 것으로, 모두 자신의 바람기를 방어하기 위한 수단으로 사용하기 위해서였다. 그래서 어쩌면 이 기록에는 과장이 있을 수도 있겠다는 짐작이 든다.

남편과 아버지 사이에서
미쳐가다

1504년 11월 23일 후아나의 어머니 이사벨 여왕이 세상을 떠 났다. 이사벨 여왕은 자신에게 죽음이 다가오고 있음을 직감하자 후계에 대한 고민을 했다. 후아나가 자신을 이어 여왕의 자리에 오르게 될 텐데, 그녀의 정신이 온전치 않다는 것을 알고 있었기 때문이다. 그래서 유언장에는 다음의 내용을 남긴다.

> 후아나에게 왕위를 물려준다. 그러나 그녀가 왕국 내에 없거 나 통치 능력이 없을 경우 남편 페르난도가 외손자(후아나의 아들) 카를로스가 스무 살이 될 때까지 스페인을 통치한다.

이사벨 여왕이 사망한 날 페르난도는 그의 딸 후아나를 여왕 으로 선포했고 후아나는 카스티야 왕국의 여왕 지위를 물려받게 되었다. 이제 후아나가 카스티야 왕국의 여왕이 된 것이다.

하지만 그동안 아내의 기에 눌려 있던 페르난도가 딸 후아나 를 대신해 왕국을 통치하고자 하는 야망을 드러냈다. 1505년 1월 의회를 소집한 페르난도는 딸 후아나는 병으로 인해서 나라를 다 스릴 능력이 없음을 선언하며, 자신을 딸의 섭정으로 임명하도록 코르테스에 압력을 행사했다.

그리고 후아나와 협상을 시작했다. 만약 후아나가 남편 펠리폐의 섭정 통치를 원할 경우를 대비해서 이미 프랑스 왕 루이 12세가 선언한 대로 프랑스가 막시밀리안 황제와 펠리페에 대항해서 페르난도를 돕는다는 조약을 체결해 두었다.

과연 후아나의 남편 펠리페가 가만히 있었을까? 그럴 리 없었다. 펠리페는 여왕의 남편으로서의 역할을 놓치지 않으려 후아나의 여왕으로서의 권리를 주장했다. 또한 '내가 그동안 아내를 관찰해 왔는데 정신 상태가 온전치 않다. 그러니 내가 아내 대신 정치를 맡아야 한다'며 그동안 후아나의 행동을 기록한 자료도 함께 내놓았다. 후아나는 아버지와 남편의 권력 싸움에서 슬픔을 느끼며 다음과 같은 글을 남긴다.

> 스페인에서는 내가 미쳤다는 주장이 나오고 있다. 나의 남편이 스스로를 정당화하기 위해 나에 관한 불평이 담긴 글을 스페인으로 보냈다. 하지만 이 일이 부모 자식 간의 관계를 넘어서는 문제가 되어서는 안 된다. 원인은 질투심뿐이다.

후아나는 1505년 셋째 딸 마리아를 낳고 1506년 스페인으로 향했다. 페르난도 2세가 프랑스 국왕의 가까운 친척인 제르멘 드 푸아와 재혼을 하며 후아나의 왕권을 위협하는 상황이었기에 펠리페가 장인으로부터 왕권을 지키고자 후아나를 앞세워 스페인으로 가게 된 것이다.

그리고 페르난도와 펠리페 두 사람 모두 후아나가 정신적인 문제로 통치할 수 없으므로 자신이 대신해 정치를 해야 한다고 주장하며 첨예하게 대립했다. 남편과 아버지는 후아나의 정신이 불안정해져야 자신들의 권력을 잡을 기회가 많아진다고 생각했기 때문에 후아나의 정신을 더욱더 흔들어대기 시작했다.

펠리페는 후아나가 질색을 하는 여성 편력을 노골적으로 드러냄으로써 후아나에게 끊임없이 상처를 주었다. 후아나는 스페인 왕국의 통치권이 자신에게 있음을 주장하면서도 아버지와 함께할지 남편과 함께할지 몰라 갈팡질팡하며 더욱 불안한 모습을 보였다.

후아나는 남편의 사랑에 목말라 있었기에 결국 통치권을 남편에게 넘기는데 얼마 지나지 않아 펠리페가 갑자기 병에 걸린다. 부르고스에 머물던 중 카드놀이를 하고 물을 한 잔 마셨는데 다음 날 고열과 심한 구토 증세가 나타났고 온 몸에 붉은 반점이 돋아났다.

펠리페가 병을 앓고 있는 동안 후아나는 남편의 곁을 떠나지 않았다. 그녀는 밤낮을 가리지 않고 펠리페를 간호했으며 펠리페에게 가져오는 모든 약은 일일이 맛을 보기도 했다.

스페인에서는 내가 미쳤다는 주장이 나오고 있다. 나의 남편이 스스로를 정당화하기 위해 나에 관한 불평이 담긴 글을 스페인으로 보냈다. 하지만 이 일이 부모 자식 간의 관계를 넘어서는 문제가 되어서는 안 된다. 원인은 질투심뿐이다.

후아나
펠리페를 잃다

후아나는 펠리페가 죽을 때까지 눈물 한 방울 흘리지 않았다. 남편의 병간호에만 온 신경과 정성을 쏟았던 그녀이기에 단호한 그녀의 모습은 주변 사람들을 놀라게 했다. 하지만 펠리페의 병세는 나아지지 않았고 그렇게 엿새를 앓다가 1506년 9월 25일 후아나의 품에서 사망했다.

펠리페가 끝내 사망하자 그녀는 히물어졌으며 남편의 죽은 몸에 키스를 퍼부었다. 주변에서는 그런 그녀를 강제로 떼어내 그녀를 다른 방으로 옮겼는데, 며칠 동안 옷도 갈아입지 않고 잠도 자지 않은 채로 뻣뻣이 굳은 몸이 되어 침대에 누워 있었다.

펠리페는 장티푸스나 천연두 또는 홍역에 걸린 것으로 추정되는데 당시에는 독살설이 나돌기도 했다. 남편의 죽음에 큰 충격을 받은 후아나는 남편의 장례식을 치르지 않은 채 시체와 함께 지내게 된다. 시신을 방부 처리해 유리관에 넣고 매일 저녁식사를 함께하기에 이르렀다.

결국 후아나는 남편을 어머니 이사벨이 묻힌 그라나다에 묻기 위해 길을 떠나는데, 사실 스페인의 가장 북쪽인 부르고스에서 가장 남쪽인 그라나다까지 간다는 것은 말이 되지 않았다. 하지만 누구도 후아나를 말릴 수 없었다. 후아나는 당시 임신 중이었는데 어린 아들까지 데리고 그라나다로 향했고, 자신은 영혼의 태양을 잃어버려 낮에는 활동을 하면 안 된다며 밤에만 이동을 했다.

후아나는 이동 중 자주 마차를 세우고 관 뚜껑을 열었는데 남편의 시체를 누가 빼돌렸을까 하는 불안에 확인을 했던 것이다. 후아나는 이 여행 중에 딸 카타리나를 낳았다. 딸을 낳은 이후에도 후아나는 호르니요스, 토르톨레스, 아르코스까지 여기저기 펠리페의 시체를 이끌고 돌아다녔다.

후아나는 군인들에게 남편의 관을 지키도록 명령했고 어떤 여자도 관 근처에 가까이 가지 못하게 했다. 관을 따라온 수도사가 펠리페가 죽은 지 14년이 지나면 다시 깨어날 것이라는 말을 하였는데, 후아나는 이 말을 철썩 같이 믿었다. 그래서 남편이 깨어났을 때 절대 다른 여자가 곁에 있지 못하게 하고 오직 자신만이 그의 앞에 있어야 한다고 생각했던 것이다.

후아나가 시체와 여행을 하고 있는 사이 그녀의 정신 질환을 이유로 왕국의 섭정은 아버지 페르난도 2세가 맡게 되었다. 페르난도는 1504년 프랑스와 각축을 벌여 이탈리아의 나폴리와 시칠리아를 차지한 이후 왕국의 땅 넓히기에 더욱 박차를 가했고, 1512년엔 스페인과 프랑스 사이에 낀 나바라 왕국의 피레네 산맥 이남을 차지했다. 그리고 신대륙 정복에도 한창 가속도가 붙어 쿠바를 비롯한 중아메리카 동부 해안도 차지하게 되었다.

후아나
평생 감금되다

페르난도 2세는 후아나를 토르데시야스의 요새 궁전으로 옮겨 감금하다시피 했다. 펠리페의 유해는 산타클라라 교회에 묻었는데 후아나는 창가에서 교회를 내려다볼 수 있었다. 이때 그녀의 막내딸 카탈리나도 그녀와 같이 갇혀 감옥 같은 성에서 종일 창문만 바라보며 어린 시절을 보냈다. 후아나의 시중을 들던 시녀는 후아나의 불행을 이렇게 기록했다.

> 여왕은 먹지도 자지도 않고 옷도 신경 쓰지 않고 쇠약해지고 병들어 있었다. 그녀의 인생은 매우 불행했고 그녀는 모든 것이 엉망이 되고 몸도 쇠약해져 있었다. 그녀가 오래 살 수 있으리라는 희망은 거의 보이지 않는다.

후아나의 아버지 페르난도는 재혼을 한 후 후계자를 낳기 위해 다방면으로 애쓰고 노력하지만 결국 후계자 낳기에 실패했고 1516년 사망했다. 그리고 스페인의 다음 권력은 후아나의 큰 아들 카를로스에게로 넘어갔다. 스페인 국왕 카를로스 1세이자 신성 로마 제국 카를 5세가 된 것이다.

후아나가 사망한 것은 아니므로 여전히 그녀가 여왕이었지만 아무런 권한 없이 그녀의 아들에게로 권력이 넘어간 것이다. 카를로스 1세는 어린 시절 이후 어머니를 본 적이 없었다. 스페인 땅에 도착을 해 토르데시야스 성으로 찾아가 어머니 후아나를 만났는데 카를로스는 경악했다.

낡아빠진 지저분한 옷차림의 병든 어머니, 카를로스는 그런 어머니를 외면하고 막내 여동생 카탈리나만 데리고 그곳을 떠났다. 카를로스 1세는 어머니가 성에서 나오지 못하도록 가두고 자신이 섭정으로 스페인 통치를 했다.

하지만 카를로스 1세의 초반 정치 행보는 스페인 내에서 부정적인 평가를 받았고 결국 카스티야 지방의 민중 봉기가 일어났다. 주동자들은 후아나 여왕의 권리를 주장하며 그녀를 자유롭게 풀어 주어야 한다고 주장하며 토르데시야스 성을 점령했다. 후아나는 성에 갇힌 지 12년 만에 주목받게 되었고 무슨 일이 일어나고 있는지 몰라 혼란스러워 했다.

그럼에도 감금 생활에서 벗어날 기회일지도 모른다는 기대를 했는데, 1521년 4월 23일 민중 봉기군은 대패를 했고 후아나는 다시 감금된 채 34년을 더 보내게 되었다. 후아나의 정신은 더 쇠약해져 변덕스러운 행동을 더 많이 했고 자신이 사악한 혼령에 시달린다고 생각했다.

후아나는 고양이 귀신이 어머니의 영혼을 심키고 아버지의 몸을 찢었고 자신의 몸도 갈기갈기 찢을 거라는 상상을 하며 불안에 떨었다. 그리고 건강이 악화되어 하반신 마비와 지독한 괴저증의 고통까지 겪었다. 그러다가 1555년 4월 12일 일흔여섯의 나이로 사망하게 된다. 카를로스 1세는 동생 페르디난트에게 말했다.

> 어머니가 눈을 감을 때 그녀의 마음에 드리워졌던 구름이 걷
> 혔고 나는 어머니를 위해 기도를 올렸다.

그가 정말 어머니를 위해 기도했을까?

후아나는 선천적 정신 질환을 가진 여인이었을까? 아니면 환경적 요인으로 정신이 붕괴되어 정신병을 얻은 걸까? 이사벨 여왕의 어머니 역시 궁전에서 쫓겨난 충격으로 정신병을 앓았는데, 손녀인 후아나가 이렇게 된 걸 보면 선천적으로 정신력이 약한 것이 아닌가 짐작을 해 본다. 후아나가 남편 펠리페의 사랑을 받았다면 그녀는 다른 행보를 보였을까?

chapter 15

황태자 루돌프,
사랑하는 여인과 영원히

부모의
불행한 결혼 생활

1876년 오스트리아 황태자 루돌프가 연인 마리 베세라와 함께
자살했다. 두 사람의 비극이 신문에 보도되고 나서 두 사람의 자
살을 모방한 자살이 유럽 전역에서 잇따랐다. 프랑스와 이탈리아
그리고 독일에서도 갑자기 많은 커플들이 자살했다. 한 나라의
황태자였던 루돌프는 왜 자살이라는 극단적인 선택을 했을까?
그에 대한 이야기를 하기 전에 그의 부모의 불행한 결혼사를 먼
저 이야기해야겠다.

오스트리아의 역사는 합스부르크 왕조에 그 뿌리를 두고 있
다. 17세기와 18세기가 지나는 동안 합스부르크 제국은 유럽의
강대국 가운데 하나였다. 하지만 나폴레옹에게 패한 후 신성 로
마 제국이 해체되고, 넓은 영토에 게르만, 헝가리, 유대인 등 다
양한 민족과 인종 간의 충돌로 쇠락의 길을 걷게 되었다.

그 중심에 오스트리아의 마지막 황제였던 프란츠 요제프가 있
었다. 그리고 그의 아내이자 루돌프 황태자의 어머니 엘리자베트
는 유럽에서 가장 성대했던 오스트리아 합스부르크가의 마지막
황후였다. '19세기의 다이애나'라고 불리는 그녀는 당시 유럽의

모든 왕실을 통틀어 가장 많은 사랑과 미움을 동시에 받았던 여인이다.

1848년 12월 프랑스 2월 혁명을 시발점으로 촉발된 빈의 3월 혁명이 오스트리아 제국 곳곳에서 번지고 있던 시점에 열여덟의 나이로 오스트리아 황제가 된 프란츠 요제프 1세, 집권 초기에는 신중한 보수주의적 개혁 정치를 펼쳐 나갔다. 하지만 즉위 초 실제로 강력한 권력을 휘두르고 있었던 것은 그의 어머니 소피아였다.

프란츠 요제프는 어머니의 권유로 그의 외사촌 헬레네와 결혼을 할 예정이었고, 1853년 헬레나는 청혼을 받기 위해 온가족이 바트이슐 휴양지로 향했다. 당시 스물세 살이었던 프란츠 요제프는 조용하고 정숙하면서 낯가림으로 부끄러워하는 헬레나에게 매력을 느끼지 못했고, 그녀의 열다섯 살 난 여동생인 엘리자베트에게 반하게 된다. 어린 엘리자베트는 자신이 황후가 될 수 있다는 생각에 설레며 프란츠 요제프에게 호감을 표했고, 그 이듬해인 1854년 4월 두 사람은 소피아의 반대를 물리치고 결혼을 했다.

하지만 어린 나이에 황후가 된 시씨(엘리자베트의 애칭)는 어린 시절 시골에서 자유롭게 자란 탓에 보수적이고 경직된 비엔나 황실에 적응하지 못했다. 시어머니이자 이모인 소피아의 강압과 속박이 그녀를 숨막히게 했던 것이다. 소피아는 엘리자베트에게 궁정에 맞는 예법을 익히게 하여 자신의 입맛에 맞는 황후로 만들려고 했다. 걸음걸이, 몸짓 하나하나 간섭을 했고 엘리자베트가 조금이라도 실수를 하면 호통을 치고 몰아 부쳤다. 엘리자베트는 이모이자 시어머니인 소피아를 두려워했고 급기야 증오하게 된다.

엘리자베트는 연이어 두 딸을 낳았는데, 두 공주의 양육도 시어머니 소피아의 몫이 되어 친모인 엘리자베트는 딸들의 얼굴조차 자주 보지 못했다. 결혼 3년째가 되던 어느 날 엘리자베트는 소피아의 충고를 무시하고 두 딸과 헝가리로 여행을 하는데 큰딸이 갑작스런 병으로 사망하면서 큰 충격을 받았고 궁전 생활은 더욱 어려워졌다.

그리고 엘리자베트의 맏딸이 죽은 지 일 년이 채 되지 않은 1858년 황태자 루돌프가 태어났다. 엘리자베트는 격심한 산고 끝에 황태자를 낳았고 황태자의 탄생에 101개의 축포가 울리며 온 나라가 축하를 하였다.

하지만 엘리자베트는 격산 후 열병에 걸려 몸이 쇠약해졌고 갓 태어난 아들 루돌프의 양육 역시 엘리자베트의 몫이 아니었다. 황태자가 될 루돌프를 시어머니인 소피아가 포기할 리 없었고, 시어머니와는 더 이상 다투고 싶지도 않았던 엘리자베트는 순순히 아들을 내주었다. 그렇게 시어머니 소피아가 손주의 양육을 맡았고 엘리자베트는 맏딸의 사망 이후 아이들의 양육에 관심을 끊어 버렸다.

엘리자베트는 이후 몸매 가꾸기에 몰입하게 된다. 엘리자베트는 풍성한 머리칼과 날씬한 몸매, 아름다운 얼굴을 가진 황후로 당시 유럽 최고의 미녀로 찬사를 받고 있었다. 시어머니 소피아와의 불화, 엄격한 궁정 생활의 부적응, 헝가리 여행 도중 사망한 맏딸 등의 일로 엘리자베트는 정신적 고통을 겪으면서 자신의 미모를 가꾸는 것으로 스트레스를 풀고 있었던 것이다. 엘리자베트는 미모 가꾸기에 과하게 집착하고 있었는데, 귀한 우유로 목욕을 했고 황후 최초로 궁전에 휘트니스 센터를 짓기도 한다.

합스부르크 황궁에 온 미국 대사가 본국의 어머니께 엘리자베트의 외모를 극찬하는 편지를 보내기도 했다.

> 황후는 아름다움의 극치입니다. 날씬하고 잘 빠진 몸매에 풍성한 연갈색 머리카락, 그리스풍의 낮은 이마, 부드러운 눈매, 진홍빛 입술, 상큼한 미소, 음악처럼 울리는 낮은 목소리, 수줍은 듯 사람을 따사롭게 감싸는 태도

주변의 감탄이 그녀가 외모에 더 집착하게 만든 부분일 수도 있겠다.

학대 속에 성장하는 루돌프
반항적인 청년으로 자라다

그러는 사이 루돌프는 고통스러운 시간을 보내고 있었다. 소

피아는 루돌프가 장차 황제가 될 몸이라는 이유만으로 일곱 살 때부터 군대식 교육을 받게 했다.

루돌프의 가정 교사 곤트레코트 백작은 장군 출신이었는데 강한 황태자를 만들기 위해 일곱 살의 루돌프를 추운 겨울 새벽에 깨워 눈 속을 행진하게 하고 냉수 목욕을 시켰다. 그리고 아무도 없는 숲 속에 루돌프를 버리고 오기도 했다. 심지어 루돌프를 깨울 때는 옆에서 권총을 쏴서 그 소리로 일어나게 했다. 루돌프는 여덟 살 때 총을 쏘아 사슴 사냥에 성공했는데, 어린 아들이 총을 쏘는 위험을 인지하지 못한 프란츠 요제프는 '어린 사냥꾼 만세'라며 칭찬을 했다. 이건 황태자 교육이라는 명목 하에 자행된 아동 학대였다. 뒤늦게 이 사실을 알게 된 엘리자베트는 시어머니 소피아에게 반기를 들었다.

"자식들과 관련된 모든 문제에서 내게 전권을 주지 않으면 나는 당신 곁을 떠나겠어요."

남편 프란츠 요제프는 아내의 강경한 태도에 결국 그녀의 요구를 들어주었고, 황태자의 교육을 맡을 스승도 자유주의 사상가를 지지하고 있던 정치가인 요제프 라투르 백작으로 교체하였다. 하지만 엘리자베트는 건강상의 이유로 자주 여행을 하며 궁을 비웠고 아들을 제대로 돌보지 않았다. 루돌프는 상처 받은 마음을 치료받지 못하고 성장해 신경과민 증세를 보였고 자주 병을 앓았으며 폭력적인 성향을 보이기도 했다. 루돌프는 바쁜 아버지와 자신을 외면한 어머니에 대한 원망을 가슴에 품고 있었다. 그리고 청년이 되어서는 말수가 적고, 예민하고 어두웠으며 종잡을 수 없는 성격이 되었다. 루돌프 황태자는 인내심과 책임감이 강한 아버지 프란츠 요제프 1세에 비해 자제력이 약하고 즉흥적인 모습을 보였다.

루돌프는 유럽 최고의 미녀인 어머니 엘리자베트 황후에게 물려받은 아름다운 눈과 갈색 머리칼, 날씬한 몸매를 가진 청년으로 자랐는데, 어딘가 슬퍼 보이는 우수에 찬 눈동자는 여심을 흔들기에 충분했다.

루돌프 황태자는 스물두 살의 나이에 벨기에의 국왕 레오폴드 2세의 딸 스테파니 클로틸드 루이즈 헤르민 마리 샬로트와 결혼했다. 이 결혼은 아버지에 의한 정략결혼으로 정치적 이득을 위한 결정이었다.

그러나 내성적인 성격의 루돌프 황태자와 오만한 성격의 스테파니 황태자비는 성격 차이로 자주 부딪혔고 부부 사이는 냉랭할 수밖에 없었다. 스테파니가 고대하던 아들 대신 딸 엘리자베트 마리를 낳은 데다가 설상가상으로 병약해져 아이를 더 이상 낳지 못하게 되자 둘의 사이는 극도로 나빠졌다.

루돌프의 수석 가정 교사 요제프 라투르가 선택한 선생들은 그에게 자유주의의 기운을 불어넣었고, 그 결과 루돌프는 오스트리아와 오랜 시간 대립하고 있던 독일과 긴밀한 관계를 유지하는 등 아버지의 정책에 맹렬히 비난하기도 했다.

루돌프는 아버지와 모든 게 달랐다. 루돌프는 자유주의 사고 방식과 부르주아 이념의 소유자였다. 유럽의 동향에 대한 다양한 정보를 접해 세상의 변화를 이해했고 미래에 대한 통찰력이 있었다. 합스부르크 제국이 살아남으려면 변화에 부응해야 한다는 것을 정확히 알고 있었다. 루돌프는 영국, 프랑스와 화친을 맺어야 한다고 황제에게 끊임없이 직언했다. 하지만 절대 군주 체제에 대한 확고한 의지를 가진 프란츠 1세는 아들이 불온사상에 물들었다는 생각을 했고, 루돌프는 결국 모든 국사에서 배제되고 궁정 사람들에게 불신을 당하는 처지가 되었다며 한탄했다.

"황궁의 가장 미천한 보좌관도 나보다 정사에 훨씬 더 깊이 관여하는데 나는 하릴 없이 빈둥거리는 처지가 되어 버렸어."

루돌프는 빈의 유명한 자유주의자들과 허물없이 어울렸고 진보 성향의 잡지에 장관들을 비난하는 글을 기고하기도 했다. 아버지와의 관계도, 결혼 생활도, 정치도 자신의 뜻대로 되지 않는다는 생각을 한 루돌프는 술과 아편을 하며 사교계의 여자들과 짧은 연애에 빠져들곤 했다.

루돌프는 빈의 화류계를 드나들며 고독을 달랬는데, 거액의 빚을 지고 성병에도 걸렸으며 결국 아내에게 성병을 옮기기까지 했다. 삶에 흥미를 잃은 황태자 루돌프는 화류계에서 사귄 애인 미차 카스파르에게 1888년 빈 교외에서 함께 자살하자고 제안하지만, 그녀가 농담하지 말라며 웃음을 터트리면서 그의 소망은 이뤄지지 않았다.

루돌프와 마리 베체라의
불같은 사랑

이때 등장한 여성이 아랍 지역에서 무역을 통해 부를 축적한 베체라 남작의 어린 딸 마리 베체라였다. 마리는 열여섯 살의 어린 소녀였지만 당차고 야망이 컸으며 자신의 아름다움을 이용할 줄 알았다. 그녀는 황족부터 귀족, 부르주아 계급까지 다 모여드는 경마장을 자주 찾았는데, 아름다운 옷차림의 이 소녀는 곧 '잔디의 천사'라는 별칭을 얻으며 유명해진다.

당시 서른 살의 루돌프는 동그랗고 까만 눈동자에 호리호리한 몸매를 가진 열여섯 살의 소녀 마리 베체라에게 빠지게 되는데, 적극적으로 먼저 다가간 것은 오히려 마리 베체라였다. 당차고 적극적인 성격의 마리가 루돌프에게 적극 구애를 했고 루돌프도 그녀를 사랑하게 된 것이다.

마리를 향한 루돌프의 열정은 순식간에 타올랐고 두 사람은 주위의 우려 섞인 시선에도 불구하고 만남을 시작했다. 루돌프는 마리를 만나고 한 달이 좀 지나서 'ILVBIDT'라는 글씨가 새겨진 반지를 선물하는데, ILVBIDT는 'In Liebe Vereint Bis In Den Tod(사랑으로 죽음까지 하나 되어)'를 뜻하는 말이었다.

하지만 이미 결혼을 한 황태자가 다른 여인과 만나는 것을 허용할 리 없었다. 황제의 명을 받은 수상은 집요하게 루돌프를 감시하며 방해를 하였고, 둘의 위험한 사랑은 결국 마리의 어머니에게도 알려져 마리는 강제로 삼촌 집으로 보내졌다.

마리가 떠난 것을 알게 된 루돌프는 더욱 방탕한 생활을 거듭하며 매일 술독에 빠져 매춘부들과 어울리면서 지냈는데, 그를 만나러 마리가 몰래 찾아오며 둘은 영원히 헤어지지 않겠다는 굳건한 사랑을 맹세했다.

루돌프는 사랑 없는 결혼을 끝내고 마리와 결혼하고 싶어 했지만 이 또한 불가능하다는 것을 알았다. 그러면서도 루돌프는 교황에게 혼인 서약을 무효로 해 달라고 청원하는 바람에 아내 스테파니는 더욱더 비참한 기분을 느끼게 되었다. 교황은 당연히 루돌프 황태자의 청원을 거절했고 아버지 프란츠는 이 문제로 아들과 심한 말다툼을 하게 된다.

"너는 내 후계자가 될 자격이 없어!"

그전에 이미 사이가 갈라져 이야기도 나누지 않던 상태에 부자간의 격렬한 말다툼을 하게 된 것인데, 이 일이 있은 후 나흘 후인 1889년 1월 26일 메이얼링에서 비극적인 사건이 일어난다.

루돌프는 마리와의 비밀 만남을 주선해 주던 사촌 누아 라리슈 백작 부인에게 부탁한다.

"마리를 내게 데려와 주세요. 지금 내겐 그녀밖에 없어요."

루돌프의 친구 호요스 백작과 코부르트 대공과 함께 메이얼링 별장에서 만나기로 약속한다. 메이얼링은 황실 사냥용 별장으로 함께 모여 사냥을 하며 마음을 풀자는 것이었다.

사랑의 종말

1889년 1월 29일 메이얼링 별장에 도착한 루돌프와 마리 베체라, 그날 밤 두 사람은 일찍 루돌프의 방으로 들어갔고 황제가 오신다 해도 깨우지 말라고 시종에게 당부한다.

그리고 이튿날 아침 7시 30분에 시종은 그의 침실 문을 조심스레 두드렸다. 하지만 아무런 응답이 없었고 문은 안으로 잠겨 있었다. 오후 6시가 되어 별장 근처에 머물던 루돌프의 친구, 호요스 백작이 찾아왔고, 아무리 문을 두드려도 반응이 없자 결국 문을 부수었다.

문을 부수고 방으로 들어가자 전날 밤에 켜둔 초들이 아직도 타고 있었다. 루돌프는 침대 바로 옆 바닥에 흥건히 고인 피 웅덩이 속에 고개를 떨어뜨린 채 앉아 있었고 바닥에는 권총이 나뒹굴고 있었다.

침대 위에는 속옷 차림의 마리 베체라가 장미 한 송이를 움켜쥔 채 반듯이 누워 있었다. 그녀의 왼쪽 관자놀이에는 총탄이 관통한 흔적이 남아 있었다. 두 사람은 동반자살을 한 것이었다. 루돌프는 가족, 친구들에게는 몇 장의 작별 편지를 남겼다. 아내 스테파니에게 쓴 편지에는 이런 문구가 적혀 있었다고 한다.

이제 나는 명예를 지킬 수 있는 유일한 방법인 죽음을 택하려 하오.

루돌프는 아버지 프란츠 요제프 1세에게는 그 어떤 편지도 남기지 않았다. 마리는 어머니와 언니에게 유서를 남겼다.

사랑하는 어머니, 저를 용사하세요. 사랑을 버릴 수 없어요. 우리를 아랑드 묘지에 함께 묻어 주세요. 이렇게 살아가는 것보다 죽는 것이 제게는 더 행복한 일이에요.

1889년 1월 30일 아침 호르부르크 궁의 풍경은 여느 때와 다르지 않았다. 엘리자베트 황후는 그리스어를 공부하고 있었고 마리 발레리 공주는 노래 레슨을 받고 있었으며 프란츠 요제프 1세는 서재에서 일을 하고 있었다.

그때 마차 한 대가 황궁 안마당으로 달려왔다. 그리고 호요스 백작이 마차에서 뛰어내렸다.

그는 궁 안으로 들어와 엘리자베트 황후를 만나 황태자 루돌프가 그의 열일곱 살인 정부 마리 베체라와 메이얼링에 있는 황실 사냥터 별장에서 죽은 채 발견되었다는 말을 전했다. 엘리자베트 황후는 비틀거리며 걸어가 황제 집무실에 들어가 말했다.

"아들이 메이얼링에서 죽었어요. 마리 베체라에게 독살당했어요."

자신의 손으로 키우지도 못한 아들이 자살을 선택한 것에 엘리자베트 황후는 큰 충격을 받아 아들의 자살을 믿지 못해 독살당했다는 말을 한 것이다. 이때 프란츠 요제프의 정부였던 여배우 카라리나 슈라트가 궁정으로 들어왔다. 그녀는 엘리자베트 황후도 인정한 황제의 정부이자 친구와도 같은 존재였는데, 엘리자베트는 참담한 표정으로 말했다.

"폐하에게 가 봐줘요. 어떻게든 폐하는 도와줘야 해요. 나는 더 이상 아무것도 할 수가 없어요."

결국 프란츠 요제프 1세를 위로하는 역할은 황후 대신 슈라트가 하게 된다. 루돌프의 죽음으로 프란츠 요제프의 제위를 이을 유일한 혈육이 사라져 버리게 되었다. 프란츠 요제프 1세는 자제력이 뛰어나기로 소문난 황제였지만 아들의 죽음 앞에서는 무너지고 말았다. 그때 한 여인이 황궁으로 들이닥쳤다. 실종된 딸을 찾고 있다고 부르짖는 여인은 마리의 어머니 헬레네 베체라 남작 부인이었다. 마리가 황태자 루돌프와 도피했다는 소문을 듣고 딸을 찾으러 달려 온 것이다.

"내 딸을 돌려주세요."

남작 부인은 엘리자베트를 보고 애원했다. 남작 부인을 조용히 바라보던 엘리자베트는,

"당신 딸은 죽었어요."

하고 침착한 목소리를 말하자 남작 부인은 오열을 하다 쓰러졌다.

그 사이 프란츠 요제프는 정신을 차리고 아버지로서 황제로서 해야 할 일을 하기 시작했다.

아들이 마리 베체라를 살해했다는 소문이 퍼지기 전에 마리의

시신을 **빼돌려** 근처 공동묘지에 은밀히 매장했다. 그리고 황태자가 권총 자살을 했다는 공보문을 발표하는데, 일시적인 착란 상태에서 저지른 짓이라고 발표하며 서둘러 장례식을 치렀다. 메이얼링 별장은 폐쇄되었고 그 자리에는 카르멜회 수녀원 건물이 들어섰다.

그런데 실제로 루돌프가 자살이 아니라 살해당했다는 설이 있기는 하다. 루돌프의 누나 기젤라가 "루돌프의 머리에 난 총상 근처에 화상이 없었다"는 말을 했는데, 이는 루돌프가 직접 머리에 총구를 대고 총을 쏘지 않았다는 것이다. 즉 일정 거리를 두고 서 있던 사람이 총으로 루돌프의 머리를 쏴서 살해했다는 것이다. 또 현장에는 격렬한 몸싸움의 흔적과 가구들이 뒤집혀 있고, 벽에는 총알 자국과 혈흔이 묻어 있었다는 증언이 있어 이 의혹에 더 힘을 실어 주었다.

그래서 루돌프의 즉위를 반대하는 황실 내 보수파, 황실을 증오하는 무정부주의계 세력들이 루돌프를 살해했을 수 있다는 말이 있는 것이다.

프란츠 요제프 1세는 70년에 가까운 재위 기간 동안 불행한 일을 많이 겪었다. 아들 루돌프는 자신과 반목하다 자살을 선택했고, 사랑하는 아내 엘리자베트 황후는 궁정 생활에 적응하지 못하고 밖으로 떠돌았다. 그녀는 아들의 죽음 이후에는 절망적인 상황에서 벗어나고자 여러 나라를 정처 없이 떠돌다 결국 무정부주의자의 손에 살해당하게 된다.

프란츠 요제프 1세는 아들을 잃고 아내조차 사망했을 때 자신에게 저주를 퍼부은 한 백작 부인을 떠올렸을지도 모르겠다. 즉위 초 헝가리가 반란을 일으켰을 때 백작 부인 카롤루이의 아들이 처형을 당했는데 그녀는 아들의 죽음에 분노해 프란츠 요제프에게 저주를 퍼부었다.

> 부디 네 가족이 절멸하길, 네가 가장 사랑하는 사람들에게 고통받길, 자식들은 몰락하고 네 삶이 난파하길 그리고 고독하고 생생하고 끔찍한 고통 속에 살며 카롤루이라는 이름을 떠올릴 때마다 몸서리치길.

루돌프 황태자 사망 후 동생이었던 칼 루트비히가 황태자직을 거부해 사촌동생인 프란츠 페르디난드가 왕위 계승권을 잇게 되는데, 그가 바로 사라예보에서 암살돼 1차 세계대전을 촉발시킨 오스트리아 제국의 또 다른 비운의 황태자이다.

chapter 16

바람둥이 왕자와 공주의 결혼,
마르그리트 드 발루아와 앙리 4세

프랑스의 도자기 인형
마르그리트

　프랑스의 국왕 앙리 2세는 이탈리아 메디치 가문의 카트린 드 메디치와 결혼을 해 3남 1녀를 두었다. 앙리 2세의 자녀들은 200년간 프랑스를 지배해 온 발루아 왕조의 마지막 세대였다.

　마르그리트 드 발루아는 1553년 5월 14일 프랑스의 국왕 앙리 2세와 왕비 카트린 드 메디치 사이에서 막내딸로 태어났다. 마르그리트는 어릴 때부터 총명하고 아름다운 외모로 주변 사람들과 오빠들에게 귀염 받는 공주였고 오빠들에게 '도자기 인형'이라는 뜻의 '마고Magot'라는 특별한 애칭으로 불렸다.

　카트린 드 메디치는 남편 앙리 2세에게 사랑받지 못한 왕비였다. 그러다 앙리 2세가 사망하고 아들 프랑수아 2세가 즉위하지만 얼마 지나지 않아 사망하고 둘째 아들 샤를 9세가 열 살의 어린 나이로 즉위하면서 카트린 드 메디치가 섭정을 하게 된다. 비로소 그녀는 권력의 중심으로 떠오르게 되었다.

　오빠들의 사랑을 받던 사랑스런 막냇동생 마르그리트는 둘째 오빠가 프랑스 국왕 샤를 9세로 즉위해 있을 때 오빠들에게 위협이 되는 사랑을 하게 된다. 당시 가톨릭 세력의 중심이자 국왕보다 더 큰 권력을 가지고 있던 기즈 가문의 앙리 공작과 사랑이 빠진 것이다. 정열적인 사랑을 하는 타입인 마르그리트에 대한 소문은 삽시간에 퍼져 나갔다.

당시 마르그리트의 친구였던 마란듈라 백작 부인이 두 사람의 사랑의 메신저가 되어 주었다. 그뿐만 아니라 '마르그리트 공주와 앙리 공작의 결혼은 이제 기정사실'이라는 소문이 공공연히 퍼져 나갔다. '마르그리트와 앙리 공작이 사실혼 관계다'라는 소문이 퍼지자 어머니 카트린, 오빠 샤를 9세는 분노를 감추지 못했고, 샤를 9세는 엄포를 놓기도 했다.

"만약 그것이 사실이라면 나는 앙리 공작을 죽여 버리겠다."

샤를마뉴 혈통의 앙리 공작이 마르그리트와 결혼을 하게 되면 발루아 왕조를 계승할 권리가 생기는 것이기에 발루아 왕가에 위협이 되고 있는 기즈 가문의 힘을 키우는 이 연애가 환영을 받을 리 없었다.

당시 샤를 9세는 권력의 중심에 있던 기즈 가문에 밀려 힘없는 왕으로 전락해 있었고, 가톨릭교도와 신교도 사이의 종교전쟁인 위그노 전쟁으로 휘청거리고 있었다. 거기다 후계자가 없는 상태였으니 마르그리트의 연애는 엄청난 위협이 되는 것이었다.

또 어머니 카트린과 기즈 가문도 개인적으로도 힘겨루기를 하고 있는 상태였기에 기즈 가문과의 혼사는 있을 수 없는 일이었다. 앙리 공작은 한동안 왕실 사냥을 피해야 했고 포르시엥 공작의 미망인 카트린 드 클레비스와 결혼하라는 왕의 명령을 받게 된다.

앙리 공작은 마르그리트를 포기할 수 없어 반항해 보지만 샤를 9세의 극렬한 반대와 분노를 이길 수 없어 1570년 카트린 드 클레비스와 결혼을 했다. 카트린은 마르그리트와 앙리 공작의 소문을 잠재우기 위해 노력하면서 마르그리트의 결혼을 계획했다.

프랑스는 구교도인 가톨릭과 신교도의 종교전쟁을 끝내기 위해 가톨릭교도를 대표하는 공주 마르그리트와 신교도를 대표하는 나바라 왕국의 왕세자 앙리 드 나바르와의 결혼을 추진하게 된다.

1570년 신·구교도의 소모적인 전쟁을 휴전하면서 생제르맹 조약을 맺게 되었는데, 이 조약을 굳건히 하기 위해 마르그리트와 앙리 드 나바르의 정략결혼이 추진된 것이다.

앙리 드 나바르의 어머니이자 나바라 왕국의 여왕 잔 달브레가 결혼을 협의하기 위해 파리로 오게 되는데, 종교가 달랐던 잔 달브레와 카트린은 협의 과정에서 삐걱거렸다. 결혼 절차에 대한 논의를 하던 중 잔 달브레가 신교도식으로 해야 한다고 주장하면서 결혼 논의는 시작부터 난항을 겪었던 것이다.

잔 달브레는 아들에게 편지를 자주 보냈는데 결혼 협상이 힘들다는 이야기를 자주 했다. 그러면서도 한편으로는,

나는 네게 마르그리트 공주를 보여 주고 싶단다. 그녀는
가장 저주받고 가장 오염된 사회에서 자라나기는 했지만

아름답고 신중하며 또한 품행이 바르단다.

하며 마르그리트를 칭찬해 아들이 마르그리트에게 호감을 가질 수 있도록 유도했다.

그런데 결혼 협상 도중 잔 달브레는 지병이던 폐결핵으로 사망한다. 혹자는 카트린 드 메디치가 보낸 독이 묻은 손수건 또는 장갑에 의해 독살당했다는 말을 하기도 했다. 잔 달레브는 사망했지만 오랜 결혼 협상은 타결되었다. 드디어 나바라의 왕자 앙리 드 나바르와 프랑스의 공주 마르그리트 드 발루아 사이의 결혼이 결정되었다.

공주와 왕자의 결혼식
피로 물들다

정치와 음모의 소용돌이 속에서 앙리 드 나바르와 마르그리트 드 발루아의 결혼식으로 예정된 1572년 8월 18일이 다가오게 된다. 앙리 드 나바르의 어머니 잔 달브레 여왕이 사망함으로써 이제 나바라 왕국의 왕이 된 앙리 드 나바르는 800명의 위그노(신교도) 귀족 수행원과 함께 파리의 궁정에 도달했다. 이들은 전원 상복을 입고 왔지만, 결혼식 날에는 밝은 옷으로 갈아입었고 화려한 결혼식을 맞이했다.

긴장 속에서 거행된 결혼식은 노트르담 대성당의 정문에서 거행되었는데 앙리 드 나바르가 구교도의 상징인 성당 안으로 들어가지 않겠다고 고집을 부렸기에 성당 문 앞에서 결혼식을 올리게 되었다.

하지만 정략결혼인만큼 두 사람 사이에 애정이 있을 리 만무했다. 프랑스의 아름다운 공주 마르그리트와 투박한 신교도 왕자 앙리는 전혀 어울리는 사람들이 아니었으며 두 사람은 각자 다른 사람과 염문을 뿌리고 있었기에 이 결혼이 달갑지 않았던 것이다.

추기경이 마르그리트에게,

"그대는 앙리 드 나바르를 기꺼이 남편으로 수락하겠는가?"

라고 물어 보았을 때 마르그리트는 대답하지 않았고, 이를 보다 못한 샤를 9세가 강제로 여동생의 머리에 손을 대고 고개를 끄덕이게 했다고 한다. 결혼식 후 프랑스 왕가의 사람들과 가톨릭 귀족들, 마르그리트 공주는 미사에 참석하러 갔고, 앙리와 그의 위그노 친구들은 조용한 수도원으로 들어갔다.

하지만 이 결혼은 곧 피로 물들게 되니 결혼식 엿새 후 수많은 신교도인들이 학살당하게 된다. 이 결혼을 계획했으면서도 신교도들의 힘이 커질 것을 염려한 카트린 드 메디치가 권력 다툼 중이던 기즈 가문과 손을 잡고 콜리니 제독을 암살하기로 한 것이다.

콜리니 제독은 위그노 전쟁에서 신교도, 위그노 진영을 통솔했고 샤를 9세에게 평화 조약이 성립된 후에는 내란을 막기 위해 스페인을 치자고 건의했던 사람이기도 했다.

콜리니 제독은 국왕을 알현하고 돌아가는 도중에 팔에 총탄 두 발을 맞았다. 샤를 9세는 콜로니 제독의 병문안 자리에서 위그노 귀족들의 격렬한 항의를 받았다. 샤를 9세가 이것에 대해 철저히 조사를 하겠다고 하자 암살 음모가 탄로날 것을 두려워한 카트린은 파리에 모인 위그노 지도자들의 암살 계획을 꾸미게 되었다.

1572년 8월 24일 새벽 4시 교회의 종소리를 신호로 가톨릭 군대는 위그노들에 대한 무차별 대학살을 하게 되었다. '성 바르텔레미의 학살'이라 불리는 이 사건으로 인해 앙리와 마르그리트의 결혼은 '피의 결혼식'이라고 불리게 되었다. 앙리 드 나바르는 겨우 살아남았지만 3년 반 동안 샤를 9세와 그 뒤를 이은 앙리 3세의 궁정에 볼모로 붙잡혀 있었다.

1574년 샤를 9세가 사망하고 뒤를 이어 샤를 9세의 동생 앙리 3세가 즉위했다. 앙리 3세와 사이가 좋지 않았던 마르그리트는 위협을 느끼게 되었다. 그러다 보니 동생인 알랑송공 에르퀼 프랑수아를 지지하게 된다. 사실 마르그리트는 남편 앙리 드 나바르와는 정략적 관계일 뿐 알랑송공의 심복이었던 젊고 잘생긴 라모르와 사랑에 빠져 있었다. 그러나 사랑과는 별개로 정치적 계산으로 동생과 남편을 지지한 마르그리트는 루브르의 창문을 통해 왕위 계승자인 알랑송공을 탈출시켰고, 개신교 신도와 온건 가톨릭 당파의 지지를 얻은 알랑송공이 반란군의 지도자가 되어

온건 가톨릭 세력과 신교도들을 규합해 강경 가톨릭 세력을 이끌던 앙리 공작과 맞서게 된다.

앙리 드 나바르도 사냥을 빌미로 외출하였다가 마르그리트의 연인인 라 모르의 도움을 받아 파리를 탈출했다. 앙리 드 나바르는 고생 끝에 나바라 왕국의 수도인 베아르노에 도착했고,

"내가 그곳(파리)에 두고 온 것 중에서 그리운 것은 오직 단 하나 내 아내 마르그리트 드 발루아뿐."

이라고 말했다고 하니 이때는 자신을 탈출시켜준 아내에 대한 고마운 마음을 가지고 있었던 것 같다. 앙리 드 나바르는 신교도를 규합하고 신교도들의 수장이 되어 가톨릭 세력에 맞서게 되었다.

동생과 남편을 탈출시킨 마르그리트는 탈출하지 못하고 파리에 억류되지만 마르그리트의 정치적 위상은 높아졌다. 마르그리트는 가톨릭 세력과 싸우고 있는 앙리 드 나바르의 부인이자 승승장구하고 있는 알랑송공의 누나였기 때문에 앙리 3세도 함부로 할 수 없었던 것이다.

마르그리트 공주
음탕녀 마고로 불리다

결국 어머니 카트린이 중재에 나서 마르그리트가 파리를 떠나지 않는 대신 알랑송공에게 앙주의 방대한 영지를 내리는 것으로

협상이 타결되고 위그노 전쟁은 잠시 소강 상태가 되었다. 하지만 마르그리트의 애인 라 모르는 앙리 드 나바르를 탈출시킨 죄 등을 물어 고문 끝에 처형당하게 되었다.

라 모르를 지독히 사랑했던 마르그리트는 충격과 슬픔에 휩싸여 정신을 차리지 못했다. 처형이 거행된 그날 밤 아무도 몰래 마차를 타고 광장의 처형대로 간 그녀는 시종을 시켜 라 모르의 머리를 가져오게 했다. 궁으로 돌아온 그녀는 라 모르의 얼굴에 화장을 했고 피와 진흙을 발라 방부처리를 한 후 영원히 닫힌 눈과 입술에 눈물을 흘리며 입을 맞추었다. 며칠 후 그녀는 목걸이와 팔찌에 죽은 애인의 머리 모형과 심장 모형을 매단 상복 차림으로 공개석상에 나타났다고 한다.

마르그리트의 이런 행동은 많은 사람들의 입방아에 올랐고 그녀를 '음탕녀 마고'라고 부르게 되었다. 전쟁의 분위기가 좀 누그러진 1578년 마르그리트는 가스코뉴에서 앙리 드 나바르와 만나 4년간 함께했다. 후계자를 낳아야 했기 때문이었는데, 4년간 함께 했음에도 둘 사이에 자녀는 생기지 않았다. 앙리 드 나바르는 마르그리트 못지않게 여색 밝히기로 유명했고 숱한 여인들과 스캔들을 일으켰다. 마르그리트가 가스코뉴에 머물던 기간에도 앙리에게는 정부가 많았으니 둘 사이가 좋아졌을 리 없었고 오히려 자주 보면서 사이가 더 나빠졌다.

마르그리트는 파리에서 온 샹발롱의 영주인 자크 드 아를레와 사랑을 나누게 되는데, 1582년 자크 드 아를레가 파리로 돌아가

자 마르그리트는 앙리 3세와 앙리 드 나바르 사이의 관계를 중재하겠다는 명분으로 파리로 되돌아갔고, 자크와의 관계를 이어 나갔다.

그리고 일 년 뒤인 1583년 마르그리트는 알랑송공을 지지한 것과 방탕하게 행동했다는 이유로 추방되어 다시 가스코뉴로 가게 되지만, 앙리 드 나바르는 마르그리트에 대한 애정이 하나도 남지 않아 그녀를 외면해 버렸다. 게다가 알랑송공이 네덜란드에서 크게 실패한 뒤에 건강이 악화되어 사망하면서 마르그리트의 입지는 더 좁아지게 되었다.

알랑송공이 사망한 후에는 그동안 중개인 역할을 하던 마르그리트 없이 앙리 3세와 카트린 드 메디치가 직접 나서서 앙리 드 나바르와 협상을 벌였다. 이 일로 마르그리트는 앙리 3세, 남편 앙리 드 나바르와 완전히 갈라서고 옛 연인인 앙리 공작과 손을 잡는 기이한 행보를 보인다.

앙리 공작은 가톨릭 신성동맹의 대리 장군으로 승승장구했기에 그녀는 잠시 권력을 회복했지만 앙리 3세와 마르그리트의 남편인 앙리 드 나바르가 동맹을 맺고 앙리 공작에게 맞서면서 다시 암운이 드리워졌다. 그리고 앙리 공작이 앙리 3세에게 암살되자 마르그리트는 다시 권력을 잃고 말았다.

1586년 마르그리트는 앙리 3세의 군대에 의해 체포되었다.

그녀는 어머니인 카트린에게 편지를 보내 도움을 호소했지만 거절당해 결국 오베르뉴에 있는 위송의 왕성에 수감되게 된다.

1589년에 어머니 카트린이 사망하고 8개월 후 앙리 3세 역시 열렬한 가톨릭 수도사의 칼에 찔려 암살당했다.

앙리 3세가 후계자 없이 사망한 데다 프랑스의 공주 마르그리트와 결혼했기에 앙리 드 나바르가 앙리 4세로 프랑스 국왕으로 추대되게 된다. 마르그리트는 이제 남남이나 다름없는 앙리 드 나바르가 프랑스 왕위를 계승하는 것을 막으려고 노력했지만 결과를 바꿀 수는 없었다.

앙리 4세는 즉위 후에도 마르그리트를 여전히 위송에 구금시켜 놓았다. 이 무렵 마르그리트는 회고록을 쓰기 시작했다. 자신의 인생을 다른 사람이 쓰고 평가하도록 내버려 두지 않고 직접 쓰기로 한 것이다.

앙리 4세의
연인들

앙리 4세는 마르그리트와 이혼을 하고 자신이 총애하는 정부 가브리엘 데스트레와 결혼하고 싶어 했다. 앙리 4세는 반역과 방탕한 생활 등을 이유로 마리그리트와 이혼을 선언하는데, 마르그리트는 가브리엘 데스트레가 살아 있는 한 절대 이혼하지 않겠다고 버티기에 이른다.

가브리엘 데스트레는 날씬하고 훤칠한 키에 걸음걸이 또한 아주 우아했고 하얗고 매끈한 피부에 푸른 눈동자와 금발 머리를 가진 아름다운 여인이었다고 한다. 그녀는 많은 남자들과 염문을 뿌리고 다녔는데 결국 앙리의 정부가 되었고 격렬한 종교전쟁 중에도 앙리의 곁을 지켰다.

그리고 앙리가 프랑스 국왕이 된 후 프랑스 전역에서 반란군과 전쟁을 치를 때도 임신한 몸을 이끌고 앙리와 차가운 천막에서 함께 생활했다. 그녀는 매일 저녁 최대한 깨끗한 옷을 마련해 놓고 앙리가 전투를 마치고 오면 성찬을 들 수 있도록 준비를 해두었다고 한다. 앙리와 가브리엘은 천막에서 함께 성찬을 들며 그날 있었던 일을 이야기하였고 서로를 위로하고 격려하면서 두 사람의 사이는 더욱 굳건해졌다.

당시 가브리엘은 앙리 4세와 결혼만 안 했을 뿐이지 앙리 4세의 아이로 추정되는 아이를 셋이나 낳은 데다 또 임신을 한 상태였으며, 왕비의 역할을 수행하고 있기도 했다.

앙리는 자신에게 완벽한 내조를 하는 가브리엘에게 더욱더 큰 애정을 느꼈고 엄청난 선물 공세로 마음을 표현했다. 앙리 4세는 가브리엘에게 1596년 몬세유 후작 부인, 1597년 보포르와 뵈르네유 공작 부인 칭호를 내렸다.

가브리엘은 자신이 곧 프랑스의 왕비가 될 것이라는 기대감을 안고 행복의 절정을 누리고 있었는데, 1599년 1월 9일 밤 갑작스레 아이를 유산하고 그녀 역시 사망하게 된다.

가브리엘의 죽음에 큰 충격을 받은 앙리 4세는 여동생에게 보내는 편지에 다음과 같이 쓰기도 했다.

나의 회한과 탄식은 죽는 날까지 나를 따라다니리라. 내
마음의 뿌리는 이미 죽었고 다시는 싹을 틔우지 않으리라.

가브리엘이 사망한 그해 마르그리트와 앙리 4세는 이혼을 하
는 대신 마르그리트의 프랑스 공주이자 왕비라는 지위는 유지해
주기로 했다. 그리고 앙리는 정치적, 재정적, 외교적 이유로 곧
재혼을 준비하게 된다.

1600년 10월 앙리 4세는 토스카나 대공의 딸 마리 드 메디치
와 결혼을 했다. 그런데 이 역시 정치적인 이유로 하는 정략결혼
이다 보니 앙리 4세는 다른 여인과 사랑에 빠지게 된다.

그가 마음을 빼앗긴 여인은 스물두 살의 카트린 앙리에트 드
발자크 당트라그였다. 앙리에트는 그 미모가 엄청났으며 기품 있
는 모습에 매력이 넘쳤고 재치까지 갖추었다고 한다. 거기다 좀
까탈스럽고 예민하며 충동적인 모습이 통통 튀는 매력으로 발산
이 되었으니, 앙리는 그런 그녀의 매력에 푹 빠져 버렸던 것이다.

사실 앙리에트는 아주 영리하고 욕심이 많은 여인이어서 자신
이 원하는 것은 꼭 가지고 마는 성미였는데, 앙리가 앙리에트에
게 구애를 하며 뜨거운 밤을 보내자고 유혹을 할 때 앙리에트는
은화로 10만 크라운을 요구했다고 한다.

앙리는 앙리에트와 꼭 밤을 보내고 싶었기에 재무장관인 쉴리
공작을 닦달해서 국고에서 그 돈을 내어 주는데, 쉴리 공작은 앙
리에트를 '독침을 가진 말벌'이라고 부르면서 앙리 4세와 앙리에

트가 밀회를 나눌 장소인 왕실의 밀실 바닥에 은화 10만 크라운을 깔아 놓았다고 한다.

앙리 4세와 밤을 보낸 앙리에트는 프랑스의 왕비가 될 희망에 부풀었지만 앙리는 마리 드 메디치와 결혼을 하면서 실망감을 감추지 못했다.

앙리 4세는 마리 드 메디치와 혼인을 했지만 정부인 앙리에트를 계속 찾았고 앙리에트를 왕비의 시녀로 삼게 하였다. 앙리에트는 자신의 자리를 빼앗은 마리 왕비에 대한 증오로 불탔고, 마리 왕비를 괴롭히기 시작했다.

앙리에트는 왕비의 서툰 프랑스어와 걸음걸이를 흉내 내었고 이를 본 궁정 신하들이 낄낄거리며 웃었으며 이를 본 마리 왕비는 엄청나게 분노했다. 두 사람 사이는 불꽃이 일었고 궁정 안은 살얼음판이었다.

이런 상황이다 보니 앙리 4세와 마리 왕비의 사이도 극도로 나빠졌다. 마리 왕비는 앙리와 싸우다 왕의 얼굴을 할퀴기도 했다.

"아내는 내게 친구가 되어 주지 않았고 즐거움이나 위로도 주지 않았다. 우린 다정하고 즐거운 대화를 나눌 수 없어. 내가 먼저 키스나 포옹을 하려고 할 때도 냉담하고 오만하게 굴어. 그래서 나는 다른 곳에서 안식을 찾을 수밖에 없었다."

마리 왕비와 계속 싸우자 앙리는 불화의 원인을 마리 왕비에게 돌리기도 했다. 앙리 4세를 사로잡고 부와 권력을 누리던 앙리에트는 1604년 앙리에트의 아버지와 이부 오빠 앙굴렘 공작 샤를이 어떤 음모를 꾀했다 하여 체포되었는데 이때 앙리에트도 궁정에서 내쳐졌다.

하지만 1607년 다시 자신의 두 아이들과 함께 궁으로 복귀하게 되는데 스스로의 위치에 불안함을 느꼈던 것일까? 일 년 뒤인 1608년 스페인과 반역적인 거래를 맺은 것이 들통이 났다. 앙리는 여전히 바람둥이로 다른 여자들을 만났고, 불투명한 앞날에 불안해하던 앙리에트는 왕비가 되지 못한다면 왕의 엄마라도 되겠다는 심정으로 스페인과 손을 잡고 앙리 4세를 밀어내고 자신의 아들을 왕위에 올리려 한 것이다.

앙리에트는 결국 앙리 4세에게 버림받게 된다. 그녀는 앙리가 자신을 다시 불러주길 바랐지만, 1610년 앙리 4세가 암살당하면서 모든 희망은 사라지게 되었다. 그리고 왕비 마리 드 메디치가 어린 나이였던 루이 13세의 뒤에서 섭정을 하게 되면서 앙리에트는 곧바로 궁에서 추방당하게 된다.

마르그리트의 노년

그럼 앙리 4세와 이혼한 마르그리트는 어떻게 되었을까?

마르그리트는 위자료로 받은 돈으로 파리에서 매우 호화롭게 살면서 문화계의 명사들과 교류하고 많은 애인을 거느리며 자유로운 여생을 보냈다.

파리의 자랑 중 하나인 역사 깊은 호텔인 로텔L'Hotel은 마르그리트가 정부들과 밀애를 가졌던 별궁을 부티크 호텔로 개조한 곳이다. 그러나 나이를 이기는 사람은 없는 법. 마르그리트는 나이가 들어 탈모 증세로 하얀 머리가 성글어지고 비만해졌으며 빚에 쪼들려 수중에 있는 보석을 내다 팔지 않으면 안 되는 딱한 처지가 되었다.

결국 전남편 앙리 4세와 그의 왕비 마리 드 메디치와 협상을 한 끝에 그녀는 다시 궁으로 돌아와 각종 행사를 도우며 지내게 되었다. 마르그리트는 앙리 4세와 마리 드 메디치의 친구가 되었고 마리가 낳은 앙리 4세의 자식들은 물론 앙리 4세의 사생아들까지 귀여워했으며, 앙리 4세의 자녀들 교육을 맡아 성심껏 교육했다고 한다.

1610년 앙리 4세가 암살당하고 그의 장남 루이 13세가 겨우 열 살의 나이로 즉위하면서 왕비 마리 드 메디치가 섭정을 하게 되었다. 이때 마르그리트는 평소 친구처럼 지냈던 왕비 마리 드 메디치의 섭정을 지지했고 왕비를 보좌하게 된다.

마르그리트 드 발루아는 1615년 3월 27일 예순두 살의 나이로 사망했다. 그녀의 시신은 발루아 성당에 묻혔는데, 수천 명의 사람이 발루아 왕조의 마지막 생존자였던 그녀의 죽음을 애도했다고 한다. 특히 마르그리트를 진심으로 따랐던 루이 13세가 몹시 흐느껴 울면서 그녀의 죽음을 슬퍼했다.

이후 그녀의 회고록이 출판되었는데 프랑스에서 여성이 쓴 최초의 회고록이었다. 회고록에는 그녀기 어릴 적부터 일찍 '성'에 눈을 떴으며 오빠들과 근친상간을 했다는 고백의 글을 썼을 뿐 아니라 그녀의 방탕한 사생활이 기록되어 있어 비난을 받기도 했다. 하지만 그녀의 회고록은 자신뿐만 아니라 정치, 외교를 총망라해 정리하며 평가하고 있어 그녀의 지성과 정치적 통찰력을 엿볼 수 있다.

프랑스에서 가장 아름답고 방탕했던 공주 마르그리트. 그녀가 자유로운 연애를 즐긴 것은 사실이지만 그녀의 방탕함을 더 부각시킨 것은 가톨릭교도를 상징하는 발루아의 마지막 공주를 깎아내리고 싶어 한 신교도인들의 과장된 부풀림도 한몫했다. 사실 그녀는 사랑받고 싶은 딸이자 동생이자 여인이었는데 자신을 정치적 도구로 이용하는 사람들 때문에 상처 받아 사랑에 더 집착한 여인이 된 것은 아닌가 하는 생각을 해 본다.

chapter 17

춘추 시대 패륜 남매,
문강과 제양공

세자 홀
문강을 거부하다

이 이야기의 시대적 배경은 춘추 전국 시대 초기이다. 주 왕실
이 동천(도읍을 동쪽으로 옮겼다)을 한 후 춘추 시대가 열리면서 제후
국들은 이해득실에 따라 결맹을 맺기도 하고, 전쟁으로 실력을
겨루기도 하며 성장을 하게 되었다. 처음 존재감을 드러낸 나라
는 정나라였고 다음으로 급부상하게 된 나라가 제나라였다.

제나라는 낚시의 달인 강태공으로 잘 알려져 있는, 흔히 태공
망이라 불리는 강상이 나라를 세운 후 800년 남짓 존속했던 나
라이다. 기원전 730년 제나라의 13대 군주의 자리에 오른 제희공
은 자식들이 아주 많았는데, 정확하진 않지만 4남 4녀를 두었다
고 한다.

제희공의 맏아들 제아는 제희공을 이어 다음 군주 제양공이 된
인물로 잘생기고 총명해 제희공이 아끼는 아들이었다. 제희공의
딸인 선강과 문강의 미모도 뛰어나 다른 나라까지 알려졌을 정도
였다.

제희공은 둘째딸 문강을 정나라 태자 홀과 짝지어 주려 했다.
홀은 젊고 잘생기고 유능한 태자로, 훗날 정나라 군위를 이어 정

소공이 되지만 이복동생 공자 돌에게 군위를 빼앗겼다가 다시 군위를 되찾는 인물이다. 제희공은 태자 홀에게 문강과의 혼담을 논의하지만 홀은 거절의 뜻을 보였다.

"소국인 정나라 사람으로 대국인 제나라 여자와 결혼하는 것은 맞지 않습니다. 복을 구하는 것은 스스로에게 달렸을 뿐 대국에 기대고 싶지 않습니다."

천하절색에 문장까지 능해 말하는 것조차 시를 듣는 것 같았다는 문강을 아내로 맞을 기회인데 거절한 것이다. 당시 정나라는 중원의 최강국으로 급부상하고 있었으니 정나라가 작은 나라라고 표현하는 것은 지나친 겸손으로 제희공은 이런 태자 홀을 더욱 마음에 들어했다.

그러다 3년 뒤 기원전 706년 북쪽 이민족 북융이 제나라 변경을 침입하자 제나라가 정나라에 군사를 요청했고 태자 홀이 군사를 이끌고 가 유인책을 써서 북융을 크게 무찔러 주었다. 큰 위기에서 벗어난 제희공은 승전을 축하하는 자리에서 세자 홀에게 다시 한 번 청한다.

"그대가 제나라에 큰 도움을 주었소. 제나라와 혼인의 연을 맺어 우호를 다지는 것이 어떻소?"

"전쟁에 한 번 이겼다고 제나라 공주를 아내로 맞는다면 내가 사심이 있어서 제나라를 구한 셈이니 백성들이 저에게 대해 뭐라 하겠습니까?"

홀은 그 청을 다시 거절하지만 여기서 포기할 수 없었던 제희공은 정나라로 사신을 보내 정나라 책사였던 제족에게 세자 홀이 청혼을 받아들일 수 있도록 중재해 줄 것을 요청했다.

"이 혼인이 성사되면 뒷날 제나라 같은 대국의 도움을 받을 수 있게 됩니다. 거절할 이유가 없지요."

제족은 홀을 설득하지만 세자 홀은 과한 보상이라며 또 거절을 했다.

문강은 사실 자신과 혼담이 있었지만 거절했다는 세자 홀이 궁금했다. 그래서 잔치가 있는 날 몰래 홀을 훔쳐봤다. 그리고 문강은 홀의 늠름하고 잘생긴 모습을 보고 첫눈에 반해 상사병까지 나고 말았다. 문강은 그대로 포기할 수 없어 아버지를 통해 마음을 전하며 홀에게 또 청혼을 했는데 이번에도 홀은 청혼을 받아들이지 않았다. 제나라와 동맹을 맺을 수 있는 기회이기도 하고, 문강은 누구보다 아름다운 여인인데 홀은 왜 이렇게까지 청혼을 거절한 것일까?

바로 문강과 그녀의 두 살 많은 오빠인 세자 제아와의 사이가 심상치 않음을 느꼈기 때문이다. 제아는 여자를 좋아하기로 유명한 호색한이었는데, 아름다운 여동생 문강과 스스럼없이 지내고 있었다. 문강 역시 요염한 끼가 있어 오빠의 은밀한 시선을 즐기고 있었다. 이 두 사람 사이에 흐르는 미묘한 감정을 알게 된 홀이 문강을 끝까지 밀어낸 것이다.

노나라로
시집을 가게 된 문강

홀에게 거절당한 문강이 앓아 눕자 제아가 동생의 병문안을 한다며 본격적으로 동생의 방에 드나들었다. 미묘한 감정을 나누던 두 사람은 함께하는 시간이 많아지면서 넘지 말아야 할 선을 넘었고 두 사람은 남매 이상의 깊은 정에 빠지고 말았다. 두 사람의 관계는 금방 소문이 났고 결국 아버지 제희공의 귀에까지 들어갔다.

제희공은 부랴부랴 두 사람을 떼어놓고 서둘러 문강을 노나라의 노환공에게 시집보내기로 결정했다. 노나라와 제나라는 위치적으로 가까이 붙어 있고 비등한 국력을 갖추고 있어서 부딪히는 일이 자주 있었다. 그러다 정나라의 정장공이 중원의 절대강자로 부각이 되면서 노나라와 제나라는 화해 모드로 돌아섰고, 이 화해 모드에 불을 붙이는데 정략결혼만큼 좋은 것이 없었다.

노환공은 형인 노은공을 죽이고 노나라의 군주가 되었는데, 정식 부인을 맞지 않았기 때문에 마침 군부인이 될 여인을 찾고 있었는데 제나라에서 혼담을 넣은 것이다. 노환공 입장에서는 문강이 절세미인이라 하니 마다할 이유가 없었고 더불어 강대국인 제나라와 친교를 다질 기회이기도 했다.

이후 노환공과 문강의 혼사는 일사천리로 진행되는데, 문강은 오빠 제아에게 육체적으로든 정신적으로든 흠뻑 빠져 있었기에 노나라로 시집가는 것이 싫을 수밖에 없었다. 시집을 가기 전 문강은 오빠 제아에게 편지를 남긴다.

> 오라버니! 저는 이것이 저의 운명이라 생각하고 이렇게
> 떠납니다. 그러나 저의 마음은 이 제나라 땅에서 조금도
> 떠나고 싶지 않습니다. 상대는 자신의 형인 노은공을 시
> 해한 패륜아라지요. 그러한 패륜아와 어떻게 살아갈지 막
> 막합니다. 하지만 언젠가는 오라버니와 다시 만나 볼 수
> 있으리라는 희망을 가지고 살아가겠습니다. 부디 그때까
> 지 안녕히 계십시오.

기원전 709년 문강은 마지못해 노나라로 향했는데, 제아가 문강을 노나라로 데려다 주겠다고 했지만 아버지 제희공이 엄하게 꾸짖고 몸소 문강을 데려다 주었다. 이렇게 두 사람은 애절한 연인처럼 헤어지게 되었다.

노환공은 정략결혼이긴 했지만 아름다운 모습의 문강을 보자 첫눈에 반해 버린다. 제희공은 문강과 제아에 대한 소문이라도 퍼졌을까 전전긍긍하다 동생 이중년을 노나라로 보내 문강이 잘 지내는지 확인하는데 다행이 두 사람은 잘 지내고 있었고 문강은 3년 후 장자 동이를 낳았다.

정략결혼으로 두 나라는 동맹을 맺어 아슬아슬한 평화가 유지되고 있었다. 하지만 이 평화가 언제까지 지속될지는 모를 일이

었다. 두 나라는 팽창 시기를 맞고 있어 계속된 세력 확장을 시도했으니 언제든 힘의 균형이 깨어지면 이 아슬아슬한 동맹도 깨질 것이었다. 문강과 제아의 문제도 계속해서 남아 있었기에 시한폭탄을 안고 있는 상황이었다.

이후 제아도 송나라의 제후의 딸 중자와 혼인을 하게 되었는데 미모가 뛰어난데다 중자가 제아에게 푹 빠지면서 두 사람은 금실 좋은 부부가 되었다. 또 노나라와 거나라에서 잉첩을 보내오니 제아는 그 여인들에게 푹 빠져 누이동생을 잠시 잊고 지내게 된다.

제나라와 노나라의 갈등

제나라는 일찍 농업이 발달하여 부를 축적했고 그를 바탕으로 세력을 확장하고자 했는데 걸림돌이 되는 나라가 있었으니 바로 제나라 옆에 붙은 작은 나라인 기나라였다. 제나라가 동쪽으로 세력을 넓히려면 일단 기나라부터 복속을 시켜야 했다.

주 왕실이 힘이 있을 때라면 있을 수 없는 일이지만 이빨 빠진 호랑이인 주 왕실의 눈치를 볼 필요도 느끼지 못한 제희공은 기나라를 복속시킬 계획을 세웠다. 이때 제나라를 견제하고 있던 노나라가 그냥 두고만 보지는 않았다. 마침 기나라는 노나라와 화친을 맺고 보호를 받고 있는 상황이었다. 노환공은 문강과 혼인을 하여 제희공이 장인어른이지만 나라 간 세력 다툼에는 그런 관계가 중요치 않았다.

노나라는 기나라 기무공의 딸 공녀 계강을 환왕에게 시집을 보내 기나라를 주 왕실의 권위 속에 포함시켜 버렸다. 아무리 주 왕실이 힘이 빠졌다 하더라도 주 왕실과 사돈을 맺은 나라를 칠 수는 없는 법이니 말이다.

노나라와 제나라가 대립을 하게 되자 이 사이를 파고든 나라가 정나라였다. 정장공은 제희공에게 접근해 노나라를 치자고 제안했고, 노환공을 괘씸하게 생각했던 제희공은 이 제안을 받아들인다.

여기에 위나라 위선공도 합세를 하여 이들 연합군은 노나라를 공격해 크게 이겼다. 그렇게 네 나라는 우호를 다지는 맹약을 맺고 군사를 물렸지만 제나라와 노나라 사이의 긴장은 계속되었다. 그사이 정나라도 상황이 달라지고 있었는데, 정장공이 사망을 하고 세자 홀이 정소공으로 군위에 올랐지만 동생인 공자 돌에게 군위를 빼앗겼다.

공자 돌은 자신이 군위에 오르면 송나라 송장공에게 성 세 개와 백옥 1백 쌍, 황금 1만 일鎰(1일은 20~24냥), 해마다 곡식 3만 석을 바치기로 약속을 했다. 하지만 막상 군위에 올라 정여공이 되어 살펴보니 송나라가 요구한 재물을 다 바치면 정나라가 망할 지경이라 바치기로 한 재물의 규모를 3분의 1로 줄여달라는 부탁을 하게 된다.

하지만 송장공은 그 부탁을 들어주지 않았다. 이대로는 도저히 안 되겠다고 생각한 정여공은 제희공에게 도움을 청하지만 제희공은 세자 홀 즉 정소공에게 호감이 있었다. 그래서 그가 군위에서 쫓겨났기에 도움 요청을 거절했다.

정여공은 다시 노환공에게 도움을 요청했고 노나라와 정나라가 손을 잡고 송나라 정벌에 나서게 된다. 그런데 이때 노환공은 자신이 주 왕실과 사돈을 맺게 해준 기나라도 합세를 하게 하는데, 이것이 제희공을 거슬리게 만들었다.

송장공이 위나라에게 도움을 요청한 후 제나라의 제희공에게 손을 내밀자 송장공의 손을 잡으며 송나라를 구한다는 명목으로 기나라를 치게 된다. 송나라와 제후 연합군이 접전을 벌이고 있을 때 제나라가 기나라를 공격한다는 소식을 듣고 정여공과 노환공은 급히 기나라로 달려갔다.

노나라, 정나라, 기나라 연합군과 제나라, 위나라, 송나라 연합군은 치열하게 전투를 벌였다. 결국 제나라 장수 팽생이 화살을 맞아 부상을 입으며 제나라 군이 밀리게 되었고, 결국 제희공은 기나라를 복속시키지 못한 채 물러나야 했다.

기나라에서 돌아온 제희공은 결국 병이 들고 기원전 698년에 사망을 하게 된다. 문강이 노환공에게 시집을 간 지 10년이라는 세월이 흐른 것이다. 그리고 세자 제아가 제나라의 14대 군주 제양공이 되었다.

오빠 제양공과
재회한 문강

제양공과 혼인했던 중자가 일찍 사망을 하고, 제양공은 주 왕실의 공주와 혼인을 하고자 문강의 남편 노환공에게 중매를 요청하였다. 기나라 문제로 갈등이 있었지만, 주 왕실과의 관계가 원만하면서 주변국의 인정을 받는 나라가 노나라밖에 없었기에 혼사를 성사시키고자 부탁을 한 것이다. 표면적으로나마 제나라와 노나라는 화해 모드가 조성된 것이다.

제양공은 노환공에게 고마움을 표시하겠다며 노환공을 제나라로 초대하였다. 또한 여동생 문강에게도 꼭 남편과 함께 오라는 말을 전했다. 문강은 사실 노환공과 혼인해 살면서 오빠 제양공을 계속 그리워하는 마음이 있었기에 설렘을 감추고 남편 노환공에게 자신도 데려가 달라 졸랐다.

"돌아가신 친정 부모님께 문안을 드리고 싶어요. 저도 제나라에 데려가 주세요."

노환공은 부모님께 문안을 하고 싶다는 문강의 부탁을 거절하지 못했고 두 사람은 함께 제나라로 향하였다. 제양공은 궁경 근처까지 마중을 나가 노환공 부부를 맞았는데, 노환공은 엄청난 환대를 받는다는 생각에 기분이 좋아졌다. 이들은 함께 제나라 궁으로 돌아왔고 성대한 연회가 열렸다.

밤이 깊어 노환공은 숙소로 돌아갔는데 문강은 오랜만에 만난 친척들과 더 이야기를 나누고 싶다며 남게 되었다. 하지만 제양공이 미리 문강을 위한 내실을 마련해 놓고 있었고 그렇게 제양공과 문강이 함께 그 내실로 들어갔다. 제양공과 문강은 또 넘지 말아야 할 선을 넘고 말았다.

술이 취해 잠이 들었다 깬 노환공은 문강이 어디서 머무는지 알 수 없자 불길한 생각이 들었다. 그래서 시종에게 문강이 간밤에 어디서 잤는지 알아보게 했는데, 문강이 밤새 제양공과 함께 있었다는 보고를 받은 것이다. 보고를 받은 노환공은 믿기 힘든 현실을 마주해야만 했다. 단순한 남매의 정을 나눈 것이 아니라는 것을 직감한 것이다. 시치미를 떼며 돌아온 문강을 추궁하기 시작한다.

"왜 이제 오시오? 어디에 있었던 거요? 제양공은 어디에 있소?"

문강은 딱 잡아떼며 궁녀랑 같이 있었다고 했지만 계속된 추궁에 눈동자가 흔들리고 말을 더듬으며 눈물을 보이고 만다. 노환공은 짐작에 확신을 가지게 되었고 분노했다. 그 시간 제양공 역시 노환공의 낌새가 이상한 것을 눈치채고 시종에게 몰래 노환공과 문강이 무슨 이야기를 하는지 엿듣도록 하였다. 두 사람의 대화를 전해 듣고는 모든 것이 탄로났구나 싶어 난감해 했다.

애욕에 눈이 멀어 시집간 여동생과 쾌락을 나누었지만 이 사실이 알려지는 날에는 자신의 부도덕함을 비난받게 되고, 여동생은 내침을 당할 것이 뻔했기 때문이다. 또 추진하던 혼사 역시 물 건너가게 될 것이었다. 제양공은 고민 끝에 결심을 하게 된다. 노환공을 돌려보내지 않아야겠다고.

노나라로
돌아가지 못한 노환공

노환공은 분노에 몸을 떨었지만 당장은 제양공에게 따질 수 없었다. 제나라에서 제나라 군주에게 따지다가는 무슨 일이 벌어질지 모를 일이었다. 그래서 일단 노나라로 돌아가서 사태를 정리해야겠다고 생각하고 귀국할 것을 알렸다. 제양공은 아무것도 모르는 것처럼 말했다.

"이대로 보내기엔 너무 아쉽구려. 환송연을 열 것이니 꼭 참석해 주시오."

노환공은 마지못해 환송연에 참석했다. 그리고 연회에서 제양공은 노환공에게 몸을 가누지 못할 정도로 술을 마시게 만들었다. 노환공이 비틀거리며 돌아가려고 하자 그때 한 사내가 도와준다며 노환공을 수레까지 부축했다. 그리고는 수레에 올려 주는 척 하며 온 힘을 다해 껴안아 갈비뼈를 부러뜨려 버렸다.

그 사내는 힘이 장사이기로 소문난 팽생으로 제양공의 지시로 노환공을 살해한 것이다. 수레는 곧 노나라 신하들이 있는 곳으로 향했고 술에 취해 잠이 든 줄 알았던 노환공이 실은 살해당했다는 것을 곧 알게 되었다. 신하들은 누구의 짓인지 짐작했고 분노했다.

제양공은 이 소식을 듣고 깜짝 놀랐다는 듯이 행동하며 통곡을 하는 가증스런 모습을 보였다. 증거도 없어 그 자리에서 어떻게 할 수 없었던 신하들은 노환공의 시체를 싣고 노나라로 돌아갔고 세자 동은 아버지의 갑작스런 죽음에 통곡을 했다.

그 와중에도 아버지의 장사를 치르며 자초지종을 듣고 일단 제나라에 서신을 보냈다. 아버지가 제나라를 방문했다가 이런 험한 일을 당하셨으니 누구 짓인지 꼭 밝혀 처벌해 달라는 내용이었다. 제양공 짓임을 알지만 경황이 없는 지금 전쟁을 칠 수 없으니 훗날을 도모하기 위한 시간을 벌기로 한 것이다.

제양공은 팽생이 전투에 나섰을 때 노나라 군에게 활을 맞아 부상을 입은 적이 있는데 그 원한으로 노환공을 죽인 것이라 뒤집어씌워 서둘러 팽생을 처형하여 그의 목을 노나라로 보냈다. 기록마다 조금씩 다르긴 하지만 힘만 세고 생각하는 것이 단순했던 팽생은 제양공의 동생이라는 설과 아들이라는 설도 있다.

동생이든 아들이든 자신의 죄를 덮기 위해 친족을 죽인 것은 사실이다. 세자 동은 이것이 눈 가리고 아웅이더라도 팽생마저 죽어 진실을 알 수 없는 상황에 제나라를 추궁할 수도 없었다.

그리고 이 와중에도 아버지를 대신해 제양공과 주 왕실 왕녀와의 혼사도 진행을 해야 했다. 당시 주환왕이 사망하고 그의 아들 주장왕이 뒤를 이었는데, 세자 동은 상중이라는 핑계를 대고 상대부 전손생을 주나라 장왕에게 보내 혼사를 진행하게 했다.

제양공은 예정대로 주나라 왕녀 왕희와 혼례를 치르게 되는데, 이때까지도 문강은 제나라에 남아 있었다. 이 모든 사건을 겪고 두려운 나머지 노나라로 돌아갈 수 없었던 것이다. 하지만 문강이 계속 제나라에 머문다면 의심이 더 커질 터 결국 노나라로 가는 도중 노나라와 제나라 국경의 어디에도 속하지 않은 작땅에 도착하자 그곳에 머무르기로 결심한다. 문강은 아들에게 편지를 보냈다.

> 나는 원래 한적한 곳을 좋아하는데 궁궐은 사람이 너무
> 많으니 이 한적한 작땅에서 머물겠다.

세자 동은 문강이 아버지를 죽게 만든 원수이지만 한편으로는 자신을 낳아준 어머니이기에, 차라리 노나라로 돌아오지 않는다면 사실 여부를 따지고 추궁하며 죄를 묻는 일을 하지 않아도 되겠다 싶어 이를 허락했다. 그리고 세자 동이 노나라 군주의 자리에 오르니 그가 바로 노장공이다.

제양공
폭군의 길을 걷다

제양공은 혼인 후 안정이 되자 정나라로 눈을 돌려 정나라와 친교를 맺자고 유인해 정나라 군주가 된 공자 미, 제족, 고거미를 위나라 수지에서 만나기로 했다. 공자 미와 고거미는 그렇잖아도

군위 자리를 찬탈했다며 다른 제후국으로부터 외면당하는 중이었는데 제나라가 손을 내밀어 주니 만나서 잘 풀어보자는 심산으로 길을 나섰다.

하지만 산전수전 다 겪은 제족은 이번 만남이 함정이라는 것을 직감하고 회담에 나가는 것을 반대하였다. 하지만 공자 미는 이 말을 듣지 않았다. 결국 제족은 몸이 아프다는 핑계로 두문불출하며 밖을 나서지 않았고 공자 미와 고거미는 제양공과의 회담을 위해 수지로 나섰는데, 제족의 말처럼 제양공의 함정이었다.

제양공은 군주를 시해한 죄를 물어 고거미를 잡아 거열형을 내렸고 공자 미는 그 자리에서 목을 베어 버렸다. 정나라는 일대 혼란이 일었고 진나라에 가 있던 공자 의를 데려와 군위에 올리니 그가 정정자가 된다. 이렇게 제양공은 군주를 죽인 자를 벌해 위신을 세웠다.

제양공과 결혼한 주나라 왕녀 왕희는 맑은 물과 같은 성품의 여인이었는데 시집을 온 지 얼마 되지 않아 제양공과 문강의 일을 알게 되었다. 왕희는 충격을 받아 속병을 앓다가 일 년도 되지 않아 세상을 떠났다. 이후 제양공은 소문에 대한 두려움을 떨쳐버렸는지 문강이 있는 작땅으로 향했다. 기나라를 복속시킨 후에 노나라의 움직임을 살핀다며 노나라 국경을 따라 이동을 했는데, 이때는 문강과 함께였을 뿐만 아니라 문강이 제나라 도성에 머물기도 하면서 두 사람은 부부처럼 지냈다.

제양공의 패륜적인 모습은 그의 사적 영역인 것이고 그와 별개로 제나라는 정나라에 이어 중원의 최강대국으로 우뚝 서고 있었다. 그사이 초나라가 서서히 힘을 키워 나갔는데, 제양공은 자신이 중원의 주인이 된 것에 우쭐하며 자만하고 있었다.

문강과 계속 밀회를 즐기며 다른 여인들과도 즐기기 바빴다. 원래도 포악한 성정이었던 제양공은 사안을 제대로 살펴보지도 않고 벌을 내리거나 자신을 거스리는 이들은 당장에 죽이는 일도 서슴지 않았다. 훗날 제환공이 될 공자 소백, 그러니까 제양공의 동생이 간언했다.

"노나라의 제후가 죽은 후 좋지 않은 소문이 그치지 않고 있습니다. 남녀 간의 일은 항상 이목을 끌게 되어 있으니 문강과는 더 이상 가까이하지 않는 것이 좋겠습니다."

제양공은 미친 듯이 화를 내며 소백을 쫓아내 버렸다. 소백은 이 일로 제양공에게 화를 당하게 될까 두려워 거나라로 도망쳤다.

패륜아의 최후

기원전 686년 연칭과 관지부라는 장수들이 제나라 도성에서 멀리 떨어진 규구에 주둔하고 있었는데 도성으로 돌아가고 싶었던 이들은 제양공에게 물었다.

"저희들을 언제 도성으로 부르실 겁니까?"

"내년 오이가 익으면 교대시켜 주마."

제양공은 오이 철이라 오이를 먹으면서 대수롭지 않게 약속했다. 연칭과 관지보는 일 년이 지나면 교대를 할 수 있다는 생각에 인내하며 일 년을 기다렸다. 하지만 제양공에게서 아무 말이 없자 오이를 따서 제양공에게 보냈다.

"이것들이 건방지게 제멋대로 행동하느냐?"

제양공이 버럭 화를 내자 연칭과 관지보는 이런 제양공의 처사에 분노했다. 당시 제양공이 폭정을 일삼아 인심을 잃고 있는 상황이었기에 두 사람은 이 기회에 제양공을 제거하기로 결심했다. 제양공을 제거하면 그를 대신할 인물을 세워야 하는데 이들이 선택한 이는 공손무지였다.

공손무지는 제양공의 아버지 제희공의 동생 이중연의 아들이었는데, 제희공은 먼저 죽은 동생 대신 조카 공손무지를 돌보며 무척 총애했다. 그런데 제희공이 사망한 후 제양공은 공손무지를 제대로 대접하지 않아 마음속에 불만이 있음을 간파한 것이다. 그해 겨울 제양공이 사냥을 떠나자 이를 기회라고 여기며 제양공을 죽일 계획을 세웠다.

제양공은 아무 것도 모른 채 한창 사냥을 하는데 숲에서 커다란 멧돼지 한 마리가 뛰어왔다. 그 순간 제양공은 이 멧돼지가 예전에 자신이 죽인 팽생을 닮았다는 생각에 너무나 놀라 병거를 돌리다 그만 병거에서 떨어졌다. 제양공은 두려움에 휩싸여 뛰어서 도망을 쳤다.

이때 제양공은 신발 한 짝을 떨어뜨렸고 그 멧돼지가 제양공의 신발을 물고 달아났다. 정신을 차린 제양공은 신발 한 짝이 없는 것을 보고 수하인 도인비에게 "내 신발이 어디 있느냐"고 물었다. 멧돼지가 신발을 입에 물고 도망쳤다고 말하자 이에 화가 치민 제양공이 "왜 가만히 있었냐?"고 하면서 그를 심하게 구타를 했다. 그리고 신발을 찾을 때까지 숙소로 오지 말라는 말을 남기고 제양공은 숙소로 향했다.

도인비는 밖으로 신발을 찾아 나서는데 갑자기 횃불이 보이더니 두 사람을 필두로 한 군대가 보이는 것이었다. 바로 연칭과 관지보 장군이 반란군을 이끌고 온 것이었다.

"저는 지금 억울하게 얻어맞았습니다. 제가 제양공을 유인해 내겠습니다. 장군들은 숲에서 기다리십시오."

도인비는 깜짝 놀란 마음을 숨기고 그들을 안심시키는 말을 하고는 숙소로 뛰어가 제양공에게 말했다.

"연칭과 관지보가 반란을 일으켰습니다. 빨리 몸을 피하셔야 합니다."

당황한 제양공이 허둥지둥하자 도인비가 숙소의 벽 중 이중으로 되어 있는 곳에 제양공을 숨겼다. 그리고 자신이 제양공의 침실로 들어가 이불을 뒤집어 쓰고 누웠다. 아무리 기다려도 제양공이 나오지 않자 속았다는 것을 깨달은 연칭과 관지보는 숙소 안으로 들어왔고, 제양공의 이불 위에 칼을 찔러 넣었다. 그리고 이불을 뒤집어 보니 죽은 이는 제양공이 아닌 도인비였다. 연칭과 관지보는 당황했다. 오늘밤 제양공을 죽이지 못한다면 바로 역공을 당할 참이었다.

"멀리 가지 못했을 것이다. 찾아라."

이들은 밖으로 나가 제양공을 찾으려 했는데 그때 이상한 물건 하나가 눈에 띄었다. 아무것도 없는 벽 앞에 신발 한 짝이 놓여 있는 것이었다. 이 신발을 이상하게 생각한 관지보와 연칭이 벽을 뜯자 그 안에 숨어 있던 제양공을 발견하였다. 제양공은 곧바로 이들에게 살해되었으니 기원전 686년의 일이다.

멧돼지가 물고 간 그 신발이 왜 벽 앞에 놓여 있었을까?

제양공이 살해되고 공손무지가 군주의 자리에 오르지만 군주 감이 아니었던 그 역시 살해당했다. 결국 제희공의 셋째 아들이자 제양공을 피해 달아났던 동생 소백이 군위에 올라 제환공이 되었다. 제양공이 사망하고 홀로 남은 문강은 밥도 먹지 못하고 잠도 못자고 나날이 수척해져 갔다.

어머니가 병이 들었다는 소식을 들은 노장공은 문강에게 의원을 보냈다. 진맥 결과, 문강의 병은 음욕을 풀지 못해 생긴 병이라고 했다. 문강은 '의원이라면 병을 고쳐야 하지 않냐'고 하며 의원을 덮쳤다. 의원은 문강도 무섭고 노장공도 무서워 자신의 나라인 거나라로 도망가는데, 문강이 거나라까지 쫓아와 음욕을 풀었다고 한다. 하지만 그는 문강의 상대가 되지 못했다. 노장공은 할 수 없이 어머니의 음욕을 풀어줄 남자를 물색했고, 정력이 세다는 백정을 문강에게 보냈다. 문강은 이렇게 음욕을 풀며 즐기다 천식으로 사망했다. 그녀는 마지막 순간 누구를 떠올렸을까?

chapter 18

왕의 남자
애제와 동현

애제
미소년 동현과 마주치다

역사 속에서 동성애를 한 지배자에 대한 기록은 심심찮게 발견된다. 단순한 욕망의 대상이 아니라 깊은 사랑을 나눈 사이로 말이다. 중국의 역사 속에서 황제의 사랑을 받았던 남자의 이야기를 해 보겠다.

전한의 13대 황제 애제는 전한을 멸망으로 이끈 황제로 평가받고 있다. 그러나 전한은 선황 성제의 탐욕과 타락으로 이미 기울어져 있었다.

성제의 총애를 받은 조비연과 그녀의 여동생 조합덕은 다른 비빈들이 낳은 아이를 직접 죽이기까지 하며 경계했는데, 정작 본인들은 아이를 낳지 못해 성제의 대를 끊어 버렸다. 그래서 성제의 조카 유흔이 스무 살의 나이로 기원전 7년에 전한 13대 황제가 되는데, 그가 바로 애제이다.

애제가 즉위한 당시 전황제 성제가 워낙 암군이어서 농민들은 굶주림이 심했고 세금은 너무 과중해 백성들이 도탄에 빠져 여기저기 봉기가 일어나 왕조의 뿌리가 흔들리고 있었다. 때문에 애제는 즉위 초 곤궁한 백성의 마음을 달래기 위해 음악을 총괄하는 기관인 악부관을 폐기해 퇴폐적인 음악의 범람을 금지하고 기수관(비단을 짜고 수놓는 일을 관할하는 관원)을 없앴다.

그리고 신하들이 의복을 검소하게 입고 사치스런 생활을 하지 않도록 권장했으며 애제 자신도 검소하게 생활하는 등 나라의 안정을 꾀하려는 노력을 했다.

애제가 즉위할 당시 조정의 실권은 태왕태후 왕씨의 외척인 왕씨 일가 특히 왕망에게 넘어가 있는 상태였기에 애제는 힘없는 황제로 실권 행사를 하지 못했다. 애제는 군권을 되찾기 위해서라도 왕씨 권력을 제거해야 했고 애제의 외척 역시 같은 생각을 했다.

애제의 할머니는 부씨였고, 어머니는 정씨였다. 애제가 태자로 책봉된 후 부씨는 황태후, 정씨는 태후의 신분으로 입궁했으며 부씨, 정씨 일족이 잇따라 요직에 발탁되었다. 그리고 군권을 쥔 대사마 자리는 왕망에서 정명으로 교체되었다. 이후 정권은 부씨와 정씨 일가에게 넘어갔고, 애제는 허수아비 황제가 되었다.

성제는 지나치게 여색을 밝혀서 왕조를 흔들리게 한 황제인데 반해 애제는 여색을 밝히지 않았다. '본성이 성색을 좋아하지 않았다'고 기록될 정도였다. 애제가 정도왕 시절 왕비로 삼았던 부왕비는 애제가 태자로 책봉된 후 태자비가 되었으며 애제가 황제로 즉위하고 몇 달 후 황후(정도태후 부씨)가 되었다.

이런 애제의 마음을 사로잡은 이가 있었으니 여인이 아니라 동현이라는 미소년이었다. 동현은 애제가 태자로 있을 때부터 그의 시중을 드는 태자사인(시종)으로 있었고 애제가 즉위한 후 함께 입궁했다. 하지만 입궁을 하고 2년이 넘게 애제에게 접근하지 못하다 우연히 애제를 다시 만난 것이다.

동현은 자가 성경聖卿으로 운양 사람이었으며 그의 아버지 동공은 일찍 어사를 지낸 적이 있었다. 그는 남자임에도 여인처럼 아름다웠고 자신도 자신의 아름다움을 잘 알고 있어 몸단장을 즐겼다. 애제가 우연히 멀리 있는 동현을 보게 되었는데 실루엣만 봐도 너무 훈훈해 보였던 것이다.

애제는 '어디선 본 듯한 한데 누구인가' 하며 기억을 더듬어 보다 태자 시절 자신의 시종을 들었던 동현이 성장한 것임을 알아보았다. 동현은 몇 해 사이 놀랍도록 아름답게 성장해 있었고, 그런 동현과 자주 대화를 나누어 보니 그가 더 마음에 들었는지 그를 바로 황문랑으로 임명해 곁에 두게 된다.

단수지벽

동현은 애제를 따라 다니며 애제의 수레에 함께 앉아 이동했고 잠도 같이 자고 밥도 같이 먹으며 모든 것을 함께했다.

즉위 초 검소함으로 어필하던 애제는 동현에게 완전히 빠져서 수시로 상을 내렸는데 몇 개월 되지 않아 금전 1억에 달하는 금액이 하사되었다고 한다.

한번은 두 사람이 함께 낮잠을 자는데 동현이 애제의 옷소매를 깔고 누워 있었다. 애제는 일어나기는 해야 했지만 동현이 깨는 것을 원치 않아 칼로 옷소매를 잘랐다고 하는데, 여기서 생긴 사자성어가 '단수지벽斷袖之癖'이다.

소매를 자르다는 뜻의 사자성어 단수지벽은 이후 동성애를 가리키는 말이 되었다. 잠에서 깬 동현은 애제가 자신을 위해 옷소매를 자른 것을 알고 감동했고 소매가 넓어 일어난 일이니 소매가 좁고 옷깃이 짧은 옷을 손수 만들어 입었다.

이때부터 소매가 길고 품이 넓은 옷을 아름답게 여기던 의복 관례가 사라졌고 황제인 애제부터 궁녀, 비빈들 모두 옷소매를 잘라 짧고 편한 옷을 입게 되었다.

동현은 아름답다는 여인들보다 더 절색인 미소년이었고 애제의 마음을 잘 헤아렸으며 상냥하게 대했기에 애제는 동현을 더욱더 총애했다. 당시 동현은 이미 혼인을 해 아내가 있는 몸임에도 계속 황궁에 머물게 했고 결국 동현의 아내까지 입궐시켜 직려 (숙직을 서는 집)에 머물게 했다.

동현에게 누이동생이 하나 있었는데, 그녀 역시 절세미인이었다. 애제는 그녀가 무척 마음에 들었던지 소의로 봉하는데 동소의가 애제의 유일한 후궁이었다. 동현의 아버지 동공은 소부(천자의 어의, 어물, 경비, 식사 따위를 맡아보는 관직)를 맡게 하였다. 심지어 동현의 장인도 벼슬자리에 오르고 그의 처남은 집금오(궁문 수비를 하며 비상사를 막는 일을 했다)에 임명되었다.

애제가 이렇게 동현에게 빠져 있으니 당연히 애제의 후사가 없었다. 애제가 원래 몸이 약했던지라 즉위 후 자주 병을 앓았는데 황제가 병을 앓는 이유가, 애제와 함께 황위 후보에 올랐던 중산효왕 유흥의 태후가 황제를 저주했기 때문이라는 보고가 들어왔다. 이 일로 태후와 태후의 동생 의향후 풍참이 자결을 했는데 사실 이들이 황제를 저주했는지는 밝혀지지 않았다.

그리고 간신 식부궁과 손총이 내시를 통해 동평왕 유운의 왕비가 무당을 불러 황제를 저주하는 굿을 하며 황제가 일찍 죽기를 빌었다는 고발을 하자, 유운과 그의 왕비를 비롯하여 관련 인물들이 모두 처형되었다. 이 고발을 한 손총은 남양태수가 되고 식부궁은 광록대부(고대 중국의 관직)에 임명되었다.

그런데 이 사건의 최대 수혜자는 동현이었다. 황제는 총애하는 동현의 지위를 더 높여 주고 싶은 마음에 다음과 같은 명을 내린 것이다.

"식부궁과 손총의 상소는 동현을 통해 올라왔으므로 동현의 공이 크다. 동현을 고안후에 봉하고 식읍 천 호를 내린다."

이에 아부를 모르고 바른 말을 하는 재상 왕가가 맹렬히 반대하였다.

"사건 자체의 진위가 불분명한데 제대로 조사도 하지 않고 일을 처리하여 동현을 열후로 봉하는 것은 아니 될 일입니다."

이 말에 애제는 기분이 상하여 왕가를 멀리하게 되었다. 기원전 2년 애제는 동현에게 식읍 2천 호를 하사하자 왕가는 다시 황제에게 글을 올렸다.

동현은 폐하의 은총만을 믿고 밖에서 멋대로 행동하여 많은 사람들의 분노를 사고 있습니다. 속담에 말하길 '천 사람의 손가락질을 받으면 병이 없어도 죽는다' 했습니다. 그의 종말은 좋을 리가 없습니다. 폐하께서는 나라를 중요하게 생각하시어 다시는 이런 일을 하시지 말기 바랍니다.

애제는 왕가의 비판에 크게 분노해 그에게 황제를 속인 죄를 씌워 스스로 독을 마시고 자결하라 명했지만 왕가는 끝내 거부했다. 왕가는 옥에 갇혀 스무날 동안 음식을 먹지 않고 피를 토하며 죽었다.

즉위 초 백성들을 살피려는 노력을 했던 애제는 사랑에 눈이 멀어 충신을 버린 암군이 된 것이다.

애제
동현과 함께 묻히길 원하다

동현은 대사마(중국의 관직으로 군사 관련 업무를 맡았다)의 자리에 오르는데 이때 나이가 고작 스물두 살이었다. 동현은 겉모습만 번지르르할 뿐 실제로는 재능과 학식이 전혀 없는 사람이었다.

애제는 그런 동현에게 왜 대사마라는 중요한 직책을 맡겼을까? 아무리 총애한들 오늘날의 국방부 장관에 해당되는 자리에 한낱 시종을 앉히다니 이건 지나친 처사였다. 하지만 애제도 나름의 이유가 있었다.

외척 부씨 일가를 밀어내야겠다는 판단을 했던 것이다. 그래서 애제는 대사마 정명을 파면하고 꼭두각시인 동현을 대사마에 앉히니 실제 업무는 애제가 처리함으로써 군권을 가지려는 계략이었고, 짧은 기간이나마 애제는 군권을 장악한 황제가 되었다.

동현은 이렇게 꼭두각시로 앉은 자리라 하더라도 최고 권력을 차지하게 된 것이고, 대신들이 애제에게 보고할 일이 있으면 반드시 동현을 거쳐야만 했다.

애제는 동현의 아버지 동공을 토목 공사를 전담하는 직책인 정작대신에 봉하고 동현을 위해 웅장하고 아름다운 대저택을 축조하게 했다. 저택은 그 어떤 대신들의 집보다 크고 화려하고 정교했다.

애제는 동현에게 황궁의 진귀한 보물을 마음대로 고를 수 있게 했는데, 심지어 황제가 사용하는 의복, 혁대, 수레, 말까지 똑같이 사용할 수 있었고 동현의 아내와 여동생까지도 엄청난 하사품을 받았다.

왕씨 일가의 세력이 약해졌지만 오직 평아후 왕담의 아들 왕거질만은 애제가 태자로 있을 때부터 애제를 보필해 주었기에 총애를 잃지 않았다. 왕거질의 동생 왕굉은 형 덕분에 중상시가 되었다.

한번은 애제가 연회를 베풀어 동현 부자와 여러 친족을 청했고 그날 왕거질과 왕굉 형제도 참석을 했다. 술이 좀 취한 애제가 동현을 바라보면서 왕씨 형제에게 물었다.

"나는 요순 선양의 전례를 본받아 동현에게 제위를 물려줄 생각인데 어떻게 생각하시오?"

이에 왕굉이,

"천하는 고황제의 천하이지 폐하의 천하가 아닙니다. 폐하께서는 종묘를 계승하시고 자손에게 전하여 무궁히 이어가야 합니다. 천하 통치는 막중한 일이오며 천자에게 농담은 있을 수 없습니다."

하고 대답하자 화가 난 애제는 입을 굳게 닫았다. 모인 이들은 싸늘해진 분위기에 어쩔 줄 몰라 했고 애제는 더 이상 왕굉을 부르지 않았다.

애제는 건강이 좋지 않았기에 자신이 오래 살지 못할 거라는 생각을 했고 저세상에 갔을 때 동현이 애제 없는 나날을 홀로 보낼 생각을 하니 너무도 서글퍼졌다. 그래서 애제는 이미 조성해 놓은 자신의 황릉 옆에 분묘를 하나 더 조성해서 나중에 동현이 죽으면 자신과 함께 묻힐 수 있게 했다. 그리고 예감한 것처럼 애제는 기원전 1년 6월 스물여섯이라는 젊디젊은 나이에 병사하게 된다.

태황태후 왕씨는 동현에게,

"장례를 어떻게 하겠느냐?"

하고 물었는데, 자신의 울타리가 되어준 황제가 갑자기 사망

해 정신이 없었던 동현은 아무런 대답도 하지 못했다. 그러자 태황태후 왕씨가,

"신도후 왕망은 전에 대사마로 선제의 운구를 모신 경험이 있고 전례에 밝으니 내가 왕망에게 명하여 군을 돕도록 하겠소."

라고 하자, 동현은 이 말을 전혀 의심하지 않았고 감사의 인사를 드렸다.

태황태후 왕씨는 곧 자신의 조카 왕망을 불러 장례를 돕게 했고 이제 권력은 때를 기다리고 있던 왕망에게로 넘어가게 되었다. 왕망이 애제의 총애를 등에 업고 호화롭게 지낸 동현을 그대로 둘 리 없었으니,

"얼마 전부터 음양이 순조롭지 못하고 여러 재해가 한꺼번에 닥쳐 백성이 그 피해를 당했다."

하며 동현을 탄핵하는 동시에 동현의 황궁 출입을 금해 버렸다. 동현은 심약한 사람으로, 이대로 있다간 목숨이 달아날 수도 있겠다는 생각에 황궁 문 앞으로 달려가 관을 벗고 맨발로 땅에 꿇어 앉아 빌었다.

"제가 죄인입니다."

이것은 오히려 동현이 모든 죄를 인정하는 것이 되었고 왕망은 태왕태후의 명으로 동현에게 유죄를 선포하고 대사마 인수를 거두고 집에 돌아가 처분을 기다리라고 명했다. 동현의 대사마 자리 역시 왕망에게 넘어갔다.

동현은 겁에 질려,

"일이 다 틀어졌으니 나는 죽은 목숨이야."

하며 벌벌 떨었고 결국 집으로 돌아가 아내와 함께 목을 매어 자결을 했다.

동씨 일족은 너무 놀라서 밤새 동현 부부를 대충 매장했는데, 왕망은 혹시 동현의 죽음이 가짜일 수 있다는 의심에 관을 열고 검사까지 했다. 이후 동씨 일족의 재산을 몰수하고 멀리 유배를 보냈으며 동현의 시체는 거리에 효시했다.

애제의 동현에 대한 사랑은 이렇게 비극으로 막을 내렸다.

chapter 19

남황후로 불린
한자고

한만자
한자고로 거듭나다

　남북조 시대, 크게는 위진 남북조 시대인데 5호 16국 시대가 끝나고 남조에는 송이 들어서고, 북조에는 북위가 화북을 통일한 439년부터를 남북조 시대라고 한다.

　혼란의 시기이다 보니 남조의 나라들은 짧은 역사를 뒤로 하고 계속 교체되었다. 송, 제, 양나라를 거쳐 진나라가 세워졌는데, 진나라 개국 황제 진무제 진패선은 즉위한 지 3년 만에 사망을 했다. 그런데 여섯 아들들이 모두 진무제보다 먼저 사망했거나 포로로 잡혀 황위를 이을 아들이 없었다.

　그래서 황제 자리는 조카 진천이 이어받게 되는데 그가 바로 진나라 2대 황제 진문제이다. 진문제는 어려서부터 용모와 풍채가 좋았을 뿐 아니라 영민하고 학식이 깊었으며 몸가짐이 단정하고 예법을 지켜 삼촌 진패선을 예로 섬겼다. 또한 무예도 뛰어나고 담력이 있어 전장에서도 뒤로 물러나는 법이 없었다. 진패선은 이런 조카를 무척 아꼈다고 한다. 진문제는 삼촌 진무제가 남정북벌을 할 때 함께 전장을 누비며 꽤 고생을 많이 했고 백성들이 수난을 겪는 것을 몸소 보아 왔던지라 재위 7년 동안 백성의 안위를 위해 많은 노력을 했다. 진문제는 검소한 생활을 했고 신하들의 부정부패는 절대 용납하지 않았다. 그런 진무제에게는 사랑하는 여인이 아니라 총애하는 '남자'가 있었다. 진무제의 총애를 받은 그는 누구일까? 진무제가 황제가 되기 전 상황을 이야기하기 위해 일단 그의 이름을 '진천'으로 부르겠다.

진천은 황제가 되기 전 자신과 평생을 함께할 친구를 만나게 되는데, '한자고韓子高'라는 이름의 소년이었다. 한자고의 원래 이름은 '한만자韓蠻子'였다. 그는 절강성 회계에서 신발을 만드는 평범한 집에서 태어났다. 그런데 그 외모가 너무 출중해서 그를 보는 사람들은 절세미녀라고 감탄하며 아름다운 여인으로 착각할 정도로 잘생겼다고 한다. 《삼언三言》을 쓴 풍몽룡은 그의 정사에 한자고를 다음과 같이 표현하고 있다.

얼굴이 아름답고 섬연이 깨끗하고 희고 자연스럽다.

아직 진나라가 세워지기 전 양나라 시기인 548년 후경의 난이 일어났다. 후경은 원래 북쪽 동위의 장군이었는데 547년 양나라에 투항한 인물이었다.

후경은 동위의 고징과 하남 12주의 지배권을 놓고 다투고 있었는데, 양나라에 항복하면 후경을 하남왕에 봉해주고 하남 13주의 지배권을 인정해 준다는 조건을 받아들여 투항을 한 것이다. 그러나 동위에서 후경의 배신 행위를 그대로 두고 볼 리 없었고 역시나 후경 토벌군을 파견했다. 양나라에서 이 토벌군을 막고자 했지만 양나라 군사가 패배를 했고 후경은 800명의 부하를 거느리고 도망쳐야 했다.

그러다 동위가 양나라와 국교 회복을 하려 한다는 말을 듣고 자신을 양나라에 넘겨줄 것이라 생각한 후경이 반란을 일으킨 것이다. 이때 진패선이 후경의 난을 진압하여 공을 세웠고 결국 보위를 찬탈해 양나라를 멸하고 남조의 마지막 왕조인 진나라의 초대 황제가 될 수 있었다.

후경이 난을 일으켰을 당시 도읍이었던 건강(오늘날 남경)에 살고 있던 한만자는 아버지를 따라 피난을 떠났다. 난을 일으킨 자들은 양민들을 잔혹하게 죽이고 재산을 빼앗는 짓을 서슴지 않았다. 한만자 역시 몇 번이나 목숨의 위협을 받아야 했다.

한만자가 살아남을 수 있었던 비결은 바로 그의 미모 때문이었다. 무도한 자들이 그를 죽이려는 순간 너무도 아름다운 모습에 죽이는 것이 아까워 살려 주었던 것이다.

후경의 난이 평정된 후 한만자는 부대를 따라 고향으로 돌아오는데 여기서 운명적 만남이 이루어졌다. 훗날 진문제로 등극할 오흥태수 진천을 만나게 된 것이다. 당시 한자고는 열여섯 살, 진천은 스물두 살이었다. 진천은 부대를 지휘하며 휴식을 취하던 중 고개를 돌렸는데 피난을 가는 인파 중에서 한자고를 발견하게 되었다. 수많은 사람들 중 단연 돋보이는 아름다운 그를 보자 진천을 고개를 돌릴 수 없었다.

너의 미모에 걸맞은 이름으로 바꾸면 좋겠구나.

그래, 한자고가 좋겠구나.

진천 역시 꽤 잘생긴 미남자로 스스로의 모습에 자부심을 가지고 있었는데, 한만자를 보고 극도로 충격을 받았다고 한다. 진천은 한만자의 아름다움에 감전이라도 된 듯 성큼성큼 걸어갔고,

"너처럼 뛰어난 미모를 가진 자가 있다니. 이것은 필경 하늘이 내린 사람이다. 너는 이리 한미하게 있을 자가 아니구나. 나를 모실 생각이 있느냐, 나를 따르면 너를 영화롭게 해 줄 것이다."

하며 한만자에게 자신을 따르라고 했다. 진천의 말에 한만자는 한 치의 망설임도 없이 그러겠다고 답했다. 사실 고향으로 돌아가 봤자 평생 신발을 만들며 가난하게 살아야 하는데, 귀인을 만나 다른 삶을 살 기회를 얻은 것이니 거부할 리 없었다. 진천은 한만자에게 새 이름도 내려 주었다.

"너의 미모에 걸맞은 이름으로 바꾸면 좋겠구나. 그래, 한자고가 좋겠구나."

한자고
진천의 그림자가 되다

진천은 한자고를 데려가 무예도 가르치고 학문도 익히게 했는데, 한자고는 미남자일 뿐 아니라 여러 방면에서 뛰어난 재능이 있었다. 알고 봤더니 팔방미인이었던 것이다.

한자고는 학문을 익히고 말을 타고 활을 쏘는 등의 여러 방면에서 실력이 쑥쑥 늘어갔고 진천을 잘 보좌하게 되었다. 진천은

성격이 급하고 불같이 화를 낼 때가 많았는데 그럴 때면 한자고를 보면서 진정을 하였다고 한다.

한자고는 진천의 마음을 잘 이해하고 화가 난 그를 풀어 주려 애썼다고 하는데, 사실 그의 얼굴만 봐도 화가 가라앉지 않았을까 싶긴 하다. 한자고는 진천의 그림자와 같은 존재가 되어 잠시도 떨어지지 않고 진천을 보좌했다. 함께 훈련하고 함께 일하고 함께 밥을 먹고 심지어 함께 잠들었다고 한다.

진천은 한자고를 늘 옆에 두고 깊이 총애했다. 전투 능력도 탁월했던 한자고는 두감의 반란을 진압한 후부터 진천으로부터 병사를 받았고, 부대를 지휘하는 권한까지 부여받았다.

나중에 한자고는 다시 진천을 따라 장표를 토벌하는데 큰 공을 세웠고 진천은 수하의 병사들을 거의 다 한자고에게 맡겼다. 진천의 사병들은 한자고가 거의 지휘하는 것과 마찬가지였고 믿어준 주군에 대한 보답이라도 하듯 한자고는 공을 세웠다. 인품 역시 훌륭했던 한자고는 병사들을 따뜻하게 대했고, 병사들은 뛰어난 리더십을 보여 주는 한자고를 잘 따랐다.

한자고의 지나치게 완벽한 외모는 많은 불편을 주기도 했다. 그를 보는 여인들이 모두 그에게 반해버린다는 것이다. 진패선의 딸인 공주조차 한자고에게 반해 상사병이 났다. 공주는 원래 왕안이라는 남자와 약혼을 할 상태였는데 하녀에게,

"내 약혼자가 잘생겼는데 세상에 그보다 더 잘생긴 남자가 있을까?"

라고 자랑했다. 그때 하녀가,

"한자고에 대한 소문을 듣지 못하셨습니까? 모든 남자를 통틀어 가장 잘생긴 남자는 아마 한자고일 것입니다."

라고 말했다. 이에 화가 난 공주가 '그래, 얼마나 잘생겼는지 한번 보자' 하며 한자고를 직접 보러 갔다. 그런데 한자고의 빛이 나는 외모는 공주의 눈을 멀게 했다. 그녀는 한눈에 한자고에게 빠져 보석과 장신구를 훔쳐 한자고에게 선물했지만 한자고가 거절하며 도통 공주의 사랑을 받아주지 않았다. 상사병이 난 공주는 한자고를 내내 그리워하다 피를 토하고 죽었다고 한다.

진나라의 초대 황제 진무제인 진패선이 적통 후사 없이 사망을 하자 나라 안팎으로 혼란이 예상되었다. 이때 진무제의 황후인 장황후가 임천왕 진천을 불러들였고 진천이 보위에 올라 진문제가 된다. 진문제는 어린 나이에 혼인을 한 심씨 부인이 있어 그녀가 황후 심씨가 되었고 후궁도 여덟 명이나 있었으며 슬하에 12남 2녀를 두었다고 한다. 하지만 누구보다 황제 진문제를 가까이 모신 것은 한자고였다.

한자고를 남총이라고 칭한다면 역대 황제들 중 남총이 있었던 황제가 많았으니 큰 문제가 되지 않긴 하지만, 다른 비빈들보다 그를 총애하고 가까이하니 황후와 비빈들의 질투와 시기가 이만저만이 아니었다.

진문제가 이렇게 총애를 함에도 한자고는 결코 권력을 남용하거나 농단하지 않았으며 언제나 자신의 자리에서 진문제를 위해

할 수 있는 일들을 충실히 해 나갔다.

한자고는 우군장군으로 봉해져 군대를 이끌고 진나라 국경 안정에 힘썼고, 이후 반란을 진압하고 여러 공을 세워 무장의 최고 위직인 3품 관직의 우위장군에 올랐다. 그러다 진문제가 마흔에 병이 들어 자리에 누운 이후 그의 곁을 한시도 떨어지지 않고 돌본 이도 한자고였다. 다른 비빈들은 들지 못하게 하고 한자고가 병석을 지키며 탕약을 올렸던 것이다.

진문제 재위 7년이 되던 566년 4월 병석에 누웠던 진문제 진천은 결국 자리에서 일어나지 못하고 사망하고 만다.

> 어려움 속에서 몸을 일으켜 백성들의 고통을 알았다. 검약하
> 는데 힘썼고 진위를 식별하는데 뛰어났다. 간사한 자들을 용
> 납하지 않아 사람들 모두 스스로 노력해야 할 바를 알았다.

진문제에 대한 평이 남아 있는 것으로 보아 혼란의 시기, 보기 드문 군왕이었던 것이다. 진문제가 사망한 후 아들 진백종이 제위를 계승하였는데 한자고는 우위장군 자리에 있었다.

그런데 진백종의 숙부가 진백종에게 이르기를 한자고가 병권을 장악하고 있어 그가 역심이라도 품는다면 진나라는 위험에 빠질 것이라는 말을 했다. 이에 불안해진 진백종은 567년에 한자고가 역모를 꾀했다는 모함을 받아들여 체포하였고, 결국에는 감옥에서 피살당해 죽음을 맞이하였다. 당시 그는 서른여섯 살

이었다.

한자고는
정말 '남황후'였을까?

오늘날 남경에 있는 영녕릉에 진문제가 안장되어 있는데 그의 무덤 입구에는 두 마리의 수컷 기린상이 좌우에 서 있다. 암수 한 쌍이 아니라 수컷만 두 마리를 만들어 세운 것은 한자고에 대한 애정의 표현이라는 이야기가 있다. 사실 진문제와 한자고, 두 사람의 감정에 대하여 정사에서는 거의 언급하고 있지 않다. 다만 당나라 때 요사렴이 쓴 사서 《진서 한자고전》의 기록에 따르면 진문제의 병이 위중해졌을 때 오직 한자고가 병석 옆에서 탕약을 올렸다는 것이다.

> 문제가 그를 아주 총애하여 곁에서 떨어지게 하지 않았다. 진문제가 병이 들면 그가 들어가서 탕약을 올렸다.

이 둘은 굳건한 믿음을 가진 군신 관계였을까? 아님 그 이상이었을까?
한자고가 죽고 천여 년 후인 명나라 때 왕세정의 소설에 두 사람의 이야기가 담겨 있다.
진문제가 한자고에게,

"사람들이 나에게 제왕의 상이 있다고 하는데 내가 만약 황제가 되면 너를 황후로 만들어 줄 것이다. 다만 다른 사람들의 말이 많을까 봐 걱정된다."

라고 말하자 한자고가,

"옛날에는 여황제가 있었으니 지금도 남황후가 없으리라는 법이 없죠. 당신이 황제가 되고 내가 황후가 된다면 다른 사람이 무슨 소리를 하든지 신경 쓰지 않겠습니다."

하고 답하는 두 사람의 대화가 등장하고 있다.

진문제가 한자고를 지극히 총애한 데다 한자고가 미남자이다 보니 두 사람의 브로맨스를 상상하는 사람들이 많았던 것인지 이 두 사람의 이야기는 소설로도 만들어진 것이다.

한자고에게 '남황후'라는 단어를 쓴 것은 왕세정의 소설이 처음이지만, 정작 남황후를 널리 알린 것은 명나라 희곡가 왕기덕이다. 왕기덕은 진문제와 한자고를 주인공으로 한 〈남황후〉라는 희곡을 썼는데 잡극으로 오른 이 이야기는 전파력이 대단했고 실제 한자고가 남황후였다고 생각하는 사람들도 많았다고 한다.

진문제에게 한자고는 남자, 여자 성별을 떠나 '곁에 두고 싶은 사람'이 아니었을까? 그리고 한자고에게 진문제는 자신을 밑바닥에서 끌어올려 준 '은혜로운 사람'이 아니었을까?

chapter 20

세기의 스캔들,
아벨라르와 엘로이즈

아벨라르 그리고 엘로이즈
사랑을 시작하다

12세기 인물인 아벨라르 그리고 엘로이즈는 중세 시대 수도사와 수녀였지만 세기의 스캔들로 이른바 '암흑의 시대'라 불리던 보수적인 중세 사회를 뒤흔들었다. 서른일곱 살의 철학자이자 신학자, 논리학자이자 시인이었던 남자와 열일곱 살 소녀의 허락받지 못한 사랑 이야기를 시작해 보자.

피에르 아벨라르(아벨라두스)는 1079년 프랑스 브르타뉴의 작은 마을에서 한 기사의 장남으로 태어났다. 아벨라르는 어릴 때부터 학문에 대한 열정이 강했기에 기사의 길을 포기하고 학자의 길을 걸었다.

아벨라르는 파리로 가서 당시 스콜라 학파의 대두였던 샹포의 기욤에게 사사받게 되는데 아벨라르는 자신을 가르치는 선생님들과 논쟁을 벌여 승리를 할 만큼 논리적이고 뛰어난 기량을 보였다고 한다. 그래서인지 선생님들을 경멸하거나 오만한 태도를 보이기도 한다.

아벨라르는 스물두 살 때 스승을 논쟁으로 이기고 새 학파를 일으키게 되는데 한 곳에 정착하지 않고 여러 곳을 다니며 학생들을 가르치며 지냈고 그의 뛰어남에 반해 수많은 청강자들이 몰려들었다.

아벨라르는 다른 사람들과 논쟁하는 것을 좋아해 누구든 그와 반대 의견을 가진 사람들이 있다면 논쟁을 벌였는데, 아벨라르는 상대방의 감정은 전혀 개의치 않고 이치를 따지고 논리를 내세워 밀어붙여 대부분은 그의 승리로 돌아갔다. 그에게 당한 사람들은 패배감과 모욕감에 그를 증오했고 저주의 말을 퍼붓기도 했다.

아벨라르는 1132년부터 10년 동안 파리 성당학교에서 교사로 지냈는데 그의 강의를 듣기 위해 전 유럽에서 수많은 학생들이 몰려들었다. 그런데 아벨라르의 강의는 당시의 종교관에 문제가 될 발언이 많아서 하나님의 땅에서 그런 발언은 용납할 수 없다며 강의를 하지 못하게 하자, 그는 나무 위에서 강의를 했고 공중도 하나님이 창조하신 것이니 나무 위에서도 강의를 하지 말라고 하자, 강에 배를 띄워 강의를 하기도 했다.

그가 어디에서 강의를 하든 수많은 학생들이 몰려 그의 강의를 들었고 그를 '아리스토텔레스의 재현'이라 불렀다. 그렇게 그의 명성은 널리 퍼져 나가게 되고 그 덕분에 파리 성당학교는 1200년경 파리대학으로 도약하게 된다.

그리고 여기 너무나 아름다운 소녀 엘로이즈가 있다. 1100년경에 태어난 엘로이즈는 아벨라르가 재직하던 학교의 모기관인 노트르담 성당의 참사의원 퓔베르의 조카딸이었다. 퓔베르는 엘로이즈를 친딸처럼 사랑했으며 그녀의 교육에 힘을 쏟았다.

여자는 학교에 다닐 수 없었던 시대였지만 그녀는 어려서부터 수녀원에서 자라며 비교적 수준 높은 교육을 받았다. 그리스어에 능통하고 철학, 문학에도 뛰어난 소질을 보여 아름답고 명석하다는 소문이 자자했다.

그런데 아벨라르가 우연히 이 소녀를 보고 한눈에 반하고 만다. 당시 아벨라르는 서른일곱 살이었고 엘로이즈는 열일곱 살이었다. 두 사람은 무려 20년의 나이 차이가 났지만 아벨라르에게 나이는 중요하지 않았다. 아벨라르는 엘로이즈를 만나기 위해 의도적으로 지인들을 이용해 퓔베르에게 접근을 했고, 퓔베르의 집에 하숙을 하게 된다. 그리고 퓔베르는 대단하다고 소문난 교사에게 엘로이즈의 신학 개인 교습을 부탁했다.

퓔베르가 아벨라르에 대한 의심을 조금도 하지 않고 조카를 맡길 수 있었던 이유는 그가 금욕주의자로 유명했고, 성당 참사회원은 독신의 의무를 지켜야 했기에 자신의 조카딸에게 어떤 흑심을 품었으리라 생각할 수 없었던 것이다. 이 철석같은 믿음을 당당히 배반하는 아벨라르는 자신의 마음을 숨기지 않고 엘로이즈에게 적극적으로 구애를 했고, 어린 소녀 엘로이즈 역시 아벨라르에게 마음을 주고받으면서 두 사람은 연인 관계가 되었다. 그러니 공부가 제대로 되었을 리 없다. 이들의 과외 시간에 대한 아벨라르의 회고를 한 번 살펴보자.

책을 펼쳐 놓고 학문에 관한 대화보다는 사랑에 관한 대화가 더욱 많았으며 설명보다는 키스가 더욱 많았네. 내 손은 책보다 그녀의 가슴으로 가는 일이 많았지. 우리들의 눈은 문자를 더듬을 때보다 서로를 마주보는 일이 더 많았네. 되도록 의심받지 않기 위해 때로 나는 그녀에게 매를 들었지. 분노의 매가 아니라 사랑의 매, 미움의 매가 아니라 애정의 매였네. 이 매질은 어떤 향료보다도 달콤했네. 결국 우리들은 사랑의 모든 형태에 탐닉했으며 사랑이 베풀어 줄 수 있는 모든 희열을 맛보았던 걸세. 이러한 기쁨들이 새로우면 새로울수록 우리는 더욱 열정적으로 거기에 빠져들었고 그래서 쉽게 포화 상태에 도달하지도 않았네.

당시는 훈육을 한다는 명목으로 매를 드는 것이 큰 문제가 아니었던 시대였다. 아벨라르는 의심을 피하기 위해 엘로이즈에게 매를 들기도 했던 것이다.

"당신은 유리보다 더 맑고, 쇠보다 더 강해요!"

엘로이즈 역시 아벨라르에게 빠져 찬탄해 마지않았다. 그리고 세월이 흐른 후 엘로이즈가 아벨라르에게 보낸 편지에 다음과 같이 쓸 정도로 그에게 푹 빠져 있었다.

어떤 왕이나 철학자가 그대의 명성에 견줄 수 있겠습니까? 어떤 귀족 부인이나 심지어 왕비라 해도 제 즐거움과 제 침대를 부러워하지 않았던 사람이 있었을까요?

사랑은
불행을 낳고

두 사람이 서로에게 빠져 애정 행각에 몰두하니 결국 엘로이즈의 삼촌 퓔베르에게 들통이 나고 말았다. 퓔베르가 두 사람의 관계를 알게 되었을 때는 이미 엘로이즈가 임신 중이었다.

두 연인의 스캔들은 파리 뒷골목까지 퍼졌고 숙부 퓔베르는 분노했다. 이를 수습해야 했던 아벨라르는 엘로이즈를 고향집으로 데려가 자신의 누이 집에 남겨두고 혼자 파리로 돌아왔다.

"엘로이즈와 정식으로 결혼을 해서 그녀를 책임지겠습니다."

아벨라르는 퓔베르에게 결혼 허락을 구했다. 조카가 임신을 한 상황이니 퓔베르도 허락을 할 수밖에 없었고 두 사람은 결혼할 일만 남았는데 뜻밖에 엘로이즈가 결혼을 거부했다. 아벨라르를 사랑하기 때문에 결혼할 수 없다는 것이었다.

중세의 학문이라 할 수 있는 신학은 성직자가 되기 위한 공부이며 그 길은 귀족이 아닌 평민의 출세가도였다. 아벨라르가 성직자가 되기 위해선 결혼하면 안 된다는 사실에 엘로이즈는 고뇌했고 결혼을 거부하게 된 것이니 그에 대한 절절한 사랑의 고뇌였던 것이다.

"결국 우리들에게 남은 일이라곤 두 사람의 파멸뿐입니다. 그리고 우리들의 사랑과 똑같은 정도의 슬픔이 남게 될 뿐입니다."

엘로이즈는 결혼이 두 사람을 불행하게 할 것이라는 예언을 했다. 시간이 지나고 엘로이즈는 아들을 낳았고 아들의 이름을 '아스트롤라브'로 짓게 되었다. 그리고 두 사람은 퓔베르와 그의 친구들, 아벨라르의 몇몇 지인들을 초대해 비밀 결혼식을 거행했다. 그 무렵 엘로이즈가 아벨라르에게 보낸 편지 한 구절이다.

> 신을 걸고 맹세합니다. 세상을 다스리는 황제가 제게 결혼의 영예를 바치며 온 세상을 다 주겠다고 약속한다 해도, 저는 그의 황후로 불리기보단 당신의 창부로 불리는 게 더 감미롭고 가치 있답니다.

엘로이즈가 남편이 된 아벨라르를 정말 사랑했음을 알 수 있는 부분이다. 하지만 두 사람은 여전히 함께 살 수 없었고 가끔씩 사람들의 눈을 피해 만날 수도 없었다. 퓔베르는 친딸처럼 키운 조카 엘로이즈가 아벨라르와 비밀 결혼을 하게 된 것에 실망과 분노감을 이기지 못해 그녀를 학대하고 엘로이즈와 아벨라르가 결혼한 사이임을 소문냈다.

아벨라르는 엘로이즈를 퓔베르에게서 떨어뜨려 놓아야겠다는 생각으로 그녀를 아르장퇴유 수녀원에 머물게 했다. 아내를 보고 싶을 때마다 수녀원으로 달려갔고 두 연인은 그곳에서 몰래 사랑을 불태웠다.

> 그 방에서 내가 정욕에 눈이 어두워 자제력을 잃고 당신과 그

것도 수녀원의 식당 구석에서 무슨 짓을 저질렀는지 당신은
알고 있을 거요. 그곳 말고는 우리가 단 둘이 있을 만한 장소
가 없었던 거요.

아벨라르가 쓴 고백록을 보아 두 사람은 정말 열정적으로 사랑한 듯하다. 삼촌 퓔베르는 아벨라르가 엘로이즈를 빼돌린 것도 모자라 수녀원에 보낸 것에 분노했고 복수를 결심한다. 그리고 하수인 네 명을 매수하여 한밤중에 아벨라르 침실에 급습한 것이다. 그중 한 명은 돈에 매수된 아벨라르의 하인이었다. 이들은 아벨라르를 제압한 후 그의 성기를 절단해 버렸다.

퓔베르가 이렇게까지 한 이유가 엘로이즈가 조카가 아니라 진짜 친딸이거나 그녀를 여성으로서 사랑한 것이 아닌가 하는 의견이 나오기도 한다. 아벨라르가 겪게 된 이 불행은 당시 파리 최고의 스캔들이 되었고 소식을 들은 사람들이 아벨라르의 집 주변으로 모여들어 울부짖고 오열했다.

오열하는 그 무리에는 성직자들과 그의 제자들도 있었지만 아벨라르는 당시 엄청난 인기남이어서 수많은 여성들이 남편을 잃은 것처럼 슬퍼했다고 한다. 이 사건의 주모자 퓔베르는 참사의 원직을 박탈당했지만 일 년도 안 돼 다시 복귀했다. 이 충격적인 사건 이후 아벨라르는 엘로이즈에게 수녀가 되기를 권했다.

아벨라르와 엘로이즈
종교의 이름으로 이별하다

오, 우리의 혼인을 위해서는 너무나 걸맞지 않은 고귀한
남편이여! 어찌하여 우리의 행운은 이다지도 멀기만 한
가요? 죄 많은 몸, 당신께 불행을 드리기 위해 결혼을 했
던가? 그러나 나의 보상을 받으시라. 진정 내가 원하는
나의 징벌인 이 보상을.

엘로이즈는 그길로 수녀가 되었다. 그리고 아벨라르도 파리
북부의 생드니 수도원에 들어가 하느님의 종으로 살겠다며 수사
가 되어 버린다. 원래는 거세를 당하거나 음경이 손상된 남성은
성직자가 되지 못하는 전통이 있었지만 신학자로 활동한 경력이
인정되어 사제 서품을 받을 수 있었다고 한다.

아벨라르는 수사가 된 이후에도 다른 성직자들을 적으로 만들
었다. 1121년에는 수아송 공의회에서 삼위일체에 관해 이단설을
주장했다는 이유로 고발당하기도 했으며, 수사들의 온갖 타락상
을 공개적으로 질책해 동료 수사들에게 외면당하고 위협을 당하
기도 했다.

결국 아벨라르는 몸담고 있던 생드니 수도원을 나와 아무도
모르는 황무지에 은둔하며 수도 생활에 전념하면서 엘로이즈에
게서도 종적을 감추었다. 하지만 그의 제자들이 수소문하여 따라

왔고 이들은 파라클레 수도원을 일으켰다.

그렇게 10년이 흐른 뒤 엘로이즈가 머문 수녀원이 파산하자 아벨라르는 오갈 데 없는 그녀에게 자신이 개척한 파라클레 수도원을 내주고 그 자신은 다시 떠나게 되었다. 엘로이즈는 그곳을 수녀원으로 만들고 이후 대수녀원장 자리에 오르게 된다.

이후 아벨라르는 브로타뉴의 한 수도원으로 옮겼지만 그곳에서 수도사들의 다툼에 연루되었으며, 수도사들은 그를 죽이기 위해 미사 때 쓰는 성배에 독을 섞기도 했다. 아벨라르는 이후 수사들이 권하는 음식은 절대 먹지 않았는데, 그를 만나러 온 한 수도사가 음식을 먹어 그 자리에서 숨을 거두는 일이 벌어졌다.

더 이상 견딜 수 없었던 아벨라르는 그곳을 도망쳐 나왔지만 이후에도 아벨라르는 계속해서 죽음의 위협을 받았다. 강도로 위장한 이들에게 죽을 위기에 빠지거나 낙마를 하기도 했다. 그리고 1132년 《나의 불행 이야기Historia Calamitatum》라는 제목의 일종의 고백록이자 자서전을 내게 된다.

원래 아벨라르의 고백록은 이름 없는 친구에게 쓰인 편지 형식이었다. 후일 이 편지를 편집하는 과정에서 어떤 편집자가 편지의 처음과 마지막에 나오는 '불행'이라는 단어로부터 《나의 불행 이야기》라는 제목을 붙였다.

이 작품은 당시에 상당한 반향을 일으키며 많은 사람들에게 읽혔다. 이 고백록에는 자신의 명성이 스승의 명망마저 덮어 버렸다며 스스로를 치켜세우는 내용 등 자신의 대단함을 어필하고 있어 아벨라르가 과잉 자신감과 자기애를 가진 나르시시스트가 아니었나 하는 생각이 절로 드는데, 고백록에서 우리가 주목하는 것은 엘로이즈와의 사랑 이야기를 자세히 서술하고 있다는 것이다.

> 사람을 끌게 하는 갖가지 매력을 갖춘 것을 보고 나는 그만 사랑에 빠져서 그녀를 내게 잡아두자고 생각했지. 그리고 왠지 그것이 가능하리라 믿었네. 당시 나의 명성은 대단했었고 또 젊은 데다 풍채에 있어서도 뛰어났으므로 어떤 여성을 사랑한다 하더라도 거절당할 염려는 없었지. 게다가 이 아가씨는 학문을 사랑하고 있었으므로 더욱 쉽게 나를 따르게 되리라 생각했다네.

자신이 똑똑하고 풍채도 좋은데다 인물도 좋아서 어떤 여인이라도 자신에게 빠질 것이라는 자신감을 가지고 있었다고 하니 역시 나르시시스트의 면모가 엿보인다. 그리고 조카딸의 지도를 맡긴 퓔베르를 회상하며 자신의 흑심을 드러내는 구절도 썼다.

> 연약한 한 마리의 암양을 굶주린 이리에게 내맡기는 것 같은 이 행위에 놀라움을 감출 수 없었다네.

아벨라르의 소식을 궁금해 하던 엘로이즈는 이 고백록을 어떤 경로를 통해 입수해 읽고 아벨라르에게 편지를 쓰게 되는데, 그들이 헤어져 지낸 지 12년 만의 일이었다.

편지로 이어지는
사랑의 인연

당신이 고통받은 이야기를 읽으니 너무나 고통스럽습니다. 친구 말고 나에게도 편지로 소식을 좀 알려 주세요. 왜 당신은 나를 돌보지 않고 잊으신 채 당신의 계획이나 방문으로 나를 격려해 주지 않나요? 강의를 들을 생각도 없는 사람들을 챙기는 것 말고 우리에게도 신앙 지도를 해 주세요. 방문을 하든 편지를 하든 당신이 세운 이 수도원을 좀 챙겨 주세요. 당신이 나를 이렇게 내버려 두는 것은 사람들이 말하듯이 우정도 사랑도 아니고 색욕 때문이 아닌가요? 나는 믿음 때문이 아니라 당신 때문에 여기에 들어온 것이에요.

엘로이즈는 자신을 방치해 두는 그에게 원망의 말을 편지로 쓴 것이다. 그리고 그 편지에는 '내 주인 혹은 차라리 아버지, 내 남편 혹은 차라리 오빠인 아벨라르에게, 그의 여종 혹은 차라리 딸, 그의 아내 혹은 차라리 여동생인 엘로이즈가'로 시작해서 '안녕, 나의 전부이신 분이여'로 마무리 되고 있다. 엘로이즈의 편지를 받은 아벨라르는 곧 답장을 한다.

내가 당신에게 편지를 쓰지 않는 건 무관심이 아니라 당신의 슬기로움을 절대적으로 신뢰했기 때문이오. 어떤 부분에 도움이 필요한지 말해 주시오. 그리고 나는 지금 무척 위험이 더해가고 있고 내 영혼은 여전히 더 불안해져 가기만 하니 구원의 기도가 필요하오. 날마다 일과 말미에 나를 위해 기도해 주시오. 그리고 나의 원수들이 나를 죽이거나 내가 사고로 죽게 된다면 내 시체를 그곳으로 옮겨 묘지에 묻어 주길 바라오.

그리고 그의 편지는 '그리스도 안에서 내가 지극히 사랑하는 엘로이즈에게, 그리스도 안에서 엘로이즈의 오빠인 아벨라르로부터'로 시작되는 편지였으며, 중간 중간 '친애하는 자매여'라는 호칭을 쓰고 있다. 두 사람의 편지에는 호칭부터 내용까지 심한 온도차가 느껴진다. 엘로이즈에게 아벨라르는 아직도 사랑이자 모든 것인데, 아벨라르는 그의 사랑을 그리스도 안에서 오빠의 사랑으로 정리해 버린 것이다.

당신이 죽는다는 말을 하니 내 마음이 아픕니다. 이미 불행한 여자를 더 불행하게 하는 그런 말씀은 삼가 주세요. 만약 당신을 잃는다면 나에게 어떤 희망이 남겠습니까? 거세당한 것도 죄는 둘이 지었는데 벌은 당신 혼자 감당하게 된 것이 무척 안타까워요. 사람들은 나를 순결하다고 합니다. 그것은 내가 위선자라는 사실을 모르기 때문입니다. 나는 하느님을 기쁘게 해 드리려는 욕망보다도 당신을 기쁘게 해 드리려는 욕망이 더 컸습니다. 나는 아직도 육체의 쾌락과 사랑의 기억이 그리워서 무척 힘들답니다. 가장 순수하게 기도 속에 잠겨 있어야 할 미사 의식의 중간에서도 그 환락의 방종한 영상은 가엾은 내 마음을 완전히 사로잡아 나는 기도에 전념하기보다는 수치스런 생각에 잠겨 있기 일쑤인 것입니다. 자신이 저지른 죄과에 대해서 회한을 품고 있어야 할 시기에 나는 도리어 다시 범할 수 없는 잃어버린 것에 대해 그리움을 느끼고 있는 것입니다. 나에겐 하느님과 화해할 수 있는 회개의 정이 떠오르지 않습니다. 아무리 열심히 금욕한다 하더라도 마음이 죄에 대한 뜻을 여전히 품고 있고 온갖 욕망으로 불타는데 어찌 진정한 회개에 대해 말할 수 있으리까.

엘로이즈는 다시 남편에 대한 사랑과 열정, 그리움이 담긴 편지를 보냈다. 그런데 아벨라르의 편지는 더 냉정한 설교를 답장으로 보낼 뿐이었다.

나는 순전히 욕망의 불길에 의해서만 당신에게 열중하였던 것이며 부끄러울 정도의 가련하고도 불순한 향락 때문에 신과 나 자신을 망각하고 있었던 것이오. 나는 끝없이 참회하고 있소. 당신에게는 나와의 만남이 허용되어 있지 않소. 불행한 만남조차 말이오. 계속해서 그런 감정을 지니고 있다면 당신은 내 마음에 들 수가 없으며 또한 나와 함께 진정한 행복에 이를 수 없소. 지옥까지라도 나를 따라가겠노라고 고백한 당신이 아니오. 내가 혼자서 행복으로 향하는 것을 당신은 참고 보고 있을 수 있겠소? 내가 하느님께로 길을 서두를 때 당신의 표현대로라면 나에게서 떨어져 나가지 않기 위해서라고 경건의 덕을 추구하시오. 당신의 속죄를 위해 기꺼이 고뇌를 겪으신 그분을 위해서 당신의 마음을 바치시오.

아벨라르는 엘로이즈가 자신을 잊기를 바라며 신랄하게 말한 것일까? 이후 엘로이즈는 아벨라르에게 보내는 편지에 자신의 마음을 표현하지 않고, 종교에 대한 조언이나 수녀원 운영에 대한 조언만 구했으며 아벨라르 역시 담백하게 수도원 생활에서의 주의할 점, 신학 및 성서학적 문제에 관한 문답, 신앙의 정통성에 관한 의견 등을 담은 편지를 보냈다. 두 사람은 총 12통(1132년에서 1137년까지 아벨라르가 쓴 8통, 엘로이즈가 쓴 4통)의 편지를 교환한 것으로 확인되고 있다.

아벨라르가 엘로이즈에게 보낸 마지막 편지에 '예전에는 이 세상에서 가장 사랑하였고 지금은 예수 그리스도에 있어서 한층 더 사랑하는 나의 엘로이즈여'로 시작하고 있다. 사랑의 정의가 달라졌다고는 하나 그의 마음속에는 여전히 그녀에 대한 사랑이 남아 있었던 것 같다.

영원히 함께하게 된 아벨라르와 엘로이즈

한편 클레르보의 베르나르는 수도원 및 십자군 운동의 핵심 인물이며 훗날 성자로 추대된 인물인데 그는 아벨라르를 무척 싫어한 것 같다. 공의회에서 아벨라르의 이단 혐의를 제기했으니 말이다. 아벨라르는 교황에게 탄원하러 로마로 향하다가 클뤼니 수도원에 머물게 된다.

이때 아벨라르는 로마로 갈 수 없을 만큼 무척 지쳐 있었던 것 같다. 이 수도원의 원장이며 교계의 실력자였던 페트루스는 아벨라르에게 최대한 호의를 베풀어 베르나르와의 화해를 주선하기도 했다.

그리고 2년 후인 1142년, 아벨라르가 세상을 떠나자 페트루스는 그의 시신을 엘로이즈가 있는 파라클레 수녀원으로 운구해 주었다. 아벨라르의 시신은 그곳에 묻혔으며 엘로이즈는 연인이자, 남편이었던 아벨라르의 무덤을 돌보며 그의 영혼과 함께하게 되었다.

엘로이즈가 소녀 시절의 아벨라르를 만나 사랑을 나눴던 시간은 채 3년도 되지 않았으며 이후 이들은 30여 년간 만나지 못했다. 그리고 그 사랑의 포로였던 엘로이즈는 아벨라르보다 22년을 더 살다가 1164년 아벨라르와 같은 나이가 되어서 세상을 떠났다.

그녀의 유언에 따라 그녀의 시신은 파라클레의 예배당 안에 있는 아벨라르의 무덤 속에 합장하게 되는데, 합장하려고 관을 열었을 때 아벨라르의 유해가 엘로이즈를 안기 위해 팔을 벌렸다는 전설이 내려오고 있다.

안타깝게도 두 사람의 유해는 자리를 잡지 못하고 옮겨 다니는 신세가 되었다. 1497년 두 사람의 유해가 분리 안치되었다가 1621년에 다시 합장이 되었다.

그리고 1780년에 다시 무덤을 열어 유해 상태를 확인했고 1791년에 파라클레 수녀원이 없어지면서 누장슈르센으로 이장하게 된다. 그리고 1817년 페르 라 쉐즈 공동묘지(쇼팽, 발자크, 짐 모리슨, 오스카 와일드 등 여러 명사가 묻혀 있는 것으로 유명하다)에 이장되면서 두 사람의 영혼은 평온을 찾게 되는데, 두 사람의 사랑 이야기에 감동한 나폴레옹의 황후 조세핀의 명으로 이루어진 일이었다.

아벨라르와 엘로이즈가 주고받은 이 편지 묶음은 두 사람이 사망하고 거의 100년이 지나서야 발견되었으며 이를 주제로 기욤 드 로리스와 장 드 묑이 운문 소설 〈장미 이야기〉를 쓰기도 했다. 두 사람의 사랑 이야기와 편지가 많은 이들의 심금을 울리고 영감을 주었으며 프랑스 황후의 마음까지 움직여 두 사람이 평온을 찾게 된 것이다.

> 그들이 살아 있을 때 그들의 영혼을 하나로 결합했으며, 그들
> 이 헤어져 있을 때는 가장 다정하고 가장 영적인 편지로 보존
> 됐던 사랑이, 그들의 육신을 이 무덤 안에 재결합시켰다.

두 사람의 비문에 쓰인 문장이다. 현재 이들의 묘지는 전 세계 연인들의 방문을 받는 사랑의 순례지로 거듭나고 있다. 지금으로 부터 800여 년 전 지독한 사랑의 열병을 앓았던 연인이었던 아 벨라르와 엘로이즈, 그들이 이야기는 사랑의 역사로 영원히 남게 되었다.

그들이 살아 있을 때

그들의 영혼을 하나로 결합했으며,

그들이 헤어져 있을 때는

가장 다정하고 가장 영적인 편지로 보존됐던 사랑이,

그들의 육신을 이 무덤 안에 재결합시켰다.

chapter 21

의사를 사랑한 왕비,
캐롤라인

크리스티안 7세
불행한 어린 시절을 보내다

18세기 유럽은 혁명의 물결이 술렁이며 많은 변화를 낳고 있었는데 그 변화의 중심이 되는 계몽사상은 인간의 존엄과 평등, 자유권을 강조하고, 전제군주와 종교의 족쇄로부터 인간 이성의 해방을 주장했다. 이러한 계몽사상을 덴마크 왕실에 전파하고 혁신적인 개혁 정책을 단행하게 된 이면에 한 외국인이 있었다.

그는 독일에서 온 국왕의 주치의 요한으로, 덴마크에 변화의 바람을 일으켰지만 그의 개혁 정책은 왕비와의 스캔들로 좌절되고 만다. 한 나라의 왕비와 외국에서 온 의사의 은밀한 사랑. 그들의 이야기를 해 보자.

1749년 크리스티안은 덴마크의 국왕이자 노르웨이의 국왕 프레데리크 5세와 루이세 왕비 사이에서 태어났다. 그의 어머니 루이세는 영국의 국왕인 조지 2세의 막내딸로 프레데리크와 정략 결혼을 했다. 그녀는 영국의 공주였음에도 덴마크어를 사용했으며 교양과 위엄을 갖춘 왕비의 모습을 보여 국민들에게 사랑받는 왕비였다. 프레데리크와 루이세는 2남 3녀를 낳았는데 큰아들이 요절했기에 크리스티안이 유일한 아들이었다. 그리고 안타깝게도 루이세 왕비는 스물일곱 살 젊은 나이에 사망하고 말았는데 당시 크리스티안은 고작 세 살이었다.

프레데리크와 루이세는 금실 좋은 부부였는데 루이세가 사망하자 프레데리크는 술과 여자에 빠져 지내며 자식들에게 무관심한 모습을 보였다. 그리고 브라운슈바이크의 율리아나 마리아를 아내를 맞아 아들을 하나 더 낳게 되는데, 마리아 왕비는 의붓아들 크리스티안을 경계하며 자신의 친아들 프레데리크 왕자를 왕위에 올릴 궁리를 했다.

아버지의 무관심과 계모의 경계를 받으며 외롭게 성장한 크리스티안을 더 힘들게 한 것은 왕세자 교육이었다. 그의 교육을 맡은 레벤틀로우 공작은 강한 왕을 만들기 위한 교육이라는 핑계로 아이를 혹독하게 학대하고 폭력을 행사하여 평생의 트라우마를 안겨 주었다.

크리스티안은 어린 시절에 꽤 영민한 모습을 보이기도 했고 덴마크어, 독일어, 프랑스어, 펜싱, 승마, 춤 등에 재능을 보였는데 강압적인 교육을 받고 아버지의 문란한 모습을 보고 자라면서 그의 정신이 망가진 듯하다.

크리스티안은 자주 발작을 일으켰는데 공작에게서 구타를 당한 후에는 입에 거품을 물고 바닥에 쓰러지는 간질 증세를 보이기도 했다. 어린 시절의 학대받은 기억은 극도로 예민한 그의 정신을 망가뜨려 결국 정신분열증을 앓게 만들었다. 크리스티안은 휴식 시간 대부분 자신의 신하들과 함께 지냈는데 그들은 크리스티안을 폭력과 무절제한 생활로 이끌었다. 크리스티안은 그들과 어울려 밤새도록 즐겼다.

강한 남자가 되어야 한다는 집착에 빠진 크리스티안은 폭력적이고 난잡한 모습을 보였는데, 궁전의 창문과 가구들을 부숨으로써 자신의 공격적 욕구를 해소했고, 길거리를 배회하다 가시 박힌 몽둥이로 무고한 행인을 폭행하는가 하면 사창가를 전전하기도 했다. 그런 와중에 프레데리크 5세가 사망하고 크리스티안이 열일곱 살에 왕위에 올라 크리스티안 7세가 되었으니 덴마크의 장래는 어두워 보이기만 했다.

미숙하고 불안정한 어린 왕 크리스티안 7세는 정략결혼을 하게 되는데 그 대상은 그의 사촌인 영국의 국왕인 조지 3세의 여동생인 캐롤라인 마틸다 공주였다.

캐롤라인 마틸다는 1751년에 런던의 레스터 하우스에서 영국의 국왕인 조지 2세의 아들 웨일즈 공 프레데릭과 작센고타 공녀 아우구스타 사이에서 아홉 번째이자 막내딸로 태어났다. 그녀가 태어나기 약 3개월 전에 아버지 웨일즈 공은 폐에 종기가 생겨 갑자기 사망했기에 그녀는 영국 궁정에서 떨어진 한적한 곳에 있는 어머니 밑에서 자랐다.

덕분에 캐롤라인은 비교적 자유롭게 성장할 수 있었는데, 승마를 즐겼으며 이탈리아어, 프랑스어, 독일어를 구사할 수 있는 매력적인 소녀가 되었다. 아름다운 푸른 눈을 가진 캐롤라인은 특히 아름다운 목소리를 가졌기에 뛰어난 가수라는 평을 받았다.

영국의 공주 캐롤라인과 덴마크의 왕 크리스티안 7세의 혼담이 오갈 때 어린 소녀였던 캐롤라인은 먼 타국의 왕과 결혼할 생각이 없었지만 정치 상황에 떠밀려 결혼할 수밖에 없었고, 그녀의 어머니는 왕족의 의무를 다해야 한다는 훈계를 했다.

캐롤라인은 눈물을 보이며 정략결혼을 거부했지만 힘없는 공주가 할 수 있는 일은 없었고, 1765년 1월 10일 두 나라에서 약혼이 발표되었다. 그리고 1766년 10월 캐롤라인은 덴마크로 향하게 된다. 캐롤라인은 코펜하겐으로부터 남쪽으로 20마일 떨어진 고대 도시 로스킬레에서 마중을 나온 미래의 남편 크리스티안 7세를 만났다.

'초상화에서 보았던 것보다 훨씬 아름답군. 푸른 눈동자와 미소가 무척 아름다워.'

크리스티안 7세는 미래의 아내가 될 소녀를 보며 손과 뺨에 입을 맞췄다. 그녀의 초상화는 정략결혼을 거부하던 눈물과 슬픔의 시기에 그려졌던 것으로 몹시 우울한 모습의 초상화였던 것이다.

열일곱 살의 크리스티안과 열다섯 살의 캐롤라인은 1766년 11월 8일 코펜하겐의 크리스티안스보르 궁전에서 결혼식을 올리고 정식 부부가 되었다. 캐롤라인의 불행한 결혼 생활이 시작된 것이다.

불행한 결혼 생활을 하는
캐롤라인 왕비

두 사람의 결혼식 파티가 새벽까지 이어지며 크리스티안 7세의 여동생과 그녀의 남편이 하객들을 이끌고 궁궐의 모든 곳을 돌아다니며 열광적인 춤을 추었다. 그런데 파티가 끝나갈 무렵 새 신부 캐롤라인의 허락 없이 방문이 열렸고 캐롤라인의 시녀 루이스 폰 플레센이 이들의 출입을 막아섰다. 그런데 크리스티안 7세는 시녀를 밀어내고 방으로 들어가서 수백 명의 축하객들과 함께 침실을 장악하고 밤새 춤을 추었다.

캐롤라인은 남편이 된 크리스티안의 정신 상태에 대한 어떤 정보도 없는 상태에서 결혼을 했기 때문에 남편의 모습에 실망했고, 이를 눈치챈 크리스티안은 다분히 유아적이고 자기중심적이기까지 했기에 어린 아내에게 냉담하게 굴었고 잠자리도 가지지 않았다.

크리스티안은 아내를 무심하게 대함과 동시에 남자들과 더 많이 어울려 지냈기에 그가 동성애를 한다는 소문까지 퍼지게 되었는데, 동성애 여부는 알 수 없지만 꾸준히 매춘부들도 가까이 했다.

'요즘은 자기 부인을 사랑하는 것이 유행이 아니야.'

크리스티안은 이렇게 생각하면서 안나 카레니나 벤타겐이라는 여배우를 정부로 두었는데, 그녀가 원하는 것이라면 뭐든 해 주었기에 비난을 샀다. 여배우는 자신을 포장하기 위한 직업일 뿐 안나 카레니나 벤타겐은 일찍부터 매춘을 하고 있었고 크리스티안이 가면을 쓰고 사창가를 찾았을 때 그녀를 만나 사랑에 빠져서 '우주의 여주인'이라 불렀다.

캐롤라인 왕비는 쾌활하고 꾸밈없는 성격이었는데 엄숙한 분위기의 덴마크 궁정에서는 이런 성격이 맞지 않았다. 외톨이가 된 캐롤라인은 그녀의 시녀 루이스 폰 플레센과 많은 시간을 보내며 절친한 사이가 되는데 루이스 폰 플레센은 부도덕한 왕과 그의 친구들을 비난한다.

"왕을 굴복시키기 위해서는 잠자리를 거부하면서 주도권을 가져야 해요."

루이스 폰 플레센의 조언에 따라 왕과 왕비는 더욱 멀어지게 되었다. 결국 크리스티안 7세의 옛 가정 교사 리베르딜이 나서 왕위 계승을 위해서는 왕비와 잠자리를 해야 하고 후계자를 낳아야 한다고 왕을 설득해 두 사람은 합방을 하게 되었다. 이때는 캐롤라인 역시 남편을 경멸하게 되어 임신을 하자 그 핑계로 크리스티안을 멀리했다.

그리고 캐롤라인 왕비는 1768년 1월 28일 프레데리크 6세가 될 왕자 프레데리크를 낳았다. 프레데리크 왕세자의 탄생으로 크리스티안의 계모 마리아의 질투는 극에 달하게 되는데, 자신이 낳은 아들 프레데리크가 왕이 될 수 있다는 그녀의 희망이 무너졌기 때문이다.

캐롤라인은 왕자를 낳은 후에 더욱 외로운 생활을 하게 되었는데, 왕비가 자신을 밀어낸다고 생각한 크리스티안은 그녀의 시녀 루이즈 폰 플레센을 궁정에서 추방해 버렸다.

1768년 5월 크리스티안 7세는 갑자기 궁정을 떠나 알토나, 파리 그리고 런던을 포함한 유럽을 오랫동안 여행했다. 그의 왕비 캐롤라인은 동행하지 않고 궁에 남아 아들을 돌보며 지냈다.

그녀가 프랑스어 극장을 자주 들렀기 때문에 잘생긴 배우이자 가수인 라투르와 왕비가 바람을 피운다는 소문이 돌았다. 불륜 혐의는 사실이라고는 생각되지 않지만 라투르는 왕의 귀환 후에 추방되었다.

왕실 주치의
요한의 등장

1769년 1월 12일 코펜하겐으로 돌아온 크리스티안 7세, 그는 진보적이고 급진적인 사상가이며 의사인 요한 프리드리히 슈트루엔제를 왕실 주치의로 데려왔다. 크리스티안과 대조적으로 요한 프리드리히 슈트루엔제는 키가 크고 체격도 좋았으며 어깨가 넓었다. 또 큰 코에 대담하고 푸른 눈을 가진 매력적인 모습에 침착한 태도를 가지고 있었다. 크리스티안과 요한은 크리스티안이 유럽 여행을 하는 도중 독일 알토나에서 만났다.

1737년 요한은 프로이센 왕국의 지배를 받던 할레에서 신학자인 아담 슈트루엔제의 셋째 아들로 태어났다. 그는 의학을 전공하고 알토나에서 약 10년 동안 의사로 근무하고 있었는데 크리스티안 7세가 그 지역을 방문한 것이다.

요한은 덴마크 귀족과의 친분으로 크리스티안을 만나게 되는데 그의 신뢰를 얻어 수행 의사가 되었고 덴마크 궁정에 입성하게 된 것이다. 당시 크리스티안의 정신 건강은 더 악화되어 있었는데 요한의 진료로 그가 안정되는 모습을 보이면서 크리스티안은 요한을 더욱 신뢰하고 의지하게 되었다.

요한 슈트루엔제는 덴마크 궁정의 상황을 재빨리 파악했다. 크리스티안이 자신의 정부 안나 카테리나 벤타겐과 거리낌 없는 애정 행각을 보였고 캐롤라인 왕비는 감정적, 사회적, 정치적으로 고립되어 있었다. 그녀는 외로운 궁 생활을 견디기 위해 아들 프레데리크에게 사랑과 정성을 쏟았는데 몸이 약한 왕자가 자주 아팠기 때문에 아들에게 더욱 신경을 쓰고 있었다.

그리고 크리스티안 7세의 계모 율리아나 마리아는 자신의 아들 프레데리크가 권력을 잡을 수 있는 기회를 노리고 있었다.

크리스티안 7세는 자신의 주치의 요한을 캐롤라인에게 소개하려 했지만 캐롤라인은 이전에도 남편이 총애한 많은 남자들이 있었고 그들이 왕을 사창가로 이끌었다는 사실을 알고 있기에 새롭게 왕의 총애를 받게 된 요한과의 대화조차 거부했다.

하지만 요한은 크리스티안 7세를 긍정적인 방향으로 이끌었다. 요한은 크리스티안에게 신선한 공기와 운동을 하게 하고 음주를 자제하도록 권하면서 왕이 건강을 회복하도록 도왔고, 캐롤라인 왕비와의 관계를 개선하도록 격려하기도 했다.

크리스티안 7세는 왕비와의 관계를 회복하려는 노력으로 1769년 7월 22일 사흘간의 생일 축하 연회를 베풀기도 했다. 캐롤라인은 남편의 개선된 행동 뒤에 요한이 있다는 것을 알게 되었고 남편의 매력적인 주치의에게 조금씩 관심을 가지기 시작했다.

그러다 1769년 여름, 캐롤라인 왕비가 갑자기 쓰러지게 되는데 크리스티안은 요한에게 진찰을 받도록 계속 설득을 했다. 그녀가 거부하자 아내, 어머니, 왕비로서의 의무감 때문이라도 진찰을 받아야 한다는 주장에 결국 요한의 진료를 받게 된다.

캐롤라인은 2주 만에 완치하는데 요한은 왕비에게 다시 건강을 되찾으려면 운동과 신선한 공기를 마시며 산책할 것과 승마를 하도록 권고했고 캐롤라인은 어린 시절 좋아했던 승마를 하며 우울함을 떨치고 건강을 회복하게 되었다.

캐롤라인 왕비가 요한을 완전히 신뢰하게 되는 사건이 일어나는데 코펜하겐이 천연두의 공격을 받은 것이다. 1,200명의 아이들이 죽어 나갔고, 캐롤라인 왕비도 왕세자 프레데리크를 천연두로 잃게 될까 두려움에 떨었다. 그때 요한이 왕세자 프레데리크에게 천연두 예방 접종을 권했고 캐롤라인 왕비와 의사 요한은 왕세자 프레데리크에게 예방 접종을 했다. 그리고 열흘 밤낮으로 아이의 반응을 지켜보며 아들이 천연두를 극복했음을 알게 된 캐롤라인 왕비는 요한에 대한 절대적인 신뢰를 보이게 된다.

그리고 천연두 예방 접종을 덴마크 전역으로 확산시킨다. 캐롤라인 왕비는 감사의 표시로 요한을 비서로 임명했는데, 크리스티안은 자신이 총애하는 요한을 왕비가 인정한 것에 기뻐했다. 요한은 왕과 왕비와 함께 식사를 했고 왕비에게 책을 읽어주거나 함께 말을 타며 산책을 하기도 했다.

1770년 1월 요한은 궁전에서 생활하게 되었고 요한과 왕비가 카드놀이를 하는 모습을 자주 볼 수 있었다. 두 사람은 서로에 대한 끌림을 거부할 수 없었고 1770년 5월 캐롤라인 왕비와 요한은 연인 관계가 되었다. 훗날 캐롤라인과 크리스티안 7세 사이의 이혼 소송에서 이 기간 동안 왕비와 동행했던 신하들은 적어도 1769년 후반부터 불륜을 의심해 왔다고 보고했다.

캐롤라인 왕비와 요한 사이에 생긴 끌림은 크리스티안을 즐겁게 했다. 크리스티안 7세는 예전과 다르게 그에게 친절한 미소를 짓는 아내와 자신을 위로해 주는 주치의가 함께하고 있는 것에 만족하며 즐거워했다.

의사 요한,
개혁의 중심에 서다

크리스티안 7세의 정신 건강은 더 악화되었고 점점 더 소극적이고 고립되었으며 정무에 관여하지 않게 되었다.

그는 요한에게 일상의 국무를 점점 더 많이 맡겼고 요한이 추밀원 자문관으로 임명되면서 실질적인 덴마크의 통치자가 되었다. 그리고 캐롤라인 왕비와 요한에 대한 소문은 퍼져 나가기 시작했고 이를 무마시키기 위해 베른스토르프 총리가 왕과 왕비의 여행을 주선했다. 그러나 이 부부는 주치의 없이 여행을 가는 것을 거부했고 결국 세 사람이 함께 떠나게 되었다.

크리스티안과 캐롤라인이 주치의 요한과 함께 독일 국경을 순방했을 때 주치의와 왕비의 수상한 행동이 목격되면서 연인 사이라는 소문이 퍼지기 시작했다.

베른스토르프 총리는 요한이 왕과 왕비에게 미치는 영향과 그의 정치적 힘을 깨닫고 코펜하겐으로 돌아가는 길에 캐롤라인의 오빠이자 영국의 국왕인 조지 3세에게 그의 어머니가 덴마크에 방문할 수 있도록 요청했다. 1770년 6월 캐롤라인 왕비는 어머니와 여동생을 만났는데 어머니의 충고가 귀에 들어오지 않을 정도로 요한에게 푹 빠져 있었고, 이 만남이 그녀 생전에 어머니와의 마지막 만남이었다.

캐롤라인 왕비는 외톨이로 지냈던 과거를 떨치고 궁의 실세가 되어 추종자들을 모아 '왕비의 파티'를 열기 시작했고 남장 차림에 말을 타고 대중 앞에 모습을 드러냈다. 1770년 9월 15일 왕은 베른스토르프 총리를 해임했고, 이틀 후 요한 슈트루엔제는 추밀원 참의관으로 임명되었다. 그리고 왕과 왕비의 지지를 받은 요한 슈트루엔제는 덴마크를 대리 통치하게 되면서 급진적인 개혁 정책을 시행해 나갔다.

예방 접종 확대, 태형 제도 폐지, 모든 시민에게 대학 입학 허가, 출판의 자유, 보육원 설립, 언론 검열 폐지, 사형의 축소, 특권 폐지, 덴마크 식민지 노예 무역 금지 등 불과 몇 달 만에 혁신적인 법안들이 통과되면서 덴마크는 계몽주의 사상을 바탕으로 한 개혁의 급물살을 타게 되었다.

요한이 크리스티안 7세를 대신해 급진적인 정책을 펼칠 동안 크리스티안은 편집증, 자해, 환각 증세를 보였다. 그는 종종 아침에 방구석에 앉아 괴로운 표정을 짓고 있는 것을 발견하기도 하고 때때로 피가 흐를 때까지 머리를 벽에 부딪치기도 했다. 그리고 수행원들을 거칠게 공격하거나 욕설을 퍼붓고 갑자기 웃기도 했다.

왕은 정신적인 무기력 상태에 빠졌고, 요한은 1771년 3월 20일에서 1772년 1월 16일 총 10개월 동안 절대 권력을 잡았다. 이 짧은 기간 동안 요한은 1,069개 이상의 내각 명령을 내렸고, 이 같은 사실이 유럽 전역에 알려지면서 요한은 유명세를 탔다.

그러나 그는 덴마크어를 배우지 않았기 때문에 모든 개혁안을 독일어로 발표했는데, 이는 덴마크 귀족들에게 불쾌감을 느끼게 만들었다. 물론 특권을 폐지하는 법안 등 요한의 개혁 내용도 그들에게는 불만일 수밖에 없었다. 또 왕비와의 스캔들은 색안경을 쓴 채 요한을 보게 만들었으며 그가 왕세자 프레데리크를 평범한 아이처럼 대하는 것에 대해서도 비판적이었다.

요한은 왕세자의 식단에도 관여했는데 매운 고기, 에일, 페이스트리 식단을 밥, 빵, 우유, 채소로 대체했고, 야외에서 운동을 하도록 명령했다. 캐롤라인 왕비는 아들과 함께 놀고 정원을 가꾸며 많은 시간을 보냈는데 이 때문에 둘 다 소작농처럼 행동한다는 비난을 받았다.

사실 크리스티안 7세가 아버지로서의 역할을 하지 못하고 있는 상황에서 요한은 어린 왕세자에게 아버지와 같은 역할을 해주었고, 왕세자가 강하고 지적인 사람으로 성장하도록 도왔기에 프레데리크에게 긍정적인 영향을 끼치고 있었다.

요한의 행동은 자신의 아들이 권력을 잡을 수 있으리란 희망이 줄어들었다고 생각한 율리아나 마리아 여왕의 분노를 더 불러일으켰다. 크리스티안의 계모 마리아는 여전히 자신의 아들을 왕위 계승자로 만들고자 하는 야망을 가지고 있었다. 결국 요한의 개혁 정책과 왕비와의 스캔들에 불만을 품고 있는 이들을 모아 쿠데타를 계획하게 되었다.

1771년 6월 17일 캐롤라인 왕비는 코펜하겐에서 멀지 않은 섬에 있는 히르슈홀름 궁전에 여름 별장을 마련하고, 그곳에서 왕세자와 그녀의 연인 요한과 함께 지냈다. 그리고 1771년 7월 7일 캐롤라인 왕비가 둘째 아이인 루이즈 오귀스트 공주를 낳았는데, 아마도 공주의 아버지는 요한으로 추정된다.

비록 캐롤라인의 시어머니 마리아가 공주의 대모가 되는 것에 동의했지만 왕궁 안 분위기는 공주가 왕의 딸이 아닐 것이라는 소문이 알파만파 퍼져 나갔다. 크리스티안은 공식적으로 덴마크와 노르웨이의 공주로 인정했지만 공주가 요한을 많이 닮았다고 생각하는 이들이 많았고, 오귀스트 공주를 '리틀 슈트루엔제'라고 부르기 시작했다. 하지만 캐롤라인의 이혼 소송에서 그녀의 딸은 어떤 문서에도 언급되지 않았다.

당시 귀족들은 법적인 제재 없이 빚을 갚지 않아도 용인되는 분위기 속에서 막대한 빚을 축적하고 있었다. 그런데 요한은 귀족이라도 빚은 갚아야 한다는 강경책을 내놓아 빚을 갚지 못한 귀족들은 투옥되거나 도망가는 신세가 되었다.

거기다 고문과 농노 제도 철폐, 교육 제도를 개혁하는 등 귀족들의 혜택을 축소하자 귀족들은 자신들의 이익을 침해하는 요한을 견제하고 불만은 점점 더 커졌다. 요한의 반대파의 선봉에 선 것은 크리스티안 7세의 계모 마리아였다.

요한과 캐롤라인의 묘한 기류를 눈치챈 마리아는 시녀들을 닦달하여 둘 사이의 관계를 확인하였다. 마리아 일당은 왕의 이복동생을 후계자로 세울 쿠데타를 모의하는데, 요한이 만든 검열 폐지를 이용해 요한과 캐롤라인의 스캔들을 인쇄하여 유포시켰다. 이를 보게 된 왕이 격분하고 요한은 사실을 부인하며 크리스티안을 달랬고 캐롤라인 왕비는 아이들을 데리고 국외로 피신하려고 했다. 하지만 요한은 반대파 핵심 인물인 굴베르그를 찾아가 모든 직책을 버리고 궁중에서 떠나라고 말하며 정면 승부했다.

신경이 날카로워진 요한은 정책 결정에 있어 왕을 패스하는 독단적인 태도를 보이며 결국 왕의 최종 결정권까지 뺏어버린다.

그리고 온갖 소문으로부터 왕의 귀를 막기 위해 왕을 궁중에 유폐시키고 흑인 시동 모라티를 같이 놀 친구로 붙인다.

죽음으로
막을 내린 사랑

'왕국의 몰락을 지켜만 볼 것인가?', '위험에 처한 왕, 불경스러운 동맹', '왕을 독으로 미치게 하다', '왕비가 아들을 죽이고 딸을 상속자로 만들려 한다' 등의 각종 소문이 인쇄물을 통해 급속도로 확산되자 요한은 결국 폐지했던 검열 제도를 부활시켰다.

캐롤라인은 다시 요한에게 다른 나라로 피신하라고 권하지만 요한은 덴마크의 개혁을 멈출 수 없다며 받아들이지 않았다. 마리아와 굴베르그의 쿠데타 계획은 계속 진행되었고, 이들은 무도회가 열리는 날을 거사일로 잡았다.

마리아는 근위대장을 불러 왕실 근위대의 임금 삭감안을 보여주며 자신들 편으로 끌어들였다. 굴베르그는 요한에게 파산을 막아 달라 청을 넣었다가 거절당한 난봉꾼이자 도박꾼인 란차우 백작을 찾아가 빼앗긴 재산과 직위를 돌려주겠다며 자신의 편으로 만들었다.

그리고 1772년 1월 16일 크리스티안스보르 성의 왕실 극장에서 가면무도회를 하던 중에 요한과 캐롤라인 왕비는 체포되었다. 캐롤라인 왕비는 크론보르 성으로 끌려가게 되는데 딸은 데리고 갈 수 있었지만, 네 살된 왕세자 프레데리크는 아버지와 함께 남아 있었다.

1772년 2월 20일 경비대의 엄중한 감시를 받는 상태에서 요한 프리드리히 슈트루엔제의 심문이 시작되었는데, 그는 사흘 동안 신문을 받으면서 왕비와의 불륜을 인정하지 않았다.

하지만 그의 정치적 동료이자 친구인 에네볼트 브란트도 동시에 심문을 받으면서 결국 그가 요한과 캐롤라인의 불륜의 증인이 되었다. 왕비의 시녀, 측근들 또한 줄줄이 조사를 받았는데 이들 역시 두 사람의 불륜을 증언했다.

결국 요한도 근위대의 모진 고문을 견디지 못하고 왕비를 유혹해서 반란을 꾀하고 왕을 시해할 음모를 꾸며 덴마크를 어지럽힌 죄를 지었다며 거짓 자백을 하고 만다.

이제 캐롤라인 왕비 차례였다. 네 명의 귀족들로 구성된 위원회가 캐롤라인 왕비를 심문하기 위해 크론보르 성에 방문했다. 캐롤라인 왕비는 그들과의 대화를 거부하며 말했다.

"왕의 법원 이외의 다른 사람의 법원을 인정하지 않는다."

그들이 다시 방문했을 때 캐롤라인은 요한과의 관계를 부인하며 그를 구하려 했다. 그런데 요한이 서명한 자백서가 캐롤라인 왕비에게 전해지면서 그녀 역시 자백서에 서명을 할 수밖에 없었다. 그녀가 서명한 이유는 오로지 요한을 보호하기 위해서였다. 이어서 그녀는 크리스티안 7세와의 결혼이 파기되었다는 통보를 받았다.

요한 슈트루엔제와 브란트는 사형을 선고받고 4월 28일에 처형되었는데, 캐롤라인 왕비는 그날을 회상하며 연인의 죽음을 직감했다고 말했다. 요한과 그의 친구 브란트는 그들 스스로가 고문과 사형을 금지했음에도 불구하고 오른손을 잘리는 벌을 받은 뒤 참수당했다.

요한이 죽으면서 덴마크는 잠시나마 꽃피었던 개혁기는 허무하게 막을 내리고 말았다. 1772년부터 1784년까지 크리스티안 7세의 이복동생 프레데리크 공이 섭정을 맡으며 크리스티안은 허수아비 왕이 되어 덴마크는 다시 옛날로 돌아갔다.

영국에서는 캐롤라인 왕비의 체포 소식에 크게 들썩였고, 영국 외교관 로버트 머레이 키스 경이 조지 3세의 명을 받아 캐롤라인 왕비의 석방 협상을 시작했지만 성공하지 못했다. 영국 정부는 덴마크-노르웨이와의 외교 관계를 단절하고 군사 개입까지 하겠다고 위협했다.

그리고 실제 영국 함대가 코펜하겐 앞바다에 도착했는데, 도착 몇 시간 전 덴마크 정부가 조지 3세에게 캐롤라인 왕비의 자유를 보장한다는 결정을 통보했다. 그리고 지참금 반환과 연금, 캐롤라인의 왕비 지위 유지권도 확보할 수 있었다.

1772년 5월 28일 캐롤라인 마틸다는 덴마크에서 추방되어 영국 호위함을 타고 덴마크를 떠났다. 조지 3세는 여동생 캐롤라인의 행동이 어머니의 죽음을 앞당겼다고 생각했기 때문에 그녀를 하노버 왕가의 독일 영지인 셀레 성으로 보냈다.

남은 생을 그곳에서 지낸 캐롤라인은 성 안에 그녀를 위해 특별히 지어진 작은 극장과 독일어와 영어로 된 책이 있는 도서관에서 작은 위안을 얻었고, 가난한 아이들과 고아들을 위한 자선 활동을 하며 조용히 지냈다.

1772년 11월 캐롤라인 왕비는 셀레 성을 방문한 키스 경에게 아이들의 행복에 직접적인 영향을 미치는 것 외에는 덴마크 법원과 어떠한 관계도 맺고 싶지 않다고 말했다.

하지만 그녀가 더 이상 덴마크의 왕비는 아니라 하더라고 여전히 덴마크 정치에서 여전히 중요한 역할을 했다. 왜냐하면 그녀는 왕이 될 프레데리크의 어머니였기 때문이다.

캐롤라인이 셀레 성에 유폐된 지 5년이 되던 1775년 5월 10일 그녀는 스물셋의 젊은 나이에 성홍열로 사망했다. 그녀의 아들은 열여섯 살의 나이로 권력을 잡아 프레데리크 6세로 등극하게 되는데, 그의 통치 기간 동안 요한의 법안 대부분이 부활했고 농노제 폐지와 소작농 해방을 이루었다.

chapter 22

르네상스 최악의 악녀로 불리는
루크레치아

보르지아 가문
교황을 배출하다

루크레치아 보르지아는 15세기 말과 16세기 초 바티칸의 최고 권력을 휘둘렀던 교황 알렉산데르 6세의 딸이다. 알렉산데르 6세는 정치적 야망을 이루기 위해 수단과 방법을 가리지 않았으며, 성적 타락으로도 유명해 '바티칸의 네로 황제'라고 불렸다.

루크레치아는 알렉산데르 6세의 딸로 태어난 순간 이미 평범한 생을 살 수 없었을 것이다. '이탈리아의 꽃'이며 '르네상스 최악의 악녀'라 불리는 루크레치아 보르지아. 그녀는 어쩌다 이런 오명을 쓰게 된 것일까?

보르지아 가문은 지금의 스페인 영토인 아라곤 왕국의 보르지아 지역 출신의 꽤 힘 있는 귀족 집안이었다. 보르지아 가문이 두각을 나타낸 건 13세기 전반에 아라곤의 국왕 하이메 1세가 무어인들로부터 발렌시아를 탈환하기 위한 원정을 꾸렸을 때 보르지아 가문의 기사 여덟 명에게 '정복의 기사들'이란 별칭을 내린 다음부터다.

그중 한 명인 에스테반 보르지아는 발렌시아의 하티바와 간디아를 비롯한 몇몇 지방 도시들을 하사받았고 이곳에 정착하여 보르지아 가문이 시작된 것이다. 그러다 르네상스 시대에 교황 칼리스투스 3세와 알렉산데르 6세를 배출해 이탈리아 정치에 큰 영향력을 행사했다.

15세기 초까지 지방 귀족으로 지내다가 알폰소 보르지아가 발렌시아의 교구장이 되면서 이탈리아의 로마로 진출하게 되고 1455년에 알폰소가 교황 칼리스투스 3세가 되면서 로마의 지배 세력으로 자리 잡게 되었다.

칼리스투스 3세의 재위 기간(1455~1458)은 3년 4개월밖에 되지 않지만 조카인 페드로 루이스 보르지아를 등용하고 또 다른 조카 로드리고 보르지아를 추기경으로 세우면서 교회에서의 지위를 다지게 해 주었다. 로드리고 보르지아는 삼촌 덕분에 이십 대 중반의 젊은 나이에 교황청에서 입지를 다질 수 있었다. 이후 로드리고 보르지아는 교황청의 중책인 상서원 부원장에 취임해 약 30년 동안 여러 교황을 거치며 총 다섯 명의 교황을 섬겼다. 그 과정에서 여러 도시에 대한 통치권과 엄청난 성직록을 손에 넣어 막대한 부를 쌓고 엄청난 권력을 행사했다.

사실 자신을 추기경으로 만들어 준 삼촌 칼리스투스 3세가 그의 아버지라는 설도 있다. 알폰소가 그의 여동생 이사벨 데 보르지아 이 카바닐루와 근친을 해 로드리고가 태어났다는 건데, 알폰소가 로드리고의 외삼촌이자 아버지라는 것이다. 물론 공식적인 아버지는 호프레 란조르 이 에스크리바라는 인물이지만 말이다.

로드리고는 무한한 삶의 열정을 지닌 잘생긴 남자였다. 큰 키에 튼튼하고 육중한 몸, 검은 눈과 큰 코, 육감적인 입술을 가진 사람이었고, 유쾌한 성격의 활기찬 동작, 유머 감각을 가졌으며 쉽게 싫증을 냈고 노래와 춤, 사냥 그리고 무엇보다도 아름다운 여자를 좋아했다.

성직자라면 응당 결혼도 할 수 없고 자식도 없어야 하지만 로드리고는 그렇게 하지 않았다. 여색을 어지간히도 밝혔던 로드리고는 수많은 정부를 두었는데 그중 반노차 카티네이가 가장 오랫동안 관계를 지속한 여인이었다. 반노차 카티네이는 세 번 정도 결혼을 했고, 로드리고의 정부로 지내는 동안에도 공식적으로는 남편이 있었다. 하지만 그녀가 낳은 네 명의 아이들 체사레, 후안, 루크레치아, 호프레는 로드리고의 아이들이다.

로드리고는 1492년 8월 엄청난 물밑 작업 끝에 교황 알렉산데르 6세가 된다. 이제 그를 교황 알렉산데르 6세로 불러야겠다.

알렉산데르 6세는 교황이 되기 위해 너무 많은 돈을 쓴 상태라 또 재산을 채워야 했는데 기상천외한 방법으로 재산을 모았다. 당시 로마에서는 하루에 평균 14건의 살인 사건이 일어났는데 살인범들을 사형에 처하지 않는 조건으로 돈을 받았다. 당연한 듯 성직과 성물을 매매했고 추기경과 자신을 반대하는 자들을 독으로 암살하고 재산을 빼앗기도 했다. 발렌시아의 추기경 피터 멘도자는 교황에게 돈을 주고 미소년을 입양할 수 있는 허가까지 받았다.

그뿐만 아니라 돈을 받고 근친상간을 눈감아 주었다. 한 귀족은 24,000개의 금판을 주고 자기 여동생과의 근친상간을 허락받기도 한다. 이 시대에는 근친상간이 많이 이루어졌고 보르지아 집안도 근친상간의 소문에 휩싸였는데 루크레치아가 그 중심에 있었다.

타락한 교황의 딸
루크레치아

1480년 로마 부근 수비아코에서 태어난 루크레치아는 아름다운 외모와 사랑스러움으로 온 가족의 애정을 받았고 천진하고 순수한 어린 시절을 거쳐 이탈리아의 꽃으로 불릴 만큼 아름다운 여인으로 성장했다. 금발의 아름다운 머리칼이 무릎까지 내려 왔고, 눈은 헤이즐색이지만 빛에 따라 다르게 보이기도 하며 한 번 보면 빨려 들 것처럼 매력적이었다고 한다.

또 걸음걸이는 우아해서 마치 바람을 타고 걷는 것과 같고 큰 입으로 활짝 웃으면 하얀 치아가 드러나는데 그 미소 한 번이면 누구든 세상 모든 것을 주고 싶은 마음이 들었다고 한다. 목은 길고 아름다우며 가슴은 찬사를 받아야 마땅할 만큼 균형이 이루어져 있다는 기록이 있으니 당대 최고의 미녀로 추앙받은 듯하다.

루크레치아는 두 오빠 체사레, 후안에게 사랑받는 동생이었다. 체사레와 후안 역시 미남으로 추앙받고 있었는데, 체사레는 남성적이고 야심만만했으며 목적을 위해서라면 수단을 가리지 않는 잔인한 면모를 보이는 인물이었다.

반면 후안은 섬세한 아름다움을 가졌으며 사치와 음주를 즐기고 여인들과의 향락을 탐닉하는 인물이었다. 이렇게 다른 성향의 두 사람은 여동생을 경쟁적으로 아끼며 자신 쪽으로 끌어들이려 했고, 루크레치아는 오빠들의 애정을 저울질하며 사랑스러운 여동생 역할에 충실했다.

알렉산데르 6세 역시 딸을 사랑하기도 했지만 결혼으로 얻을 정치적 이익을 더 중요시 생각했고, 어떻게든 가문에 도움이 되는 사위를 얻으려 노력했다.

1491년 루크레치아가 열한 살이 되었을 때 발렌시아 왕국의 발 다오라 영주 돈 케루비노 호안 데 첸텔레스와 결혼 계약을 맺었는데 이 결혼 계약은 2개월 후에 깨지게 된다. 더 좋은 집안이 나타나서인데, 루크레치아를 다시 프로치다 백작인 돈 가스파레 아베르사와 결혼시키겠다는 새로운 계약을 한 것이다.

하지만 이 계약 역시 무효가 된다. 당시 교황이 된 알렉산데르 6세가 더 영향력 있는 가문과 동맹을 맺을 수 있게 되어 과거의 결혼 계약을 무시했기 때문이다.

당시 이탈리아는 밀라노와 나폴리 두 도시 국가가 대립하고 있었다. 밀라노 왕은 잔 갈레아초였는데, 숙부 루이 모로가 조카를 누르고 권력을 제멋대로 휘두르자 잔 갈레아초의 아내 이사벨라가 나폴리 왕이자 자신의 할아버지에게 하소연했고 이를 계기로 두 도시 국가가 대립하게 된 것이다.

이 때문에 루크레치아의 결혼 상대도 정해지게 된다. 스포르차 가문 코스탄초 1세의 사생아로 계승 서열 2위이며 페사로의 영주인 조반니 스포르차가 루크레치아의 남편감으로 낙점된 것인데, 그는 밀라노 공국 왕의 사촌이었다.

밀라노는 나폴리에 대항해 교황 알렉산데르 6세와 손을 잡기로 했고 그 증거로 루크레치아와 조반니 스포르차가 결혼을 하게 된 것이다. 1493년 6월 로마에서 루크레치아가 열세 살의 나이로 열네 살이나 차이나는 조반니 스포르차와 화려한 결혼식을 올렸다.

어린 나이에 결혼을 하게 된 루크레치아는 결혼식이 무엇인지에 대한 이해조차 하지 못한 상태였고 축제와 같은 호화로운 결혼식 연회에서 오빠와 춤을 추며 마음껏 즐겼다.

연회가 끝나고 신부와의 첫날밤을 기다리던 새신랑 조반니는 그날 밤을 홀로 보내야 했다. 조반니가 놓치고 있었던 것이 있었으니 바로 결혼 계약서였다.

> 루크레치아는 나이가 어려 아직 결혼 준비가 되지 않았으니
> 일 년 후에 남편과 함께 페사로로 향할 것

당시 프랑스 국왕 8세가 이탈리아 내란에 끼어들어 나폴리를 차지하고자 하는 야심을 내보이고 있었다. 그런 와중 밀라노의 루이 모로가 숙적 나폴리를 무너뜨리기 위해 프랑스 국왕에게 나

폴리 침입을 부추기고 있다는 정보가 들어왔다.

알렉산데르 6세는 상황이 바뀌면 언제든 이 결혼을 깰 수 있도록 준비를 한 것이다. 루크레치아는 공식적인 행사가 있을 때만 남편과 함께할 뿐 결혼 전과 같은 생활을 했으며 두 오빠들과의 사이도 여전했다.

1493년 7월 이해득실을 따지던 알렉산데르 6세는 나폴리 왕국에 대한 적대 정책을 철회하고 자신의 아들 호프레를 페르디난도 1세의 손녀인 산차 다라곤 공주와 혼인시킨다.

산차는 열여섯 살이었는데 열한 살의 어린 남편에게 조금도 관심이 없었다. 산차는 나폴리에 머물다가 로마로 들어왔고, 체사레와 후안이 그녀에게 빠지면서 보르지아 가문은 또다시 소문에 휩싸이게 되었다. 정열적인 여인 산차는 체사레와 후안 두 사람 모두와 불륜 관계를 맺었고, 이 사이에서 루크레치아는 묘한 질투를 느껴 산차를 싫어했다.

남편의 불능(?)으로
혼인 무효

알렉산데르 6세의 정치적 노력이 무색하게 1494년 프랑스 국왕 샤를 8세가 나폴리 왕위를 요구하며 이탈리아로 침입해 왔다. 당시 전쟁은 야만적 행위라고 여긴 이탈리아는 용병을 고용해 대리 전쟁을 치르게 되는데, 용병이 목숨 걸고 싸울 리 없고 백년전쟁까지 치른 프랑스군을 이길 수 없었다. 토리노, 피사, 피렌체가 프랑스군에 함락되고 결국 프랑스군은 로마로 입성하며 알렉산데르 6세는 위기에 빠지게 되었다.

알렉산데르 6세는 샤를 8세의 측근이자 생말로 교구장이었던 기욤 브리소네를 추기경에 서임했고 인질로 잡고 있던 오스만 제국의 왕자 젬과 자신의 아들 체사레 보르지아를 교황 사절로 임명하여 프랑스군의 나폴리 원정에 동행하도록 했다. 아들을 볼모로 넘긴 대가로 샤를은 교황에 대한 공식적 복종 선언을 하고 교황에 대한 보호를 약속을 하게 된 것이다.

프랑스군은 곧 나폴리를 점령하고 샤를 8세는 나폴리 왕으로서 대관식까지 치르게 되는데, 이스키아 섬으로 도피했던 나폴리 국왕이 반프랑스 동맹을 결성해 다시 나폴리를 수복하면서 프랑스군은 정복지를 모두 상실하고 패배자의 모습으로 프랑스로 귀환하게 되었다.

이 전쟁의 소용돌이에서 스포르차 가문은 쇠퇴하게 되고 더 이상 스포르차 가문이 필요하지 않다고 생각한 알렉산데르 6세는 더 큰 이익이 되는 강력하고 영향력 있는 새로운 동맹을 맺기 위해 루크레치아를 이혼시키기로 한다.

사실 루크레치아와 남편의 관계 또한 원만하지 않았는데 조반니는 자신을 위협하고 루크레치아와 지나치게 친밀한 루크레치아의 오빠들 특히 체사레 때문에 불만이 많았다.

그런 상황에서 이혼을 종용받은 조반니는 자신이 이혼을 당할 이유가 없다며 이를 거부하지만, 보르지아 가문이 종종 정적을 암살하기도 했고 실제로 체사레가 은근히 협박도 했기 때문에 목숨의 위협을 느낀 조반니는 폐사로로 도망쳤다.

알렉산데르 6세는 조반니 스포르차의 삼촌인 아스카니오 스포르차 추기경을 불러서 조반니를 설득해 루크레치아와 정식으로 이혼하도록 종용했다. 하지만 조반니는 절대 이혼은 하지 않겠다고 버티며, 오히려 루크레치아가 아버지와 근친상간을 했고 오빠들과도 근친상간을 했다며 비난했다.

루크레치아는 아름다운 외동딸로 오빠들과 아버지의 사랑을 듬뿍 받고 있었으며 이 가족의 결속력이 너무 끈끈했기에 근친상간에 대한 소문은 알음알음 퍼져 있었다. 조반니 스포르차가 이렇게 교황의 권위에 흠집을 내자 알렉산데르 6세는 분노해 딸 루크레치아의 결혼이 완성된 것이 아니라며 루크레치아와 조반니 스포르차의 결혼은 무효라고·선언했다.

유럽에서는 부부가 관계를 갖지 않았다면 이혼이 아니라 결혼 자체가 성립되지 않은 무효가 되는 풍습이 있었다. 알렉산데르 6세는 조반니가 불능이어서 루크레치아와 관계를 갖지 못했으므로 이 결혼은 무효라고 주장했고, 조반니의 문제로 결혼이 완성되지 못했으니 그에게 결혼 지참금으로 받은 돈을 내놓으라고 협박했다. 또한 이를 거부할 경우 스포르차 가문을 보호해 주지 않겠다고 경고까지 한다.

조반니는 증인들 앞에서 자기가 임포텐스(성기능 장애)라고 고백하고 결혼 무효 서류에 서명을 한 후 루크레치아의 결혼 지참금까지 돌려주었다. 로마 시민들 모두가 이 사실을 알게 되었고 조반니는 엄청난 모욕감을 느꼈지만, 모든 것을 체념한 듯 받아들였다. 이로써 루크레치아는 여전히 처녀인 것으로 결론 지어졌으며 자신이 '완전한 처녀'라는 증서에 서명까지 하게 된다. 당시의 역사 기록자는 다음과 같은 기록을 남긴다.

> 이탈리아 전체를 웃게 만든 결론이다. 그때나 이전에나 그녀
> 가 역사상 가장 헤픈 여자라는 것은 누구나 아는 사실이다.

루크레치아
다시 결혼하다

조반니와의 결혼 무효가 확정될 때까지 꽤 긴 기간이 걸렸다. 그동안 루크레치아는 산 시스토 수녀원에서 조용히 은신하며 지냈는데 이 수녀원에서 남자아이를 낳았다. 하지만 이 아이는 조반니의 아이가 아니었다. 수녀원에 가기 전 루크레치아는 교황의 시종장인 페드로 칼데론과 염문을 뿌렸는데, 그 시기 임신을 했고 결국 아들을 낳은 것이다.

루크레치아가 낳은 아들 이름이 조반니 보르지아인데 이 아이에 대한 교황의 교서가 두 번 반포되었다. 첫 번째, 조반니 보르지아는 체사레가 결혼 전 낳은 아이라는 것이었고, 두 번째 교서

는 이 아이를 알렉산데르 6세의 아들로 인정한다는 것이었다.

그러니까 조반니는 체사레의 아들이며 알렉산데르 6세의 서자로 인정한다는 내용이 되는 것이다. 로마 시민들은 루크레치아가 오빠나 아버지와 근친을 해서 아들을 낳은 것이 아닌가 하는 의심을 했고 교황의 조서는 이 보르지아 가문의 근친상간을 인정하는 것이라는 생각을 하게 만들었다.

1498년 2월 루크레치아와 염문을 뿌린 페드로 칼데론과 보르지아 집안의 판타실레아라는 하녀의 시신이 티베르 강에서 발견되었는데, 두 사람이 서로 통정하다가 발각되어 스스로 죽음을 택했다는 공식 발표가 있었지만 이는 조작된 것이었다.

판타실레아는 점점 불러오던 루크레치아의 배를 가려주던 시녀였는데 루크레치아의 비밀을 알고 있었기에 죽임을 당한 것이다. 두 사람을 살해한 것은 루크레치아의 오빠 체사레일 것으로 추측된다.

이들의 죽음 이전에 체사레의 동생 후안이 아홉 군데를 칼로 찔린 채 싸늘한 주검으로 발견되는데, 체사레가 동생 후안을 살해했을 것으로 짐작하는 사람들이 많았다. 후안을 죽인 이유도 루크레치아와 삼각관계였던 두 사람이 대립했고 기타 등등의 정치적인 이유가 합쳐져 체사레가 후안을 죽였다는 소문이 파다했다.

체사레와 루크레치아가 육체적 관계를 맺었다는 증거는 어디에도 없다. 다만 체사레가 여동생에게 지나치게 집착하는 모습을 보여 페드로 칼데론을 죽인 것은, 비밀이 새어나갈 우려 때문이기도 했지만 동생의 연인에 대한 질투심도 있었을 것으로도 추측된다.

한편 그해 루크레치아는 아라곤의 알폰소 2세의 서자이자 셀리에의 공작인 알폰소와 결혼을 하게 되었다. 알폰소는 열일곱 살의 잘생긴 청년이어서 두 사람은 사이가 꽤 좋았고 두 사람 사이에는 로드리고라는 이름의 아들도 태어났다. 하지만 이들의 결혼 생활은 그다지 오래가지 못했다. 2년 후인 1500년 7월 알폰소가 살해되었기 때문이다.

성 베드로 광장에서 자객의 공격을 당한 알폰소는 온몸이 피투성이가 되어 돌아왔고, 루크레치아는 남편을 살리기 위해 필사적으로 간병을 했다. 혹시 다른 공격이 있을 것에 대비해 보초를 세우고 독살을 염려해 식사도 직접 챙겼다. 그렇게 알폰소는 조금씩 회복되어 갔고 안심한 루크레치아가 잠시 자리를 비웠는데 그 사이 알폰소는 자신의 침대에서 교살당했다.

체사레가 나폴리와 적대 관계인 프랑스와 동맹을 맺기로 했기 때문에 나폴리의 알폰소를 제거했다는 이야기가 계속 돌았고 현재까지도 그럴 가능성에 무게를 두고 있다.

일각에서는 체사레가 루크레치아와 알폰소 사이를 질투했다는 이야기가 나오기도 한다. 남편을 진심으로 사랑하는 루크레치아의 모습에 알폰소를 증오했다는 것이다. 알폰소의 죽음 이후 체사레의 동생 후안의 죽음이 다시 언급되면서 '역시 후안을 죽인 건 체사레구나' 하는 이야기가 다시 돌게 되었다.

루크레치아는 남편의 죽음에 큰 충격을 받았고 엄청난 슬픔을 느꼈다고 하는데, 알폰소가 공격받는 것을 목격한 옛 가정 교사의 증언도 있다.

> 그때 루크레치아는 덜덜 떨고 울부짖고 신음하며 하루하루를 보냈다.

루크레치아가 남편의 죽음 때문에 아버지와 오빠에 대한 분노와 원망을 쏟아내며 힘들어 하자 체사레는 루크레치아와 그녀의 어린 아들을 네피라는 작은 마을로 보내 버렸다. 그곳에서 시간을 보내면서 어느 정도 진정이 된 루크레치아는 다시 가족들에게로 돌아왔다.

그리고 여전히 가족의 일원으로 해야 할 일을 하게 되었는데, 그것은 가족의 권력 유지를 위한 정략결혼이었다. 루크레치아는 스스로 보르지아 가문의 사람임을 부정할 수 없었던 것이다.

세 번째 결혼과
가문의 몰락

페라라 공작이자 에르콜레 1세의 아들인 알폰소 데스테가 그녀의 세 번째 남편이 되었다. 알폰소 데스테는 처음에는 이 보르지아 가문의 막장 스토리를 듣고 결혼을 거부했지만 알렉산데르

6세가 막대한 결혼 지참금을 제시했기에 알폰소 데스테의 아버지가 결혼을 수락한 것이다.

루크레치아의 매력은 남녀에게 모두 통한 듯하다. 알폰소는 여행을 즐기는 사람으로 결혼 후에도 행선지를 알리지 않고 떠나곤 했다. 그러면서 루크레치아가 분명 딴 마음을 먹고 다른 짓을 할 것으로 생각하여 자신의 누나들에게 루크레치아를 감시하도록 했는데, 그들조차 루크레치아의 매력에 빠져 그녀에 대한 칭찬을 아끼지 않았다. 루크레치아가 욕심 많은 아버지 때문에 고생을 하긴 했지만 타고나기를 밝고 아름다운 여인이었기에 다른 사람들을 사로잡을 수 있었던 것이다.

알폰소 데스테는 온갖 더러운 소문 속에 있는 루크레치아를 믿지 않았고 술집을 전전하며 창녀들과 많은 시간을 보냈다. 루크레치아도 페라라의 춥고 긴 겨울을 견디기 위해 사랑을 찾게 되는데 남편 알폰소의 여동생 남편인 프란체스코와 오랫동안 뜨거운 관계를 가지며 지냈다고 한다.

프란체스코의 부인, 즉 루크레치아 남편의 여동생인 이사벨라는 정숙하고 지성이 있는 여인이었다. 이사벨라는 남편 프란체스코가 루크레치아와 뜨거운 관계에 있는 것을 알면서도 모른 척할 수밖에 없었다. 그런 이사벨라에 대하여 루크레치아는 천연덕스럽게 아무 일도 없는 것처럼 상냥하게 대하고 친하게 지내자고 했다고 하니 이사벨라 속이 많이 탔을 것 같다.

루크레치아와 프란체스코의 관계는 육체적이고 열정적인 것을 떠나서 감성적이고 정신적이었다는 말도 있다. 당시 두 사람이 주고받은 편지를 보면 두 사람이 정신적인 연애를 했다는 사실을 느낄 수 있다. 두 사람의 육체적인 관계는 프란체스코가 어디서인지 성병에 걸리는 바람에 중단이 되었다고 한다. 이후 루크레치아는 시인인 피에트로 벰보와도 염문을 뿌렸다.

알폰소 데스테는 루크레치아와 함께하는 시간이 늘면서 그녀에 대한 애정을 가지기 시작했다. 그러면서 그녀에게 충실했고 루크레치아도 남편의 마음을 받아들여 평안한 행복을 함께 누리게 되었다. 그 사이 보르지아 가문의 흥망성쇠가 이제 마지막 급락을 앞두고 있었다.

체사레를 밀어 주던 프랑스의 루이 12세의 견제가 시작되었는데 1503년 8월 알렉산데르 6세가 선종하면서 상황은 악화되기 시작했다. 체사레는 새로 선출된 교황 율리오 2세의 배신으로 체포되어 감옥에 갇힌 것이다. 그리고 체사레는 나바라 왕국의 왕이 이끄는 군대와 싸우다 사망하게 된다.

루크레치아는 세 번째 결혼을 하고 두 번 정도 찾아온 오빠 체사레는 만났지만 그녀가 아버지를 떠난 후로 아버지는 만나지 않았다. 그녀가 페라라로 떠나는 날 알렉산드레 6세는 사랑하는 딸의 뒷모습을 보기 위해 교황청의 창문과 창문을 옮겨 다니며 딸의 뒷모습을 지켜보았다고 하는데, 루크레치아는 한 번도 뒤를 돌아보지 않았다고 한다.

자신을 사랑했지만 정치적으로 이용하기도 했던 아버지에 대한 애증이 루크레치아 마음속 깊이 자리 잡은 것이다. 여하튼 아버지와 오빠의 죽음은 루크레치아 입장에서도 엄청난 위기가 되었다. 결혼한 첫해에 임신을 했지만 딸을 사산했고 열병으로 죽을 고비를 넘긴 상태였는데, 남편이 마음만 먹는다면 얼마든지 이혼이나 결혼 무효를 만들 수 있는 상황이었다.

하지만 남편과 시댁은 체사레에게 도움을 주기도 했고 루크레치아와의 결혼도 그대로 유지했다. 물론 그녀가 가져온 막대한 결혼 지참금을 토해내고 싶지 않은 마음도 있었겠지만 루크레치아의 밝은 매력이 그들을 사로잡았기에 그녀와 끝까지 함께하기로 한 것이다.

루크레치아는 예술을 후원하며 자선을 베풀기도 하고 꽤 조심스럽게 행동하고 꾸준히 임신을 하면서 조신한 여인으로 거듭나게 된다. 그녀는 아들 넷과 딸 하나를 낳았고 그 사이 유산과 출산 때문에 고생을 많이 했다.

그러면서도 여전히 아름다운 여인이었던지 그녀에게 반하는 남자들이 등장했다. 1510년부터는 프랑스의 장교인 슈발리에 바야르가 있었는데, 그는 당시 페라라에 주둔하고 있던 프랑스 군대의 사령관이었다.

바야르는 루크레치아를 사모하는 마음으로 루크레치아에게 '여인들 중의 진주로소이다'라는 찬사를 보냈다고 한다. 어떤 이들은 루크레치아가 분명 이 찬사에 답례를 했을 것이라는데 루크레치아의 답례에 대한 정보는 남아 있지 않다.

루크레치아 보르지아는 1519년 6월 24일에 서른아홉 살로 세상을 떠났다. 여덟 번째 아이를 낳고 열흘 만에 산후중독증으로 세상을 떠난 것이다. 그녀의 시신은 페라라의 코르푸스 도미니 수녀원에 안장되었다.

예술가들의 영감이 된 루크레치아

오랜 세월이 흐른 후인 1816년에 낭만주의 시인인 유명한 바이런이 밀라노에 갔다가 암브로시아 도서실에서 루크레치아 보르지아와 르네상스 시인인 피에트로 벰보가 주고받은 편지들을 발견했는데 '세상에서 가장 아름다운 러브 레터'라고 말했다.

바이런은 전시되어 있는 루크레치아의 머리칼 한 줌을 몰래 가지고 나왔는데 '사람이 상상할 수 있는 사랑스러운 머리칼 중에서 가장 아름다운 머리칼'이라고 표현했다. 이탈리아의 대표 음식인 파스타 중에서 길고 납작한 면발인 '타글리아텔레'는 루크레치아의 아름다운 금발을 기리기 위해 만들어졌다는 이야기가 있을 정도다.

루크레치아 보르지아. 그녀가 가진 아름다움과 파란만장한 인생 이야기는 예술가들에게 큰 영감을 주어 그녀를 예술 작품으로 남기고 있다. 또 소설, 희곡, 시, 단편, 오페라, 영화의 좋은 소재로서 그 치명적 매력을 그리고 있다.

가장 대표적으로 빅토르 위고의 1833년도 희곡인 〈루크레스 보르지아〉이다. 빅토르 위고가 루크레치아의 일생을 바탕으로 희곡을 썼는데, 그 희곡에서는 루크레치아가 자신의 아이에게도 독약을 먹이는 비정한 여인으로 그려져 있다.

작곡가 도니제티도 같은 제목의 오페라를 만들어 밀라노에서 초연을 했다. 실제로 보르지아 가문은 독약을 사용하는 전통이 있어서 정적이나 연적들을 독살하는 경우가 많았다. 루크레치아는 항상 속이 빈 반지를 끼고 있었고 그 안에는 독이 들어 있어서 필요하면 다른 사람의 술잔에 얼마든지 독을 몰래 탈 수가 있어 많은 이들을 독살했다는 내용으로 꾸며져 있다.

권력을 위해서라면 무엇이든 하는 보르지아 가문의 아름다운 살인 병기이며 신분 상승을 위한 도구였고, 아버지, 오빠와 근친상간을 하고 남자들을 갈아치우는데 전혀 죄책감이 없었던 사악한 탕녀의 이미지가 그렇게 만들어진 것이다.

루크레치아는 야심가이면서 역사상 가장 타락한 교황으로 불리는 알렉산데르 6세 아버지에게서 태어난 순간부터 평탄치 않은 삶이 예고되어 있었던 것이 아닌가 싶다.

그녀는 아버지 알렉산드르 6세와 오빠들의 야망에 원치 않은 결혼을 이어가며 희생된 가엾은 희생양이었을까? 아니면 근친상간을 하고 음란한 사생활을 즐기던 팜므파탈이었을까?

chapter 23

나폴레옹을 정복한 여인, 조세핀

혁명의 시대를 살아가는
나폴레옹과 조세핀

나는 잠에서 깨어 당신만을 생각하고 있소.

지난밤 도취의 열락만이 나의 감각 속에 맴돌고 있소.

정다운 이여, 누구와도 비교할 수 없는 당신,

도대체 내 마음에 어떤 신비한 마력을 불어넣은 거요?

시대의 영웅 나폴레옹이 쓴 이 절절한 연애편지의 주인공은
조세핀 드 보아르네다. 혁명의 시대를 타고 프랑스의 군인에서
황제의 자리에까지 오른 나폴레옹 보나파르트. 그는 유럽사를 다
시 쓰고 유럽의 지도를 바꾼 남자다. 수많은 전투와 승리 그리고
개혁 정치로 영웅이 된 나폴레옹과 조세핀의 세기의 사랑. 그 이
야기를 시작해 보자.

1769년 나폴레옹은 프랑스령인 지중해의 코르시카 섬에서 이
탈리아계 중류층 지주의 셋째 아들로 태어났다. 그리고 열 살 때
아버지를 따라 프랑스로 건너가 유년학교를 거쳐 파리의 사관학
교에 들어갔다. 1785년 아버지가 사망한 후 학업을 이어갈 수 없
었던 나폴레옹은 육군에 입대하게 되는데, 1789년 프랑스 혁명

이 일어나자 혁명에 가담해 포병 장교가 되었고 자코뱅파에 가입했다.

1793년 영국 등 유럽 국가들이 대프랑스 동맹을 결성하면서 혁명전쟁이 터지자 그 역시 전투에 나서게 되었고, 남부 툴롱 항에서 벌어진 전투에서 항구가 보이는 고지대로 야포를 옮긴 뒤 48시간에 걸친 집중 포격으로 영국군과 스페인군을 제압하는 인상적인 전공을 세웠다. 그리고 혁명 정부의 실력자 폴 바라스의 지시에 따라 왕당파 잔재 세력을 진압하면서 그의 이름이 조금씩 알려지게 된다.

조세핀 드 보아르네는 1763년 서인도 제도의 프랑스 식민지 마르티니크 섬에서 프랑스 장교의 딸로 태어났다. 결혼 전 그녀의 이름은 마리 조제프 로즈 타셰 드 라 파제리였다. 그녀의 아버지는 사탕수수를 재배하는 부유한 농장주였기에 조세핀은 어려움 없이 소녀 시절을 보냈다.

조세핀은 아름다운 소녀로 자랐는데 카리브해 특유의 까만 눈동자가 무척 매력적이었다. 1779년 열여섯 살이 된 조세핀은 프랑스의 보아르네 자작 알렉상드르와 결혼하기 위해 프랑스로 건너가게 되는데 사실 그는 여동생과 결혼할 남자였다.

갑자기 마르티니크 섬에 불어온 허리케인이 농장의 모든 것을 집어삼켰고 조세핀의 농장은 어려움을 겪고 있었다. 그 때문에 조세핀의 고모는 마르티니크 섬에 총독으로 있는 프랑수아 드 보아르네의 정부가 되있다.

그리고 여름휴가 때 마르티니크 섬으로 여행 왔던 프랑수아 총독의 조카 알렉상드르에게 조세핀의 여동생 캐서린을 시집보내기로 한 것인데 불행히도 캐서린은 열병으로 사망하게 된다.

그렇게 죽은 여동생 대신 동생의 약혼자와 결혼하기로 하고 프랑스로 건너간 조세핀은 대부분의 정략결혼이 그러하듯 서로에게 애정이 없었다. 알렉상드르는 조세핀이 섬에서 자라 매너와 교양이 없는 촌뜨기라며 구박했고, 부부 동반 모임에도 그녀를 데려가지 않는 등 조세핀을 방치하고 무시했다.

두 사람 사이에는 아들 외젠과 딸 오르탕스가 태어났지만 알렉상드르는 밖으로 돌며 다른 여인들과 바람을 피웠다. 조세핀은 남편의 이런 냉대에 큰 상처를 받았고 결국 1785년경부터 두 사람은 별거를 하게 되었다. 조세핀은 자신이 받은 수모를 기억하며 이를 악물고 파리 상류층의 관심과 사교계의 매너를 익혔다.

그즈음 프랑스는 혁명의 물결이 출렁이고 있었고, 프랑스 혁명을 주도한 주류 세력이었던 자코뱅당이 정권을 잡자 공포 정치를 시행하며 반대파를 무자비하게 숙청하고 있었다. 조세핀의 남편 알렉상드르와 조세핀 역시 체포되었고 그녀의 남편은 처형당하게 되었다. 조세핀 역시 한 치 앞을 내다볼 수 없는 상황에서 떨고 있었는데 그녀의 운명은 여기가 끝이 아니었다.

1794년 8월 프랑스 혁명의 중심이었던 로베스피에르가 처형당하면서 로베스피에르 정부가 무너졌고 조세핀이 석방된 것이다. 하지만 그녀는 이제 보호막 하나 없이 세상에 내던져졌고 두 아이를 책임져야 했다.

막막했던 조세핀의 선택은 사교계의 꽃이 되는 것이었다. 두 아이의 엄마였지만 여전히 매력적인데다 피나는 노력으로 사교계의 매너와 교양을 익혀 세련된 여성으로 거듭난 조세핀은 어릴 적 이름인 '로즈'로 사교계에 나서 많은 남성들을 설레게 만들었다.

그녀는 특히 목소리가 아주 아름다웠다고 한다. 아름다움과 우아한 사교술을 무기로 남성들을 쥐락펴락하게 된 조세핀은 당시 혁명 정부의 최고 실력자 폴 바라스 장군의 정부가 되었다. 그리고 곧 운명의 상대인 나폴레옹을 만나게 된다.

부부의 세계

폴 바라스는 당시 주목받기 시작한 군인 나폴레옹을 후원하고 있었고 한 파티장에서 자신의 정부 조세핀을 그에게 소개하였다. 서른세 살의 아름다운 이혼녀 조세핀과 스물여섯 살의 장래가 총망한 군인 나폴레옹이 만나게 된 것이다. 나폴레옹은 조세핀을 보자마자 아름다운 그녀에게 빠져들었고 영혼을 빼앗기게 되었다.

나폴레옹은 '아름다운 조세핀, 당신에게 한눈에 반했습니다'를 외치며 그녀에게 끊임없이 구애를 하게 된다. 후원자의 정부에게 구애를 하는 무모함이라니 사실 이때쯤 바라스가 조세핀에게 싫증을 내고 있었기에 나폴레옹에게 은근슬쩍 넘겼다는 이야기도 있다.

그런데 나폴레옹에 대한 조세핀의 태도는 미지근했다. 나폴레옹이 한달음에 출세해 유명세를 떨치고 있긴 했지만 그다지 매력적이지 않은 그에게 확신을 주지 않고 마음을 줄 듯 말 듯 애를 태우며 변덕을 부렸고, 다른 남자들과 저울질하는 모습까지 보였다.

권력 핵심부의 많은 주요 인사들과 염문을 뿌리며 다녔던 조세핀이기에 일개 장군에 불과한 나폴레옹이 눈에 차지 않았던 것이다. 그녀가 그런 모습을 보일수록 더 애가 탄 나폴레옹은 더 적극적으로 구애를 했고, 그의 집요한 구애에 넘어간 조세핀은 결국 나폴레옹과 동거를 하게 된다.

그리고 1796년 3월 9일 두 사람은 마침내 결혼식을 올리게 되는데, 잠을 자고 있던 시장을 깨워서 약식 결혼식을 올렸다고 하니 나폴레옹의 다급한 마음이 느껴진다. 나폴레옹은 조세핀에게 목걸이를 결혼 선물로 주었는데, 목걸이 메달에는 Au Destin(운명)이라는 문구가 쓰여 있었다.

사실 나폴레옹에게는 약혼녀가 있었다. 마르세유의 부유한 상인의 딸 데지레 클라리와 약혼을 했으며 나폴레옹이 파리로 온 후에도 두 사람은 편지를 주고받으며 연애를 이어가고 있었다. 그런데 나폴레옹이 조세핀에게 마음을 **빼앗겨** 그녀와 결혼을 하게 된 것이다. 이 소식을 전해들은 데지레 클라리는 큰 충격을 받았다고 한다. 데지레는 나폴레옹에게 '당신은 내 삶을 파괴했어요'라는 편지를 보낼 정도로 상처를 받았다.

결혼식을 올린 나폴레옹과 조세핀은 첫날밤을 보내는데 나폴레옹이 조세핀이 키우던 애완견에게 다리를 물렸다고 한다. 두 사람의 결혼 생활에 대한 전조였을까? 안타깝게도 두 사람의 허니문은 고작 이틀뿐이었으며 나폴레옹은 사랑하는 아내를 남겨두고 곧바로 이탈리아 원정에 나서게 되었다.

나폴레옹은 전쟁터에서도 사랑하는 아내 조세핀을 그리워하는 마음이 가득한 사랑의 편지를 수십 통 보내는데 그 내용이 너무도 절절했다.

> 나는 그대를 껴안지 않고는 하루도 지낼 수 없소. 그대는 나의 정신을 사로잡고, 나의 생각은 온통 그대에게 빼앗기고 있소. 나의 아내 조세핀이여! 나는 지금 당신의 위로가 필요하오. 나의 고통을 당신에게 털어놓고 위로받고 싶소.
>
> 조세핀, 나의 아내여! 내 삶의 고통이요, 기쁨이요, 희망이자, 영혼인 사람이여, 나를 사랑에 빠뜨리고 두려움을 느끼게 하고, 이 대자연의 신비에 눈을 뜨게 한 유일한 여인이여, 그대가 내게 '당신이 싫어졌어요'라고 말하는 순간은 내 인생과 사랑의 종말이 될 것이오.

내 사랑, 나는 당신에게 절대적인 복종을 하고 싶소. 당신
은 나를 비참하게 만들고 견딜 수 없는 괴로움과 고통을
줄 수 있는 가장 두려운 존재라오.

나폴레옹은 사랑하는 아내에게 절절한 사랑을 고백하고 자신
의 힘든 심경을 고백하면서 위로의 답장을 받고 싶었다. 실제로
그는 성공에 대한 열망이 지나치게 강해 늘 불안감에 시달리고
감정의 기복이 심했다. 그 때문에 소화불량과 신경쇠약으로 힘들
어했는데, 이때 아내의 편지가 온다면 큰 위로가 되었을 것이다.

그런데 조세핀은 나폴레옹에게 답장을 하지 않았을 뿐 아니라
이탈리아로 와 달라고 애원하는 나폴레옹의 애원에도 응답하지
않았다.

조세핀은 나폴레옹이 원정을 떠난 동안 그 쓸쓸함을 다른 남
자에게서 달래느라 나폴레옹의 편지에 답장을 할 시간이 없었던
것이다. 나폴레옹에게는 더없이 아름답고 고귀한 여인이었지만
조세핀은 외로움을 참지 못하고 바람을 피웠다.

심지어 나폴레옹의 편지를 배달한 장교들과도 애정 행각을 벌
였다고 한다. 답장 한 장 없는 아내에게 실망한 나폴레옹은 편지
말미에 서운한 감정을 드러내기도 했다.

올해의 전쟁은 대승리였소. 내 군사들은 나의 말이라면
무조건 믿고 따르고 충성한다오. 그런데 오직 당신만이

나를 변변치 않게 여기고 있소.

끈질긴 나폴레옹의 초청에 1796년 7월 조세핀은 애완견을 안고 밀라노로 출발해 밀라노 세르벨로니 궁전에 도착했다. 이후 나폴레옹이 프랑스에 복귀할 때까지 이탈리아에 머물며 나폴레옹과 함께했다.

하지만 이곳에서도 나폴레옹의 외사랑은 계속되었다. 전선에 나가 있는 동안 아내에게 편지를 썼지만 답장을 받지 못한 것이다. 너무도 화가 난 나폴레옹은 경고의 편지를 보내기도 했다.

> 나는 당신을 더 이상 사랑하지 않소. 오히려 당신을 혐오하오. 당신은 끔찍하고 서투르고 아주 멍청한 신데렐라와도 같소. 당신은 왜 나에게 편지 한 장 쓰지 않소? 왜 당신의 남편을 사랑하지 않소?
>
> (중략)
>
> 남편을 향한 외로움을 없애 줄 새로운 사랑이라도 생긴 것이오? 조세핀, 조심하시오. 내가 어느 날 밤 문을 박차고 들어올지 모르오.

1797년 10월 프랑스와 오스트리아는 캄포포르미오 조약을 맺게 되는데 오스트리아가 프랑스에 롬바르디아와 벨기에를 양도하는 대신 오스트리아는 프랑스에 베네치아를 넘겨받는다는 내용이었다. 이탈리아 원정은 프랑스의 승리로 일단락되었으니 12월 나폴레옹은 영웅이 되어 귀환하게 되었다.

나폴레옹은 조세핀과의 재회의 기쁨을 누렸지만 그것도 잠시 나폴레옹은 다시 전쟁터로 떠나야 했다. 제 1공화정 총재 정부가 대중적으로 인기를 얻고 있는 나폴레옹을 경계했고 이집트 원정을 가도록 종용한 것이다.

나폴레옹은 이집트 원정을 가기 전 이탈리아 원정을 통해 얻은 엄청난 돈을 친형 조셉에게 맡기며 땅을 구입해 달라 부탁하는데, 조세핀이 그 돈을 자신에게 달라고 졸라 말메종 성을 구입했고 아름다운 장미 정원을 가꾸며 그곳에서 지내게 된다. 성을 꾸미고 정원을 조성하는데 엄청난 돈을 소비해 나폴레옹이 벌어들인 돈은 다 사라졌고 오히려 재정적 어려움을 겪게 되었다.

이집트 원정 중 나폴레옹은 수많은 위험에 노출되었다. 알렉산드리아를 점령하고 나일강 삼각주도 함락시켰지만, 넬슨의 영국 함대가 지중해에 있던 프랑스 주력 함대를 격파하면서 이집트 땅에 고립되었던 것이다.

그런 상황에서도 조세핀에게 계속해서 편지를 쓴 나폴레옹은 아내에 대한 소식을 듣고 절망하게 된다. 조세핀이 잘생긴 경기병 이폴리트 샤를과 사랑에 빠져 그를 말메종 성에 끌어들였던 것이다. 두 사람은 댄스 파티에서 만나 서로에게 빠져들었고 조세핀은 남편이 사랑을 담아 보내는 편지 따위에는 신경도 쓰지 않고 새 애인에게 몰두했다.

게다가 나폴레옹의 자존심을 완전히 무너뜨리는 사건이 일어나게 되었으니 조세핀의 부정 행각을 적은 편지가 영국인들의 손에 넘어가고 말았던 것이다. 나폴레옹에게 적대적이었던 영국은 이를 이용하기로 했다. 나폴레옹이 파리로 돌아왔을 때는 영국 일간지에 조세핀의 스캔들이 실린 후였다.

나폴레옹은 자신을 웃음거리로 만든 조세핀을 용서치 않으리라 결심하고 조세핀과 이혼을 하려 했다. 그런데 눈물을 흘리며 용서를 비는 조세핀과 의붓아들, 딸을 보며 마음이 약해졌다. 여전히 그녀를 사랑하고 있었으며 조세핀의 아들 외젠과 딸 오르탕스에게도 애정을 가지고 있었던 나폴레옹은 조세핀을 용서하기로 한다.

나폴레옹이 조세핀에 대한 열렬한 사랑을 표현한 편지를 보내고 불륜을 저지른 아내를 용서한 것을 보아 그가 순애보적인 사랑을 한 것으로 생각할 수 있지만, 사실 나폴레옹에게도 여자가 있었다. 이집트에 원정을 가서 카이로에 머물 때, 아름다운 프랑스 여자를 만난 것이다.

그녀는 장-노엘 푸르라는 젊은 경기병대 중위의 부인 폴린 푸르였는데, 신혼의 남편과 헤어지기 싫어 몰래 군복을 입고 남편을 따라 나선 것이다.

나폴레옹은 아름다운 그녀에게 반해 부하들을 보내 추파를 던졌는데 '남편이 있는 곳에서 불륜을 저지를 수는 없다'는 답변을 받고는 당장 푸르 중위에게 전혀 중요치 않은 서신들을 파리에 전달하라는 임무를 던져 그를 보내 버렸다.

그리고 바로 그날 밤 나폴레옹과 폴린이 뜨거운 밤을 보내게 되는데 얼마 지나지 않아 폴린의 남편이 되돌아왔다. 그를 붙잡은 영국 해군이 다시 이집트로 되돌려 보낸 것인데 아내와 나폴레옹의 사이를 알게 되어 불같이 화를 냈고 폴린에게 폭력을 행사하기도 했다. 나폴레옹은 이들 부부를 이혼시킨 뒤 푸르 중위를 최전선으로 배치시켜 버렸다.

폴린은 이집트에서 나폴레옹의 아내 역할을 했다고 하는데 나중에 나폴레옹이 심복들과 함께 이집트에서 몰래 빠져나갈 때, 폴린에게조차 비밀로 붙여 그녀는 이집트에 남게 되었다.

나중에 폴린이 프랑스로 돌아오자 나폴레옹은 그녀에게 상당한 금액의 현금을 선물로 주었으며 퇴역한 보병 장교와의 재혼을 주선해 주었다고 한다.

나폴레옹과 조세핀
이혼하다

혼란의 시기에 전쟁에서 승리하며 프랑스의 영웅이 된 나폴레옹은 1799년 브뤼메르 쿠데타로 실권을 잡고 프랑스 제1통령에 올랐다. 그리고 1800년에는 대군을 이끌고 알프스 산맥을 넘어 마렝고 전투에서 오스트리아군을 물리쳤다. 이 승리로 오스트리아가 제2차 대프랑스 동맹에서 이탈해 영국만 남았다.

결국 영국도 1802년 프랑스와 아미앵 평화 협정을 맺었다. 프랑스의 영웅이 된 나폴레옹은 국왕의 호칭을 넘어서 프랑스 최초로 황제의 자리에 오르게 된다.

1804년 12월 2일 노트르담 성당에서 호화로운 황제 대관식을 가졌다. 프랑스 역대 왕들이 랭스 대성당에서 대관식을 치르는데 반해 노트르담 대성당을 대관식 장소로 선택한 것은 부패한 부르봉 왕조를 계승하지 않고 로마 제국의 대를 이은 샤를마뉴 황제의 후손임을 과시하기 위해서였다.

조세핀 역시 같은 날 황후 즉위식을 거행하고 황후가 되었다. 대관식 당시 조세핀이 입은 드레스와 보석에 엄청난 비용을 쏟아부어 세상에서 가장 화려한 여인으로 만들어 주었으며, 그렇게 조세핀은 프랑스에서 가장 존귀한 여인이 되어 최고의 행복을 누리게 되었다.

조세핀은 프랑스의 황후가 누릴 수 있는 모든 사치를 누렸는데 매년 100벌 이상의 드레스를 새로 맞춰 수백 벌의 드레스를 소장했으며 드레스에 맞는 모자와 구두, 보석을 사들였다. 조세핀의 사치 덕에 파리의 의상실과 보석상은 돈을 끌어모았고, 웅장하고 화려한 프랑스 궁정은 활기를 띠게 되었다.

조세핀은 자신을 빛나게 해줄 것들을 사느라 돈이 부족해지자 나폴레옹 몰래 자식들에게 돈을 빌리기도 했다. 조세핀은 황후가 된 후 사치를 부리긴 했지만 더 이상 남자 문제로 나폴레옹을 실망시키지는 않았다. 자신을 존귀한 여인으로 만들어준 나폴레옹을 진정 사랑하게 된 것일까 싶을 만큼 그에게 다정한 아내의 모습을 보였다.

나폴레옹이 황제에 즉위한 후 두 사람은 튈르리, 생클루, 퐁텐블로 궁전에서 거주했는데, 조세핀이 사들인 말메종 성은 그녀가 무척 좋아했던 성으로 이들 부부의 별궁으로 사용되었다. 두 사람은 그곳에서 사랑하고 휴식하며 행복한 시절을 보냈다.

말메종 성에서 나폴레옹은 다정한 남편이 되어 조세핀의 욕조에 장미꽃잎을 띄워 주었고 장미 향수를 선물하기도 했다. 하지만 나폴레옹은 조세핀뿐만 아니라 다른 여인들에게도 다정한 연인이 되었다. 그는 유명 여배우나 귀부인들을 가까이하며 여성 편력을 자랑했던 것이다.

황제가 된 나폴레옹의 질주는 계속되었다. 이탈리아 왕위에 올랐고 대프랑스 동맹을 맺은 영국, 오스트리아, 러시아와 전투를 벌이게 되는데, 1805년 가을 트라팔가르 해전에서는 영국 해군에 격파되었지만 12월 아우스터리츠 전투에서 오스트리아, 러시아를 꺾고 전 유럽을 제압하며 전 세계에 프랑스의 힘을 과시했다.

1806년 베를린에 입성한 나폴레옹은 모든 국가에 영국과 무역을 금지하라는 대륙 봉쇄령을 내렸으며 러시아가 저항하자 다시 전쟁을 벌였다. 그리고 승리를 거머쥔 그는 1807년 7월 틸지트 조약을 맺었다.

나폴레옹의 위세는 하늘 높은 줄 모르고 치솟았지만, 그와 조세핀의 관계는 이전과 같지 않았다. 나폴레옹이 조세핀을 사랑하지 않은 것은 아니었지만, 자신에게 상처를 준 그녀를 증오하기도 했으니 당시 두 사람의 관계는 아슬아슬한 줄타기 중이었다. 더구나 나폴레옹은 황위를 물려줄 핏줄을 간절히 원했지만 두 사람 사이에 자식이 태어나지 않았다.

나폴레옹은 조세핀의 딸 오르탕스와 자신의 동생 루이 보나파르트가 결혼을 해 그 사이에서 태어난 아들 샤를르를 양자로 입적시켜 후계자로 삼고자 했다. 하지만 1807년 샤를르가 병으로 사망하면서 후계자마저 사라져 버린 상황이 되자, 그렇잖아도 조세핀을 못마땅해 했던 나폴레옹의 가족들은 조세핀과 헤어져 아이를 낳아줄 새 황후를 맞이하라고 성화를 부렸다.

나폴레옹의 어머니와 형제들은 나폴레옹이 자식이 둘 딸린 나이 많은 조세핀과 결혼한 것을 이해하지 못했고, 결혼 후 조세핀이 다른 남자들을 만난 것을 알고 있어 그녀에게 대한 적대감을 보이고 있었다.

나폴레옹의 어머니 레티피아는 조세핀을 황후로 올리는 것에 불만을 품어 대관식에도 참석하지 않았으니 두 사람의 이혼을 적극적으로 밀어붙였다. 나폴레옹 역시 자신의 야망을 충족시켜 줄 다른 황후가 필요하다는 결론을 내리며 조세핀에게 이혼을 요구하게 되었다.

조세핀은 절대 이혼할 수 없다며 버티면서 애원을 하고 나폴레옹이 보는 앞에서 혼절한 척 연극을 하기도 했는데, 이미 결심을 굳힌 나폴레옹의 마음을 바꾸진 못했다. 1810년 조세핀은 결국 '가문의 권익과 프랑스의 후계자를 생산할 능력이 없는 나는 기꺼이 애정과 헌신의 증표를 주려한다'라는 말로 이혼에 동의했고, 그녀의 거처는 말메종 성으로 옮겨지게 된다.

나폴레옹은 조세핀에게 변함없는 사랑을 맹세하고 '황후'라는 칭호와 대우를 그대로 할 것과 50만 프랑의 연금을 지급하는 것을 약조한다. 그리고 그녀의 낭비벽이 걱정이 되었던지 연금의 반액은 제발 쓰지 말고 노후를 위하여 저축하라고 당부하기도 했다.

나폴레옹을
정복한 조세핀

조세핀과 이혼한 나폴레옹은 곧바로 신성 로마 제국의 황제 프란츠 2세(오스트리아 제국 황제 프란츠 1세)의 딸 마리 루이즈와 결혼을 했다. 나폴레옹을 두려워했던 새 신부 마리 루이즈는 다정한 나폴레옹의 모습에 마음을 열고 그를 사랑하게 되었으며 두 사람은 달콤한 신혼 생활을 보내게 된다.

그럼에도 나폴레옹은 조세핀과 편지를 주고받았고 종종 조세핀을 찾았다. 이 모습을 보고 마리 루이즈는 질투를 했고 함께 조세핀을 만나러 가자는 나폴레옹 말에 '그런 늙고 천한 여자가 왜 보고 싶냐'는 불평의 말도 했다.

1811년 나폴레옹과 마리 루이즈 사이에서 그렇게 기다리던 아들이 태어났다. 나폴레옹은 대를 이을 아들의 탄생에 눈물을 흘리며 기뻐했고 곧바로 로마의 왕으로 임명했다. 아들이 태어난 기쁨을 누린 것도 잠시, 행운의 여신이 나폴레옹을 버린 것인가? 그에게 혹독한 시련이 찾아왔다.

1812년 러시아가 틸지트 조약과 대륙 봉쇄령을 어기고 영국과 통상을 한 것이 드러났다. 이에 격분한 나폴레옹은 17만 군사를 이끌고 러시아로 진군하여 모스크바에 입성하게 되지만 혹독한 러시아의 추위와 초토화 작전에 밀려 결국 후퇴하게 되었다.

러시아 원정의 실패로 동맹국이었던 오스트리아, 러시아, 프로이센 등과 치른 라이프치히 전투에서도 참패해 결국 1814년 퐁텐블로 조약에 서명하는데 나폴레옹의 퇴위 조건을 정하는 조약이었다.

그렇게 황제에서 엘바 공국 대공으로 강등된 나폴레옹은 패전국의 죄인 신분이 되어 엘바 섬에 유배되는데, 섬에 갇힌 후 한 달쯤 지났을 때 조세핀 사망 소식을 듣게 된다. 조세핀은 산책을 한 후 폐렴에 걸려 사망하게 된 것인데 '보나파르트… 엘바… 로마왕'이라는 마지막 말을 남겼다고 한다.

그녀가 하고 싶었던 말은 무엇일까? 나폴레옹이 엘바 섬으로 유배를 갈 때 조세핀은 '나폴레옹이 날 기다릴 거야'라며 재산을 챙겨 나폴레옹에게 가려고 했다. 하지만 재혼한 부인 마리 루이즈가 엘바 섬에 와 줄지도 모른다는 기대를 하고 있던 나폴레옹이 오지 못하게 막는 바람에 파리에 남게 되었다.

하지만 나폴레옹이 기다리던 마리 루이즈는 아들을 데리고 오스트리아로 돌아갔고 매력적인 나이페르크 백작과 사랑에 빠져 재혼을 해 아이 넷을 낳았다. 그리고 백작 사망 후 다른 남자와 재혼했다.

나폴레옹은 조세핀의 죽음에 큰 충격을 받아 이틀 동안 방 안에 스스로를 가두고 괴로워했다. 엘바 섬에 약 300일 동안 유배되어 있던 나폴레옹은 1815년 2월 26일, 탈출을 해 공화주의자와 농민들의 지지를 받으며 약 20일 만에 파리에 입성했다. 그의 귀환 소식에 나폴레옹이 쫓겨난 후 왕위에 올랐던 루이 18세는 영국으로 도주했고, 동맹국들은 나폴레옹과 맞설 대책을 세우며 70만 명이 넘는 군사를 집결시켰다.

그렇게 나폴레옹 최후의 전투인 워털루 전투가 시작되었다. 이미 우리는 나폴레옹이 패배했음을 이미 알고 있다. 나폴레옹은 영국의 웰링턴이 이끄는 동맹군에 패해 엘바 섬을 탈출한 지 약 100일 만에 황제 퇴위 문서에 이름을 적어야 했으며, 프랑스와 유럽 국가들 간의 23년에 걸친 오랜 전쟁도 끝이 났다. 다시 유배 길에 오른 나폴레옹은 가는 도중 말메종 성을 방문해 눈물을 흘렸다.

"나의 조세핀, 그대가 그렇게 좋아하는 장미꽃을 꺾으며 길을 걷는 모습을 지금 볼 수 있을 것만 같소."

1821년 5월 5일 나폴레옹 1세가 그의 유배지 세인트헬레나 섬에서 쉰둘의 나이로 숨을 거두게 되는데, 그의 임종을 지킨 프랑스 장군 몽톨롱은 나폴레옹이 마지막 순간 '프랑스, 군대, 조세핀'이라는 말을 남겼다고 증언했다.

나폴레옹 자신은 세계를 제패한 영웅이었지만 자신을 지배한 진정한 정복자는 조세핀뿐이라 고백을 한 적이 있다고 한다. 몽톨롱의 증언이 사실이라면 그는 마지막 순간까지도 조세핀에게 정복당하고 있었던 것이다.

chapter 24

키스 한 번으로 파멸을 맞이한
프란체스카와 파올로

가문의 원수를
사랑하다

키스 한 번으로 죽음을 맞은 남녀가 있다. 이토록 위험한 키스라니 이들의 비극적인 운명을 따라가 보자.

13세기에 이름을 떨쳤던 이탈리아의 가문이 있었다. 다 폴렌타 가문은 현재의 에밀리아 로마냐 지방에 있는 도시 라벤나 지역을 중심으로 세력권을 가지고 있던 가문으로, 라벤나는 402년부터 407년까지 서로마 제국의 수도이기도 했다.

또 다른 가문은 이탈리아 명문가로 알려진 말라테스타 가문으로 12~15세기에 리미니, 로마냐 지방에서 세력을 떨치고 대를 이어 잔인하기로 악명 높은 집안이었다. 리미니 역시 에밀리아로마냐 지방의 도시로 라벤나와 리미니는 같은 지역에서 이웃해 있는 도시였으니 두 가문은 아주 가까이 위치하고 있었다. 그리고 페사로, 우르비노 일대를 아우르는 몬테펠트로 지방은 몬테펠트로 가문이 군림하고 있었다.

당시 이 세 가문은 아드리아 해변을 끼고 권력 다툼을 계속하고 있었고, 서로를 견제하며 신경전을 벌였다. 특히 리미니의 말라테스타 가문과 라벤나의 다 폴렌타의 가문은 서로를 원수같이 대하며 지냈다.

그런데 이 원수처럼 지내던 가문이 이익을 위해 손을 잡게 되는데 세력을 넓히고 있던 몬테펠트로 가문을 견제하기 위해 말라테스타 가문과 라벤나의 다 폴렌타의 가문이 전격 화해를 한 것이다. 그리고 두 가문의 화해 증표로 가문과 가문을 묶는 정략결혼을 하기로 한다.

라벤나의 영주는 귀도 다 폴렌타 1세로, 프란체스카 다 리미니라는 이름의 아름다운 딸이 있었다. 귀도는 이 딸을 말라테스타 가문의 아들과 정략결혼을 시키기로 한다. 리미니의 말라테스타 가문에는 아들이 둘 있었는데, 그중 첫째 아들인 조반니 말라테스타를 프란체스카의 결혼 상대로 결정하였다.

"얼굴도 보지 못한 남자와 정략결혼 따위는 할 수 없어요."

프란체스카는 사랑 없는 결혼을 하지 않겠다고 고집을 부렸지만 그 당시 시대상으로 결혼을 거부할 순 없었다. 문제는 조반니가 얼굴도 못생긴 데다 다리까지 절었기에 조반니를 본다면 프란체스카는 더욱더 결혼을 거부할 게 뻔했다.

그래서 말라테스타 가문에서는 다 폴렌다 성에 맞선을 하러 갈 때 조반니를 대신해 신랑 대역을 보내기로 결정했고, 그 대역으로 선택된 이가 조반니의 동생 파올로 말라테스타였다.

파올로는 잘생긴 얼굴에 키가 크고 신사적인 모습으로 피렌체 시민 대표이기도 한 멋진 청년이었다. 파올로가 신랑 대역으로 프란체스카와 마주하자 정략결혼은 하지 않겠다고 고집을 부리

던 프란체스카도,

"저렇게 멋진 사람이 내 남편이 되다니?"

하며 마음을 설레며 정략결혼을 받아들이게 되었다.

파올로가 프란체스카의 마음을 사로잡자 일사천리로 결혼이 진행되었다. 1275년 이탈리아 라벤나의 영주 귀도 다 폴렌타의 딸 프란체스카는 리미니 영주의 아들 조반니 말라테스타와 정략결혼을 하게 되었다. 그리고 프란체스카는 신랑 대역인 파올로와 함께 밀라테스타 성으로 가게 되었다.

프란체스카의
불행한 결혼 생활

프란체스카는 첫날밤을 맞아 설레는 마음으로 남편을 기다리고 있었는데, 그녀의 기대는 무참히 깨졌다. 문을 열고 들어온 사람은 파올로가 아니라 조반니였던 것이다. 조반니는 깜짝 놀라는 프란체스카에게 결혼하기 위해 어쩔 수 없이 동생을 보냈다고 밝힌다.

프란체스카는 속았다는 것을 알고 분노로 온몸을 떨었지만 이제 와서 결혼을 무효화시킬 수는 없었다. 조반니는 프란체스카의 분노는 아랑곳하지 않고 성주 아내의 의무만 강요할 뿐이었다. 그렇게 첫날밤을 보내고 프란체스카의 불행한 결혼 생활이 시작되었다.

조반니는 여자를 배려하거나 다정하게 대하는 것과는 아주 거리가 먼 인물이었고 잔인한 성미에 권력욕이 강한 인물이었다. 더군다나 프란체스카의 마음이나 기분 따위는 전혀 관심이 없었다.

프란체스카는 사랑 없는 결혼 생활을 하며 하루하루 불행한 나날을 보냈다. 그러다 보니 그녀는 점점 마르고 얼굴에 그늘이 졌다. 파올로는 정략결혼의 희생자가 되어 불행한 결혼 생활을 하는 프란체스카를 볼 때마다 미안함과 안쓰러움을 느꼈고 그녀에게 자꾸 눈길이 갔다.

조반니는 영토 전쟁을 위해 자주 출정을 나가다 보니 성을 자주 비웠는데, 그럴 때면 파올로는 프란체스카를 챙기며 다정하게 말을 걸고 위로를 했다. 남편에게서 느낄 수 없는 다정함에 프란체스카는 파올로에게 의지하는 마음을 가지게 되었다. 시간이 지나면서 두 사람 사이에는 미묘한 감정까지 생겨났다. 사랑은 '상냥한 관심'과 '연민'에서 싹트는 법이라 하였던가, 두 사람은 서로를 사랑하게 된 것이다.

사실 프란체스카는 처음부터 파올로를 좋아했으니 여전히 다정하게 대해 주는 파올로에게 마음이 더 기울었고, 파올로도 그런 그녀의 눈빛을 보며 마음이 흔들렸던 것이다.

조반니도 아내와 동생의 미묘한 감정 교류를 눈치챘고 성을 비울 때마다 불안감을 가지게 되었다. 결국 둘 사이를 확인하기 위해 조반니가 덫을 놓기에 이른다. 하인에게 두 사람을 감시하도록 한 후 자신은 전쟁터에 가는 것처럼 성을 나섰다. 조반니가 성을 비우자 파올로가 프란체스카의 방으로 들어갔다. 프란체스카는 책을 읽고 있었다.

"무슨 책인가요?"

"아더왕의 이야기예요."

"아, 무슨 대목인가요?"

"기사 렌슬롯이 기네비어 왕비와의 사랑에 빠져든 대목을 읽고 있었습니다."

파올로도 프란체스카 옆에 앉아 책을 함께 읽었다. 두 사람은 책을 읽으며 마음이 흔들리기 시작했고, 여러 번 눈빛이 마주칠 때마다 얼굴색이 붉게 변했다. 그러다가 사랑을 갈구하던 기네비어의 입술에 그녀를 동경하던 렌슬롯이 입을 맞추는 구절을 읽었을 때, 파올로는 더 이상 참지 못하고 프란체스카의 입술에 입을 맞췄다.

그 순간 칼을 든 조반니가 나타났다. 조반니는 비밀통로를 이용해 이미 방에 들어와 두 사람을 지켜보고 있었던 것이다. 그러다 두 사람이 입을 맞추는 장면을 보고 분노를 감추지 못한 채 그대로 달려 나와 칼을 휘둘렀다. 조반니의 칼에 두 사람은 쓰러지고 말았다. 키스 한 번으로 죽음을 맞은 것이다.

단테의 《신곡》 속에서 그려진
프란체스카와 파올로

1285년 프란체스카와 파올로는 조반니에 의해 죽음을 맞았다. 당시 불륜은 엄청난 죄이자 가문의 수치로 여겨져서 조반니가 이들을 죽인 것은 아무 문제가 되지 않았다. 두 사람의 시신은 처참하게 버려졌고 무덤조차 만들지 않았다.

두 사람의 비극적인 사랑 이야기는 단테의 대서사시 《신곡》의 〈지옥편－제5곡〉에 나오는 파울로와 프란체스카의 이야기인데, 그들은 불륜의 죄를 지었기에 지옥의 두 번째 서클에서 고통받고 있다고 한다. 과연 이 이야기가 단테의 《신곡》에 포함된 허구의 이야기일까라는 궁금증이 생긴다. 이 이야기는 허구의 이야기가 아니다.

단테는 영원불멸의 장편 서사시 《신곡》을 쓴 위대한 작가이다. 그런데 작가이기 전에 이탈리아의 통합과 평화를 바라는 정치가지만 정치가로 성공하지 못하고 억울한 뇌물 혐의를 받아 범금과 추방이 내려져 고향 피렌체를 떠나 떠돌아야만 했다. 말년에 라벤나의 영주 다 폴렌타에 의탁했는데 거기서 프란체스카의 슬픈 사랑 이야기를 듣게 되었고, 그 이야기를 바탕으로 한 이야기를 《신곡》에 싣게 된 것이다. 이후 단테는 두 번 다시 고국 피렌체의 땅을 밟지 못하고 《신곡》을 비롯한 여러 작품을 남기고 라벤나에서 사망하였다. 그의 무덤은 라벤나에 남아 있다.

《신곡》에는 조반니에게 죽음을 당한 두 연인이 지옥에서 죽어도 헤어지지 못하는 형벌을 받게 된 것으로 묘사되고 있다. 단테가 간음한 죄와 애욕의 죄를 범한 영혼들이 형벌을 받는 지옥의 세계를 지나다가 매서운 칼바람 속에서도 서로를 꼭 끌어안은 채 떨어질 줄 모르는 연인을 만나는데, 망령들의 지극한 사랑에 감동한 단테는 물었다.

"프란체스카여, 그대가 여기서 고민하는 것을 보니 가슴이 아파 눈물을 막을 길 없소. 하지만 말하여 주오. 사랑이 어떻게 그대를 유혹하여 이다지 치명적인 길로 이끌었는지를."

프란체스카가 피눈물을 흘리며 단테에게 자신들의 사연을 들려주었다.

"불행한 때에 행복한 날을 되새기는 것은 잃어버린 행복에 대한 이중의 슬픔이 됩니다."

"프란체스카여, 겪은 바 괴로움은 쓰라리고 슬퍼서 눈물이 흐르오."

단테는 안타까움을 표현하고 너무 가슴이 아파 잠시 정신을 잃었다.

이 안타깝고 애절한 이야기는 예술가들에게 큰 영감을 주었고 많은 예술 작품들이 만들어지게 되었다. 이탈리아 작곡가 리카르도 잔도나이는 오페라 〈리미니의 프란체스카〉를 작곡했고, 러시아의 작곡가 라흐마니노프도 같은 제목의 오페라를 작곡했다. 그뿐만 아니라 로댕의 작품 중 〈입맞춤〉이라는 조각이 있는데, 이 작품은 37년을 공들여 만들었지만 미완성으로 끝난 〈지옥의 문〉이라는 작품 중 일부이다.

프란체스카와 파올로가 죽기 직전 랜슬롯과 기네비어의 사랑에 대한 대목을 읽으면서 참지 못하고 입맞춤을 하는 순간을 조각한 것인데, 로댕은 이들을 벌거벗은 모습으로 표현했다. 로댕은 지옥의 문 작업을 위해 《신곡》을 읽고 또 읽으며 고뇌를 했고 이 두 사람의 이루어질 수 없는 사랑을 어떻게 표현할지 엄청나게 고심했다고 한다.

고심 끝에 완성한 이 작품은 옷을 모두 벗고 격렬하게 껴안고 키스를 하려고 하지만 입술은 닿지 않은 상태로 조각되어 있다. 이들은 영원히 이 자세로 고통받고 있는 것이다. 로댕은 이 작품을 지옥의 문을 표현하려 했던 것으로, 작품명은 평범하게 〈프란체스카 다 리미니〉였다.

훗날 미술 평론가들이 '이 작품은 지옥과는 너무 다르게 부드럽고 아름답다'고 평하며 제목을 〈입맞춤〉으로 바꾸자고 제안했고, 로댕도 이 의견을 받아들였다고 한다.

이탈리아 그라다라에 카스텔 그라다라가 있다. 이 성은 13세기에 말라테스타 가문이 차지한 것으로 알려져 있어 프란체스카가 결혼 후 살았던 성으로 추측되고 있다.

프란체스카와 파올로의 이야기가 멤돌라 인근의 카스텔 누오보가 배경이라는 설도 있는데, 프란체스카와 파올로의 이야기가 워낙 강렬하다 보니 관광객 유치에 큰 도움이 되기에 그라다라

주민들은 당연히 카스텔 그라다라가 이 비극의 장소라고 주장하고 있다.

보름달이 뜨는 여름날이면 카스텔 그라다라에서 프란체스카와 파올로의 목소리를 들을 수 있다는 전설 같은 이야기가 전해지고 있다. 지옥을 끝없이 헤매고 있는 프란체스카와 파올로, 그곳에서 그들은 비로소 함께하고 있다.

어쩌면 당신이 원했던
세계사를 흔든 사랑

펴낸날   초판 1쇄 2022년 7월 7일

지은이   수다몽

펴낸이   강진수
편 집   김은숙, 유승현
디자인   임수현

인 쇄   (주)사피엔스컬쳐

펴낸곳   (주)북스고   **출판등록**   제2017-000136호 2017년 11월 23일
주 소   서울시 중구 서소문로 116 유원빌딩 1511호
전 화   (02) 6403-0042   **팩 스**   (02) 6499-1053

ISBN   979-11-6760-030-1   03900

책 출간을 원하시는 분은 이메일 booksgo@naver.com로 간단한 개요와 취지, 연락처 등을 보내주세요.
Booksgo는 건강하고 행복한 삶을 위한 가치 있는 콘텐츠를 만듭니다.